本书得到国家社会科学基金资助

稳步前进的上海合作组织

潘　光　主编

The Shanghai Cooperation Organization: Its Progress and Prospect

By PAN Guang

Шанхаиская организация сотрудничества:

Прогресс и Перспектива

Пань Гуан

时 事 出 版 社

主编简介

潘光，中国—上海合作组织国际司法交流合作培训基地首席专家，现为上海国际问题研究中心副主席，上海社会科学院上海合作组织研究中心主任，上海犹太研究中心主任，还担任中国中东学会副会长，上海世界史学会会长和上海联合国研究会会长。被聘为国家社会科学基金评审专家，国家反恐工作领导小组办公室软科学专家，上海市政府外办咨询专家，上海市政府侨办专家咨询委员会委员，上海市信息化专家委员会委员，上海反恐研究中心副主任。2000 年被评为上海市劳动模范，2005 年被评为全国劳动模范。2005 年 11 月，被联合国秘书长安南任命为联合国文明联盟名人小组成员。2008 年，被联合国任命为文明联盟大使。长期从事国际关系和世界史研究，特别在犹太以色列研究、中东和欧洲问题、俄罗斯和中亚问题、欧亚关系、上海合作组织、国际危机、文明对话和反恐怖问题等方面研究中取得了丰硕成果。1993 年，获美国詹姆斯·弗兰德基金会授予当年中国—犹太研究学术奖。1996 年，获加拿大政府暨国际加拿大研究委员会授予当年加拿大研究特别奖。2004 年，获俄罗斯总统普京颁令授予圣彼得堡 300 周年荣誉勋章。2006 年，获奥地利政府授予奥地利大屠杀纪念奖。主要著作有《当代国际危机研究》、《犹太人在亚洲》（中英文）、《犹太人在中国》（中英法德文）、《犹太文明》、《从丝绸之路到亚欧会议》、《关于上海合作组织的综合研究》、《犹太人与中国：近代以来两个古老文明的交往和友谊》等。

Dr. PAN Guang is Vice Chairman and Professor of Shanghai Center for International Studies, Director of SCO (Shanghai Cooperation Organization) Studies Center in Shanghai, Dean of Center of Jewish Studies Shanghai (CJSS) and Vice President of Chinese Association of Middle East Studies. He is International Council Member of Asia Society in USA, Senior Advisor of China-Eurasia Forum in USA, Committee Member of the WISE Prize for Education of Qatar Foundation, and Senior Advisor on Anti-terror Affairs to Shanghai Municipality and Ministry of Public Security of PRC. He obtained 1993 James Friend Annual Memorial Award for Sino-Jewish Studies, Sankt Peterburg – 300 Medal for Contribution to China-Russia Relations awarded by President Putin in 2004 and Austria Holocaust Memorial Award in 2006. He was appointed by UN Secretary-General Kofi Annan as member of the High-Level Group for the UN Alliance of Civilizations in 2005, and appointed as Ambassador of the AoC in 2008. Professor Pan has conducted research all over the world, including at Columbia University, Boston University, the Brookings Institution, Stanford University, Leiden University, and Hebrew University in Jerusalem. He has published books and articles on a variety of topics such as "*The Jews in China*", "*The Jews in Asia: Comparative Perspective*", "*From Silk Road to ASEM: 2000 Years of Asia-Europe Relations*", "*A Comprehensive Studies on Shanghai Cooperation Organization*", "*China's Success in the Middle East*", "*China's Anti-terror Strategy*", "*The Development of Chinese Islam*", "*China's Energy Strategy*", "*China's Policy on AF/PAK*" and so on.

об авторе

Пань Гуан является вице- председателем Шанхайского Центра международных исследований, директором Центра по изучению ШОС при ШАОН, директором Центра еврейских исследований, он также занимает должность вице- президента Китайского научного Сообщества Ближнего Востока. Пань Гуан также является общественным деятелем, он работает в качестве советника Канцелярии государственной Группы по антитеррористической проблеме, а также консультантом для Шанхайской городской администрации. В ноябре 2005 года Генеральный секретарь ООН Кофи Аннан назначил Пань Гуан членом Группы видных деятелей Альянса цивилизаций ООН （United Nations Alliance of Civilization）. С 2008 года его назначили послом Альянса цивилизаций ООН. Последние годы Пань Гуан занимается исследованием международных отношений и всемирной истории, учёный особенно плодотворен в исследовании еврейско- израильских проблем, в изучении проблем Ближнего Востока и Европы, России и Центральной Азии, в изучении отношений между Азией и Европой, в изучении Шанхайской организации сотрудничества, Пань Гуан также специализируется в таких направлениях, как международные кризисы, межцивилизационные диалоги, борьба с терроризмом. У него сложилась определенная научная слава в академических кругах внутри страны и за рубежом. В 1993 году американский Фонд Джемс Френда в знак признания вклада Пань Гуана в научное исследование еврейских проблем в Китае присудил ему награду. В 2004 году президент РФ Владимир Путин вручил Пань Гуану почетную медаль в честь 300- летия Санкт- Петербурга, за то, что он сделал заметный вклад в развитие китайско- русской дружбы; в 2006 году Австрийское правительство присудило ему австрийскую награду 《Память о жертвах Холокоста в Австрии》. У Пань Гуана имеются следующие научные работы:《Современные глобальные кризисы》,《Евреи в Азии》,《Евреи в Китае》,《От Шелкового пути до АСЕМ（форум Азия- Европа）（ASEM, Asia- Europe Meeting）: двухтысячелетняя история отношений между Азией и Европой》,《Комплексное исследование Шанхайской организации сотрудничества》,《Евреи и Китай: полтора столетия общения и дружбы между народами древних цивилизаций в современной истории》,《Успехи Китая на Ближнем Востоке》и т. д.

中心简介

上海社会科学院上海合作组织研究中心前身是上海社会科学院“上海五国”研究中心，成立于2000年12月，2001年6月15日上海合作组织成立后改为现名，是中国国内，也是国际上最早成立的专门研究上海合作组织的学术机构。本中心的宗旨和任务是：1. 促进有关上海合作组织进程的综合研究，推出这一领域的高质量学术研究成果；2. 积极开展该领域的国内外学术交流，特别是与上海合作组织成员国，与其他欧亚国家，以及与美、欧、日等西方国家同行的对话与合作；3. 为政府部门和国内外企事业单位提供市场和态势分析、发展战略、决策选择等方面的咨询服务。

The Center of SHANGHAI COOPERATION ORGANIZATION Studies (COSCOS), established on June 15, 2001, is originated from an earlier center of “SHANGHAI FIVE” Studies founded in December 2000. COSCOS is the first academic institution embarking on SCO studies in China and in the world as well. COSCOS is actively engaged in the following areas of work: (1) to promote comprehensive research on SCO with a particular interest in integrating high-quality research achievements in the field; (2) to facilitate academic exchanges with counterparts at home and abroad, including those of

SCO member states, other Eurasian countries, as well as the US, Europe, Japan and other parties that COSCOS has a dialogue or cooperation relationship with; (3) and to advise government departments, enterprises and public undertakings on the choice of policy options, analysis of market situation, enforcement of development strategies, and various other aspects in relation with the SCO countries and Eurasian countries.

Научно-исследовательский Центр по изучению Шанхайской Организации Сотрудничества (ШОС) при Шанхайской Академии Общественных Наук (ШАОН) был создан в декабре 2000 года, в начале именуемый Центром по изучению "Шанхайской пятёрки", нынешнее название 《Центр по изучению ШОС》 стал носить с 15 – ого июня 2001 года сразу после создания ШОС. 《Центр по изучению ШОС》 является первым научным органом, как в Китае, так и в мире, специализирующимся по исследаванию ШОС как международной организации. Цель и задачи Центра заключаются в следующем: Во- первых, содействовать комплексному исследованию процесса развития ШОС, выпустить высококачественные научные монографии, статьи и т. д. по теме ШОС; Во- вторых, стимулировать научное общение по теме ШОС в Китае и за его пределами, в особенности, развивать диалоги и укреплять сотрудничество с учеными из членов- государств ШОС и других стран Евразийского континента (т. е. из государств Центральной и Южной Азии, Ближнего Востока и СНГ), а также поддерживать тесные контакты с коллегами из западных стран – например, из США, Европы и Японии; В- третьих, предоставлять консультационные услуги правительственным органам, китайским и зарубежным предприятиям, учреждениям в сферах анализа рыночной конъюнктуры, разработки стратегии развития и принятия ответственных решений и т. д.

目　录

经济合作篇

人文合作篇

扩容与对外交往篇

总　论

自成立以来，上海合作组织取得了举世瞩目的伟大成就。

首先，妥善解决原中苏边界争端这一历史遗留问题。在“上海五国”——上海合作组织的框架里，经中国、俄罗斯、哈萨克斯坦、吉尔吉斯斯坦、塔吉克斯坦五国的共同努力，原中苏边界西段长达3000多公里的历史遗留问题已全部得到顺利解决。几个世纪以来导致动乱不宁乃至爆发战争的边界争端，居然在短短几年里获得了解决，这在国际关系史上也是不多见的。当然，上海合作组织成员国之间还有其他一些历史遗留问题。但是，解决原中苏边界争端这一主要历史遗留问题，创造了一个成功的模式——以互信、裁军为基础，通过构建合作安全机制解决历史遗留问题，为解决其他类似问题树立了榜样，也奠定了一个良好的基础。

其次，合力打击跨国恶势力取得显著成果。苏联解体后，分裂主义、极端主义和恐怖主义势力在中亚国家挑起动乱，也进入俄罗斯的中亚地区和中国新疆地区进行恐怖活动。在2005年和2010年的吉尔吉斯斯坦动乱、2005年乌兹别克斯坦的“安集延事件”，以及2009年中国乌鲁木齐的“7·5事件”中，都有“三股势力”的精心策划和煽风点火。同时，由他们组织、支持的毒品贩卖、武器走私、非法移民等跨国犯罪活动也使中、俄、中亚国家受害匪浅。面对这一严峻形势，上海合作组织成员国及观察员国、对话伙伴国紧密合作，在组织框架里建立了地区反恐机构，签署实施了一系列法律法规，定期举行反恐联合军事演习，在打击三股恶势力、应对非传统安全威胁、确保奥运会、世博会这样的大型活动顺利举行等方面取得了显著成果。

第三，积极推动区域合作稳步发展。上海合作组织成员国之间已建立了以元首峰会为顶端的多层次的定期会晤机制。目前，以能源、交通合作为主要内容的经贸合作正在逐步推进，在环保、农业、金融、水资源利用、医疗卫生、社会保障等方面的合作也已展开，还积极推动以“丝绸之路”为纽带的人文合作和民间交流，在文化、教育、影视、卫生、体育、旅游等领域均取得了显著成果，加强了上海合作组织的民意基础和社会基础。中亚—中国和俄罗斯—中国油气管道的陆续开通，使上海合作组织框架里的能源合作从双边向多边发展。特别是2008年全球金融、经济危机逐渐波及中亚以来，上海合作组织成员国在建立救助/融资基金、构建双边货币结算机制、建立上海合作组织专门账户和开发银行等方面达成了广泛共识。这些应急性项目或措施逐渐发展为常态性机制，使上海合作组织框架内区域合作的可持续发展具有更强劲的动力，为构建“丝绸之路经济带”创造了有利条件。

第四，在构建“和谐地区”方面发挥中流砥柱作用。历史遗留给中亚的民族、宗教、边界问题与巴尔干、中东等地区一样错综复杂。然而，与巴尔干、中东等地区不同的是，在中亚建立了倡导以和平方式解决各类纷争的上海合作组织机制。上海合作组织的强大实力和威慑力，使中亚地区得以抑制巴尔干、中东出现的那类恶性冲突四处蔓延，特别是阿富汗冲突向外扩散，在冷战后很不太平的国际舞台上树立了成功的典范。习近平主席指出：“我们愿同俄罗斯和中亚各国加强沟通和协调，共同为建设和谐地区作出不懈努力。”① 有目共睹的事实是，上海合作组织正在构建、维护“和谐地区”方面发挥着中流砥柱的作用。

从更深的层次看，上海合作组织在历史上首次将中、俄、中亚国家结合在一个利益共同体内，使他们能在其框架内最大限度地缩小分歧及其带来的负面影响，同时最大限度地扩大和巩固共同利益。这些伟大成就不但对各成员国的稳定和发展，以及中亚地区的整体安全和发展具有战略意义，而且对全球的和平与发展也具有重要的示范意义。当前国际形势的主流虽然是和平与发展，但历史遗留的宗教、民族、领土等争端与现实权益之争互相交错，导致各类冲突频频发生。一些人坚持冷战思维，热衷于强化和扩大军事联盟，动辄对别国动用武力，结果严重恶化了国际气氛。在伊拉克、阿富汗，最近又在利比亚和叙利亚，这种现象屡屡出现。在这样的形势下，上海合作组织却反其道而行之，倡导不同于冷战思维的“上海精神”——“互信、互利、平等、协商、尊重多样文明、谋求共同发展”，适应了和平与发展的需要，具有非常重要、深远的历史意义。

在上海合作组织进程中创造的以相互信任、裁军与合作安全为内涵的新型睦邻安全模式，不但解决了中国与中亚国家、俄罗斯之间的边界问题，而且也为世界各国解决类似问题提供了成功范例。在上海合作组织进程中形成的以结伴而不结盟为核心的新型国家关系模式，也在国际舞台上树立了典范。目前，中国与东盟国家、欧盟国家、非洲国家、拉美国家等方面的关系，都沿着这个方向发展。中国提出的“与邻为善、以邻为伴”的周边外交方针，便是吸取了上海合作组织进程等成功经验及

① 习近平：“弘扬人民友谊 共创美好未来——在纳扎尔巴耶夫大学的演讲”，2013年9月7日，阿斯塔纳。

其他一些成功实践而逐步形成的。在上海合作组织进程中展现的以大小国共同倡导、安全先行、互利协作、文化互补为特征的新型区域合作模式，不但坚持在经济上互利协作，而且强调文化上要交流互补，为世界各国加强区域和跨区域合作、建立各种形式的双边或多边自由贸易区、促进文化交流和文明对话提供了成功实践和新鲜经验。由此可见，上海合作组织进程成功的实践在国际上树立了良好的范例，在促进地区乃至全球的安全与稳定方面正在发挥日益重要的影响。

取得巨大成就的上海合作组织在走进第二个十年后面临着一系列需要应对的严峻挑战。后面各篇均对各自领域内上海合作组织面临的挑战进行了详细的分析，这里从总体上将上海合作组织面临的威胁和挑战综合归纳为五个方面。

其一，中亚国家国内的矛盾和冲突爆发，可能对上海合作组织在维护中亚和平发展、特别是成员国内部稳定方面的作用形成挑战。中亚各国存在精英内斗、各地区和不同族群之间矛盾尖锐、领导人在位时间过长、贫富差距扩大、贪污腐败、高失业率等现象。因此，如果若干国家国内的矛盾和冲突爆发，可能对上海合作组织在维护地区和平发展、特别是成员国内部稳定方面的作用形成挑战。如2010年吉尔吉斯斯坦发生内乱和民族冲突，美国、欧盟、欧安组织、联合国、独联体、集体安全条约组织等各方积极、高调地介入吉事态发展，对上海合作组织在维护包括吉在内的成员国内部稳定方面的重要作用形成了挑战。同时，俄罗斯、中国、哈萨克斯坦等上海合作组织成员国各自积极支持、援助吉尔吉斯斯坦，又使上海合作组织在维护吉内部稳定方面的整体作用相形见绌。

其二，阿富汗冲突的扩散效应，近期中东的事态发展和中亚三股势力蠢蠢欲动使上海合作组织的安全反恐合作机制面临新挑战。阿富汗冲突的扩散效应，近期中东的事态发展，特别是中亚“三股势力”蠢蠢欲动，均对上海合作组织形成冲击。主要表现在三个方面：煽动民族、宗教极端主义，发动暴力、恐怖袭击，威胁上海合作组织成员国的稳定和发展；干扰和破坏上海合作组织的经济贸易合作，特别对中亚通向中国的油气管道形成严重威胁；直接威胁上海合作组织成员国在阿富汗和中东的人员和企业的安全。如有证据显示，在2010年春夏吉尔吉斯斯坦发生动乱时，“基地”组织、塔利班、“乌兹别克斯坦伊斯兰运动”、“伊斯兰解放党”，甚至中国的“东突”恐怖组织等都在其中煽风点火、趁机渔利。所有这些，均对上海合作组织的安全反恐合作机制形成新挑战，使上海合作组织领导人面临一系列问题：除了联合演习和大型活动安保合作机制，要不要建立联合的快速反应实体？如何确保上海合作组织成员国之间能源管线的安全？在美国、北约逐步撤出阿富汗的形势下，上海合作组织应在阿富汗发挥什么样的作用？

其三，逐步走出金融危机的全球经济进入新的调整恢复期，对仍然滞后于政治、安全合作的上海合作组织经济合作形成压力和挑战。随着全球逐步走出金融危机，中亚也进入了一个新的调整恢复期，上海合作组织的成员国，特别是中亚成员国都在努力医治危机的后遗症，以尽快重振国民经济和改善人民生活。在这样的形势下，作为区域合作组织的上海合作组织理应发挥积极的组织和协调作用，否则在中亚地区走出危机后的新一波发展浪潮中就会被边缘化。同时，俄罗斯、白俄罗斯、哈萨克斯坦关税同盟的启动和俄罗斯极力推动前苏联地区的经贸一体化，也对中国与其他上海合作组织成员国的经贸合作形成挑战。为了应对这些压力和挑战，在今后一段时间里，上海合作组织必须尽快改变长期以来经济合作滞后于政治、安全合作的状况，努力提升组织框架内经贸合作的水平，使之能够直接促进各成员国、特别是中亚成员国的经济复兴，并推动整个中亚地区的和平与发展.

其四，伊斯兰极端思潮和西方渗透对上海合作组织成员国之间的“丝绸之路”纽带和文化合作形成重大挑战。中亚地区是汉儒、斯拉夫、伊斯兰、印度、佛教等多种文明的交汇地，各种文明自古以来通过“丝绸之路”友好交流，互相融合。同时，中亚地区的一些冲突往往也存在着文化差异这一深层原因，极端主义分子经常利用这一点挑动冲突。阿富汗塔利班当年摧毁巴米扬大佛，就是一个恶劣的先例。经过苏联 70 多年的世俗教育，伊斯兰极端思潮本来在上海合作组织的中亚成员国并无多大市场。然而，近年来宗教极端思潮正在中亚回潮，对世俗主义形成冲击。留长胡子，戴面纱，改名字等只是表象，背后却有极端组织在鼓动和推介。同时，随着美国、北约、欧盟等在中亚的存在不断加强，西方通过官方或非政府组织对中亚的文化渗透，特别是网络渗透也进一步加强，试图推动“颜色革命”和“中亚之春”，将西方的意识形态、价值观念、政治模式照搬到中亚，也对中—俄—中亚之间的以“丝绸之路”为桥梁的文化纽带和上海合作组织成员国之间的人文合作形成巨大冲击。

其五，非传统安全威胁上升，特别是围绕水资源问题的矛盾和冲突使上海合作组织的凝聚力和成员国之间的团结面临直接挑战。近年来，由于历史积怨、水资源分配、贸易纠纷、非法务工和债务等非传统安全问题，中亚国家之间的矛盾出现激化的趋势。特别是围绕苏联时期遗留下来的水资源分配及相关的电力供应问题，乌兹别克斯坦与塔吉克斯坦、吉尔吉斯斯坦、甚至哈萨克斯坦的关系趋于紧张。2010 年，围绕水资源分配及相关的电力供应争端，处于下游的乌兹别克斯坦与处于上游的塔吉克斯坦矛盾激化。这些恶性事态，削弱了上海合作组织的凝聚力，使上海合作组织成员国之间的团结与合作面临直接挑战。然而，由于成员国对上海合作组织能否介入成员国之间争端问题上有不同看法，使上海合作组织无法采取实质性行动。同时，由于阿富汗冲突的外溢效应持续发酵，其他一些在中亚长期存在的非传统安全难题更趋严重，如制毒贩毒、武器走私、非法移民等跨国犯罪问题，均对地区安全和上海合作组织形成严重威胁。

挑战和机遇总是共存的，在应对严峻挑战的同时，上海合作组织也面临着一系列重要的发展机遇。后面各篇都提到了各自领域内上海合作组织面临的机遇，这里从总体上将上海合作组织面临的机遇综合归纳为以下几个方面：

1. **吉尔吉斯斯坦国内危机、哈萨克斯坦等国出现暴力恐怖事件，阿富汗冲突的扩散效应和近期中东动乱的蔓延使上海合作组织具备了进一步加强安全、反恐合作的共识和条件。**上述这些发展使中亚安全形势更趋严峻，因而使中亚各国领导人有一种危机感，更加认识到维护稳定的重要性。而就目前而言，上海合作组织是中亚地区最能发挥维稳作用的多边机制，特别是在解决边界问题、打击“三股势力”、遏制跨国犯罪等方面都取得了有目共睹的成绩。因此，上海合作组织各成员国要求在本组织框架内加强安全、反恐合作的呼声和决心更为强烈。这样的形势，为上海合作组织各国进一步加强在反恐综合治理、推动中亚无核区计划、打击制毒贩毒等方面的合作创造了十分有利的条件。

2. **中亚—中国、俄罗斯—中国能源管道的陆续开通，中国—中亚—俄罗斯之间一系列经济、金融合作项目的启动，表明上海合作组织框架内加强经济合作、特别是能源合作的新机遇已经出现。**为抓住这一发展机遇，上海合作组织近期内可重点做好以下几件事：将更多的能源合作项目从双边变为多边，并使其向战略性稀有矿产开发和交通要道等基础设施建设延伸；

争取将对付金融危机的应急性项目如救助基金等发展为常态性合作项目和机制，建立上海合作组织专门账户并向建立上海合作组织银行的方向努力；致力于实施民生项目，使各成员国的老百姓能获得实实在在的利益，如扶贫项目、再就业培训项目、希望学校、环保项目等；推进上海合作组织框架内贸易结算机制的改革，构建新的双边贸易货币结算机制；继续促进互联互通，推动贸易投资便利化，构建“丝绸之路经济带”；实现经济增长方式转变、经贸合作模式转型和对外合作方向多元化；根据国际能源市场的发展和变化，调整能源合作的模式和路径。

3. **观察员条例、对话伙伴关系条例、接收新成员条例等一系列文件的通过为上海合作组织进一步扩大组织、拓展对外联系和加强国际合作奠定了坚实的法律和制度基础。**鉴于成员国之间在发展新成员问题上仍有不同意见，上海合作组织在吸收正式成员方面仍然取谨慎稳妥的态度，将重点放在发展新的观察员和对话伙伴上，并进一步拓展对外联系和加强国际合作。面对复杂的国际形势，上海合作组织将继续加强与联合国、东盟、独联体、集体安全条约组织等国际和地区组织之间的友好合作关系，并实施一些具体的、见效比较快的合作项目。特别重要的是，上海合作组织与美国、欧盟、日本之间要建立一种联系、对话机制，定期举行对话和磋商，以避免误解，增进互信，加强合作。

4. **近期在教育、卫生、科技、艺术、学术、旅游、救灾等领域合作取得的成绩，显示上海合作组织的人文合作潜力巨大，已具有进一步深入发展的良好氛围。**上海合作组织大学、上海合作组织论坛、上海合作组织艺术节、上海合作组织文化产业研讨会、上海合作组织传染病防治机制、上海合作组织旅游合作、上海合作组织多边科技合作等项目进展顺利。救灾领域的合作令人瞩目：2008 年中国四川发生地震后，上海合作组织所有成员国和观察员国均大力支持中国的抗震救灾，俄罗斯还派出救援队来华，并邀请中国地震孤儿赴俄休养；在吉尔吉斯斯坦发生动乱后，上海合作组织各成员国也迅速给予人道主义援助。这些都成为上海合作组织进一步加强以“丝绸之路”精神为核心的人文合作的重要契机。

展望前景，上海合作组织仍然面临着几个需要解决的重大课题：

一是尽快在经济合作中取得实质性进展。胡锦涛主席提出，上海合作组织必须在经贸合作方面有所“突破”。[①] 要达到这个目的，以下几点是至关重要的。其一，要本着务实精神，确立具体目标，采取有效措施推进合作；光是空谈，没有具体目标和有效措施是不行的。其二，要本着平等互利、市场经济、相互开放、多边与双边相结合等原则推进合作。其三，要加强协调，加大投入，有步骤有重点地推进合作；必要的投入是需要的，但一定要避免摊子铺得太大，切忌重复建设。其四，要进一步发展自己的融资机构，推动上海合作组织同国际金融机构开展合作，为深化经济合作创造有利条件；上海合作组织一些重大项目之所以难以进行，一个重要原因是缺乏资金，上海合作组织建立和发展自己的基金、账户和银行，并加强与国际金融机构的合作，就能为这些项目创造一个有效的融资平台。

二是继续深化安全合作。如前所述，上海合作组织具备了进一步加强安全、反恐合作的共识和条件。以下几方面可能成为上海合作组织深化安全合作的切入点：进一步加强反恐合作，辅之于标本兼治的综合治理；努力推动中亚无核区计划，防止大规模杀伤性武器在中亚扩散；打击制造贩卖毒品的罪恶行径，

① 胡锦涛：“承前启后，继往开来　努力开创上海合作组织事业新局面——在上海合作组织成员国元首莫斯科会议上的讲话”，2003 年 5 月 29 日。引自《人民日报》2003 年 5 月 30 日。

消除威胁上海合作组织各国的毒品来源。从中亚整体安全角度看，如果某国，如吉尔吉斯斯坦的国内局势进一步恶化，而其周边各国都不愿单独出头卷入乱局中，而上海合作组织作为非军事联盟也难以采取维和行动，则联合国的介入也许是一种可能的选择。如发生这样的情况，根据上海合作组织秘书处与联合国秘书处合作联合声明的精神①，联合国在中亚地区采取的行动也离不开上海合作组织的支持和帮助。

三是扎扎实实地推进人文合作。近期，上海合作组织应致力于将成员国之间的双边人文合作进一步拓展为组织框架里的多边人文合作，这需要进一步加强组织协调、资金支持和专业筹划三个方面的工作。从目前情况看，人文合作的指导方针仍应该是“尊重多样文明，谋求共同发展”，继续发扬“丝绸之路”精神，促进文明对话和文明互鉴，特别要推动文化、教育、旅游、救灾、青年等方面合作的深入发展，为上海合作组织的可持续发展奠定坚实的文化基础。

四是拓展对外交流和加强国际合作。上海合作组织是一个开放的组织，稳步加强、扩大组织，全方位地发展与各国、各国际组织之间的富有成果的合作，始终是上海合作组织的一项重要工作。近年来，上海合作组织陆续制定了观察员条例、对话伙伴关系条例、接收新成员条例等一系列文件。近期，谨慎稳妥地实施、完善这些条例，特别是与那些一直对上海合作组织持怀疑态度的西方国家建立一种增信释疑的对话机制，是上海合作组织需要解决的重大课题。

在过去20多年里，中国与后苏联时代的俄罗斯和中亚国家建立起了具有战略意义的睦邻友好关系。上海合作组织有史以来第一次使中—俄—中亚关系发展为一种稳定的利益共同体和

---

①《上海合作组织秘书处与联合国秘书处合作联合声明》，2010年4月5日，塔什干。

多边合作机制，并将其合作效应拓展至南亚和中东，在短短12年里取得了辉煌的成就。

尽管存在着问题和缺陷，但上海合作组织进程的主流是合作与共赢，这是上海合作组织能够取得巨大成就的根本原因。然而，如果不重视、研究、解决存在的问题和缺陷，上海合作组织就难以深化合作和可持续发展。总结过去的经验教训，研究未来面临的重大课题，提出深化合作的具体思路，正是本书的目的所在。

根据这样一个主题，本书分成四篇，即按照四大领域进行研究：安全合作篇、经济合作篇、人文合作篇、扩容与对外交往篇。政治合作是所有合作的基础，与四大合作领域均有密切联系，因此没有单列成篇。四篇的少数内容可能有重复之处，但由于从不同角度论述，均有各自的价值，因此主编没有加以删节。

可以相信，通过总结已走过历程的经验和教训，规划未来发展的蓝图和战略，在“上海精神”的指引下，上海合作组织将进入一个新的发展阶段和战略机遇期，在建设“和谐地区”和构建“丝绸之路经济带”的道路上取得更加伟大的成就。

安全合作篇

相比经济、人文领域的合作，上海合作组织在安全领域的合作是最为成功的，取得了十分丰硕的成果。尽管如此，在进入其第二个十年之后，“三股势力”的回潮，成员国内部的动荡，外部冲突激化的影响，美国、西方的牵制，非传统安全威胁的冲击，都对上海合作组织的安全合作构成严峻挑战，使其进一步深化面临诸多必须认真应对的问题。

第一章　上海合作组织安全合作的丰硕成果

上海合作组织在安全合作领域取得的重要成果主要体现在以下几个方面：

第一节　解决边界争端这一主要历史遗留问题

中国与俄罗斯（苏联）的边界几个世纪以来一直纷争、战乱不断。在冷战时期，中国和苏联经历了从盟友到敌手的转变，苏联一度在中蒙、中苏边界陈兵百万，对中国形成严重威胁，到1969年甚至爆发了边界战争。苏联解体后，这条麻烦不断的边界的西段变成了中国与俄罗斯、哈萨克斯坦、吉尔吉斯斯坦、塔吉克斯坦四国的边界。正是在这样的形势下，五国改变观念，在“五国两方”边界谈判的基础上启动了“上海五国”进程——上海合作组织的前身。“上海五国”先后签署了《关于在边境地区加强军事领域信任的协定》和《在边境地区相互裁减军事力量的协定》两个重要文件。在此基础上，在“上海五国”升格而建立的上海合作组织的框架里，经中、俄、哈、吉、塔五国共同努力，长达3000多公里的原中苏边界西段的历史遗留问题全部得到顺利解决。几百年来导致动乱、战争的边界争端，居然在短短十年里获得了解决，这在国际关系史上是罕见的。研究上海合作组织的学者指出："中国通过前中苏边界的去军事化、上海合作组织的集体安全框架以及高级军官之间日益频繁的会晤，确保了沿哈萨克斯坦、吉尔吉斯斯坦和塔吉克斯坦边界线的安宁。"① 更重要的是，这一历史遗留问题的解决开启了上海合作组织安全合作，乃至全面合作的大门。

当然，上海合作组织成员国之间还有其他一些历史遗留问题，有些得到了解决，有些正在解决过程中，有些尚没有纳入议事日程，有些至今还导致成员国之间发生争吵，对此后面还要提及。但是，解决原中苏边界争端这一主要历史遗留问题，创造了一个成功模式——以相互信任、裁军与合作安全为内涵的新型睦邻安全模式，这为解决其他历史遗留问题树立了榜样，也奠定了一个良好的基础。

第二节　地区安全合作机制逐步完善

上海合作组织脱胎于"上海五国"机制，而"上海五国"仅是一种首脑会晤机制和对话平台。经过十多年的努力，上海合作组织在建章立制方面取得了重要进展，已经初步构建了一个地区安全合作机制，并正在使其进一步完善。

2003 年 5 月 29 日，上海合作组织签署了上海合作组织地区反恐怖机构执行委员会细则等文件。2004 年 6 月 17 日，上海合作组织地区反恐机构执行委员会在乌兹别克斯坦首都塔什干正式启动，标志着上海合作组织有了第一个具体实施安全合作的常设机构。

十多年来，在上海合作组织元首峰会和总理会晤的指导下，

① 佩容色（Sebastien Peyrouse）："中国与中亚的军事合作"（Military Cooperation between China and Central Asia: Breakthrough, Limits, and Prospects），载《中国简报》（*China Brief*），詹姆斯敦基金会，华盛顿，2010 年 3 月 5 日.

上海合作组织逐步建立起安全会议秘书、总检察长、最高法院院长、国防部长、紧急救灾部门领导人、公安内务部长、司法部长、禁毒部门领导人会议等系列定期会晤机制，构筑起了一个全面、系统的安全合作体系。

十多年来，上海合作组织通过了《打击恐怖主义、分裂主义和极端主义上海公约》、《上海合作组织反恐怖主义公约》、《上海合作组织成员国打击恐怖主义、分裂主义和极端主义2013年至2015年合作纲要》、《上海合作组织成员国保障国际信息安全政府间合作协定》、《2011—2016年上海合作组织成员国禁毒战略》、《上海合作组织成员国长期睦邻友好合作条约》、《上海合作组织成员国反恐专业人员培训协定》、《关于在上海合作组织成员国境内组织和举行联合反恐行动的程序协定》、《关于查明和切断在上海合作组织成员国境内参与恐怖主义、分裂主义和极端主义活动人员渗透渠道的协定》、《上海合作组织成员国关于合作打击非法贩运麻醉药品、精神药物及其前体的协议》、《上海合作组织关于应对威胁本地区和平、安全与稳定事态的政治外交措施及机制条例》等一系列重要文件，使安全合作有法可依，有章可循。

第三节　安全合作的领域和范围不断拓展

十多年来，上海合作组织安全合作的领域和范围不断拓展，从边境地区军事互信到联合反恐军事演习，从打击跨国犯罪到大型活动安保合作，从反恐情报交流到信息安全合作，取得了一系列重要成果。以下以联合反恐军事演习、大型活动安保合作和信息安全合作为例加以说明。

2003年8月6日至12日，上海合作组织成员国武装力量举行代号为“联合—2003”的联合反恐军事演习，这是该组织框架内首次举行的多边联合反恐军事演习。此后，上海合作组织几乎每年都举行类似演习，参演人数不断增加，演练科目逐步齐全，演习水平日益提高。如2007年8月在俄罗斯举行的“和平使命—2007”联合军事演习，有4000多名官兵参加，是一次高水平的多军兵种联合军事演习。上海合作组织框架内近期还举行了多次重要的联合演习，如2012年6月在塔吉克斯坦举行的“和平使命—2012”联合军事演习、2013年7—8月在俄罗斯举行的“和平使命—2013”中俄联合反恐军事演习等。

上海合作组织安全合作的一大亮点是大型活动的安保合作，在2008年北京奥运会期间发挥的重要作用就是一个突出的例子。在2007年8月举行的上海合作组织比什凯克峰会上，六国元首强调应密切合作为北京奥运会创造一个平稳安定的环境。此后，上海合作组织框架内立即建立起了一个集体机制，以发现、预防和消除可能对北京奥运会形成的潜在威胁。为做好此项工作，上海合作组织各成员国的安全保卫和法律保障专家两次参加北京奥运安保国际大会，一起研讨加强奥运安保的计划和措施，上海合作组织秘书长亲自到会。奥运举行前，上海合作各国采取共同措施，发现、预防和切断相关的犯罪活动，及时交换反恐情报，为中国警方挫败“东突”等组织破坏奥运会的企图做出了贡献。在奥运会举行期间，上海合作组织各国又密切配合，为确保来自上海合作各国及世界各国的领导人、贵宾、运动员、观众、记者、志愿者及其他人员的安全做了大量艰苦细致的工作，使“平安奥运”得以实现。上海合作组织大型活动安保合作在上海世博会、俄罗斯索契冬奥会等其他大型活动中也发挥了重要作用，目前已逐步机制化和常态化。

上海合作组织在国际上最早提出了在网络时代维护信息安全与文化安全的问题。2006年6月15日，在上海举行的上海合作组织峰会发表了《上海合作组织成员国元首关于国际信息安全的声明》，指出："包括恐怖分子在内的犯罪分子及其团伙和组织，甚至某些国家，为达到其军事政治目的而将信息通信技术用于破坏性目的，由此造成的消极后果波及面十分广泛，不仅会影响到其他国家，有时甚至产生全球影响。将信息通信技术用于上述目的，可能造成与使用大规模杀伤性武器相当的世界性灾难。"[①] 声明提出："信息通信技术和当代威胁与挑战具有跨国性质，必须通过双边、地区和国际层面的合作，加大各国保障信息安全的力度。只有各国采取协调一致和互补措施，才能有效应对当代信息安全的挑战与威胁。"[②] 声明还宣布建立上海合作组织成员国国际信息安全专家组，以制定国际信息安全行动计划，明确在上海合作组织框架内全面解决国际信息安全问题的各种途径和方法。[③] 上海合作组织信息安全合作特别重视打击网络犯罪活动，提出要阻止利用网络宣扬极端主义思潮、煽动"颜色革命"、传授恐怖暴力手段。同时，上海合作组织各国均注意在民众中采取预防性措施和进行相应解释工作以抵制错误引导社会舆论的企图，在大众传媒领域建立应对新威胁的有效机制，并推动国际社会在保障信息安全方面达成共同行为准则。

第四节 在维护地区安全和世界和平方面发挥日益重要的作用

如前所述，历史遗留给中亚的民族、宗教、边界问题与巴

① 上海社科院上海合作组织研究中心编：《上海合作组织资料汇编（第三辑）2005.9—2007.9》，第48页。

② 同上书，第48页。

③ 同上书，第49页。

尔干、高加索、中东等地区一样错综复杂，然而，与巴尔干、高加索、中东地区不同的是，在中亚建立了倡导以和平方式解决各类纷争的上海合作组织机制。上海合作组织的存在及其成功的安全合作，使中亚地区得以避免巴尔干、高加索、中东地区出现的那类恶性冲突爆发，特别是遏制了旷日持久的阿富汗战乱向北、向东蔓延，在冷战后很不太平的国际舞台上树立了成功的典范。从这个意义上说，上海合作组织在构建、维护中亚地区安全方面发挥了中流砥柱的作用。习近平主席就此指出："维护地区安全稳定和促进成员国共同发展，过去、现在乃至将来相当长时期内都是上海合作组织的首要任务和目标。"①

同时，上海合作组织在维护世界和平方面也发挥着日益重要的作用。近年来，上海合作组织连续发表声明，对国际热点问题表明自己的立场和态度。2011 年 3 月 4 日，上海合作组织针对中东局势发表声明称，上海合作组织成员国与中东北非地区国家保持着友好交往，对该地区局势发展表示关注，希望有关国家政府和人民根据本国人民的根本利益，在充分保护人权、严格遵守国际人道法和确保平民安全的情况下，通过对话和协商，解决好面临的各种问题，尽快恢复稳定和正常秩序，走出一条符合自身国情的发展建设道路。2012 年 6 月 7 日，上海合作组织成员国元首理事会第十二次会议在北京发表了《上海合作组织成员国元首关于构建持久和平、共同繁荣地区的宣言》，对伊朗核问题、叙利亚局势发展、阿富汗局势、中东变革、全球能源安全、联合国改革、核安全、外空安全、国际金融体系改革等一系列重要国际问题发表了看法。2013 年 9 月 13 日，在比什凯克举行的上海合作组织成员国元首理事会第十三次会议重申了上述立场。通过发出自己的声音，上海合作组织向世界

① 习近平主席接受土库曼斯坦、俄罗斯、哈萨克斯坦、乌兹别克斯坦、吉尔吉斯斯坦五国媒体联合采访，北京，2013 年 9 月 3 日。

说明了本组织处理国际事务的原则，表明上海合作组织已成为一个负责任的维护和平、促进发展的行为体，在国际舞台上正发挥着越来越重要的作用。

上海合作组织领导人对本组织的日益发展给予高度评价。俄罗斯总统普京认为，上海合作组织是相当成熟的国际组织，能够独立自主地解决本地区维护和平、安全和发展方面所面临的问题，已经成为国际舞台上一支重要力量。哈萨克斯坦总统纳扎尔巴耶夫也指出，上海合作组织在很短的时间向国际社会表明，它是当代国际关系的重要因素，很难想象当今的世界没有上海合作组织。与此同时，西方对上海合作组织已从最初的轻视转变为现在的高度重视。当初美国对上海合作组织的成立嗤之以鼻，但后来美国学者也不得不承认："事实证明华盛顿是错误的"，因为上海合作组织的那个"挑头者"是创造"四大发明"的中国人。①

① "俄罗斯和中国着眼于建立'东方的北约'"，参见美国《基督科学箴言报》，2005年10月26日。

第二章 上海合作组织安全合作面临的挑战

“上海五国”—上海合作组织进程启动之初，主要面临的是传统的安全威胁，如历史遗留的边界争端、分裂主义势力对国家统一的威胁、来自阿富汗塔利班政权的军事、恐怖威胁等。然而，伴随着国际和地区形势的深刻变化，传统的安全威胁与非传统的安全威胁越来越互相交织。因此，在进入第二个十年之后，上海合作组织主要面临的就是这样一种极其严峻的、交织型的安全挑战。

第一节 “三股势力”回潮使上海合作组织安全合作面临挑战

2001年阿富汗塔利班政权垮台后，上海合作组织各国都对国内的“三股势力”——恐怖主义、分裂主义和极端主义展开围剿，使这些恶势力遭受沉重打击。然而，美国绕过联合国发动伊拉克战争后，全球范围出现了新一轮恐怖攻击的狂潮，导致中东—高加索—中亚—南亚—东南亚“恐怖高危”弧形地带形成，中亚正处在该地带的中央。在这样的形势下，中亚的“三股势力”再趋活跃，而塔利班则在阿富汗卷土重来，不断发动攻势，控制了大片地区。近两年来，特别是本·拉丹被击毙后，阿富汗和巴基斯坦的恐怖暴力攻击急剧升级，美国和北约也加强打击力度，不断以无人机进行狂轰滥炸，使阿、巴两地恐怖、极端分子的活动空间受到挤压，一些从中亚来到阿富汗和克什米尔的极端分子开始潜回中亚，跨国恐怖团伙也出现了向中亚回流的趋势。由于美巴关系恶化后，经俄罗斯和乌兹别克斯坦向阿富汗运送物资的北方通道的作用上升，运输量已超过对阿物资运输总量的50%，成为塔利班和恐怖团伙袭击目标的可能性越来越大。

同时，国际金融危机的后遗症和中东剧变的扩散效应持续发酵，使中亚国家的稳定面临严峻考验。国际金融危机对中亚的冲击是比较严重的：外部投资剧减，许多项目停建，不少企业关门；大批在外打工者因失业返回家乡，使吉尔吉斯斯坦、乌兹别克斯坦、塔吉克斯坦等国的外汇收入直线下跌；货币急剧贬值，而物价直线上升。如：2009 年吉尔吉斯斯坦经济增长率由上年度的 8.4% 大幅跌落到 2.3%；截止到 2010 年 5 月 1 日，吉的国家外债达到 23.486 亿美元，占国家 GDP 的一半；① 2009 年，乌兹别克斯坦和土库曼斯坦的物价分别上涨了 15% 和 12%。目前，中亚虽然已走出金融危机，但一些后遗症却难以很快治愈，特别需要注意的是，大批在城里打工的年轻人返回贫穷的农村，导致一些地区的社会生活出现动荡。在吉尔吉斯斯坦南部、乌兹别克斯坦和塔吉克斯坦部分地区，尤其是在地跨三国的费尔干纳盆地，失业率超过 80%，局势十分严重。国际观察家认为，如处理不好，中亚一些地区可能成为新的“破碎地带”。② 这些都为“三股势力”煽风点

---

① “吉尔吉斯斯坦经济形势恶化”，引自新疆对外贸易经济合作厅网站：http://www.xjftec.gov.cn

② 泽伦·肖尔文：“围绕中亚的新大棋局”，参见德国《欧亚杂志》月刊 2009 年 3 月号。

火，挑起事端创造了有利条件。同时，中亚的情况与中东动荡地区的情况有许多相似之处，不同程度存在专权、腐败、贫困、通胀、失业等现象。伴随着全球恐怖主义和极端主义的“意识形态化”和“圣战化”趋势，中东的极端主义思潮蔓延到中亚，也是导致“三股势力”在中亚再掀暴力恐怖恶浪的重要原因。

正是在这样的背景下，一些老的恐怖、极端组织或是重整旗鼓，或是改头换面，在中亚再次转守为攻。目前中亚地区的极端、恐怖组织中，“乌兹别克斯坦伊斯兰运动”（简称“乌伊运”）是最具规模和实力，能够进行大规模、有组织恐怖袭击的组织，并且已经有能力实行武装割据。[①] 以往“乌伊运”盘踞在乌、塔、吉三国交界的费尔干纳盆地，但近年来其主力已经逐步转移到了阿富汗北部。受萨拉菲极端主义等“圣战”思潮的影响，“乌伊运”公开宣称“我们的目标不只是占领阿富汗和乌兹别克斯坦，我们的目标是占领整个世界。”[②] 伴随着“乌伊运”目标的全球化，其新招募成员也不再限于乌兹别克人，大部分人来自阿富汗，还有少数来自塔吉克斯坦、吉尔吉斯斯坦、巴基斯坦、德国和俄罗斯的鞑靼共和国，甚至中国新疆。近年来，“乌伊运”与塔利班和“基地”组织加强合作，目前阿富汗塔利班中就有近 2 万名“乌伊运”成员。2009 年 5 月—7 月，“乌伊运”在乌兹别克斯坦安集延和汗阿巴德地区策划系

① 采恩（Jacob Zenn），“在众议院外交委员会的征词：伊斯兰好战分子对欧亚地区的威胁”（Testimony before the Subcommittee on Europe，Eurasia and Emerging Threats，House Committee on Foreign Affairs，“Islamist Militant Threats to Eurasia”），华盛顿，2013 年 2 月 27 日。

② 桑德逊等（Thomas M. Sanderson，Daniel Kimmage and David A. Gordon），“从费尔干纳谷地到南瓦齐里斯坦，中亚圣战者的威胁日趋发展”，（*From the Ferghana Valley to South Waziristan*，*The Evolving Threat of Central Asian Jihadists*：*A Report of the CSIS Transnational Threats Project*）战略与国际问题研究中心，华盛顿，2010 年 3 月。

列爆炸，在吉尔吉斯斯坦贾拉拉巴德和奥什地区与警方激烈交火，在塔吉克斯坦首都杜尚别国际机场和塔总统府旁边的塔吉克斯坦宾馆制造爆炸事件。2010 年 4 月后，“乌伊运”直接或间接地参与挑起了吉尔吉斯斯坦的骚乱和民族冲突。

在中亚迅速扩张的伊斯兰解放党（Hizb-ut-Tahrir，国内译成“伊扎布特”）于 1953 年在巴勒斯坦成立，苏联解体后大举进入中亚，以传销方式发展组织，以慈善活动吸引群众，试图建立泛伊斯兰的“哈里发”国家，在思想渊源上与萨拉菲派的极端主义一脉相承。2010 年吉尔吉斯斯坦爆发乌兹别克人与吉尔吉斯人的民族冲突后，伊斯兰解放党乘机在吉境内迅速发展成员，并且向吉北部和哈萨克斯坦扩展。中东动乱发生后，萨拉菲主义在中东和中亚进一步拓展的势头更为强劲。据专家估计，目前在吉境内的该党成员约有 2 万到 10 万人，仅在贾拉拉巴德州就有 1.5 万名成员。该组织在乌兹别克斯坦拥有数十万成员，在中国新疆也有上万成员。值得注意的是，伊斯兰解放党已渗透到了哈萨克斯坦南部边界，灌输宗教极端思想，教授暴力活动技能，甚至吸收了在巴基斯坦大学的哈萨克斯坦留学生。① 仅 2012 年上半年，哈、吉两国政府已在吉首都比什凯克和哈南部边界查获了四批携带和散发宗教极端主义宣传品的伊斯兰解放党成员。

源于中国新疆的“东突伊斯兰运动”（“东伊运”）被联合国列入国际恐怖组织名单后改头换面，成立了“突厥斯坦伊斯兰党”（TIP），在阿—巴边境建有训练营地，约有 200 到 300 名职业骨干成员，用阿拉伯语编写网络出版物《伊斯兰突厥斯坦》，极力将其在新疆的分裂、恐怖活动纳入到全球“圣战”

---

① 采恩（Jacob Zenn），“伊扎布特在哈萨克斯坦南部边界兴起”（Hizb ut-Tahrir Rises on Kazakhstan’s Southern Border），《欧亚每日观察》（*Eurasia Daily Monitor*），詹姆斯敦基金会，华盛顿，2012 年 7 月 16 日。

之中，以在伊斯兰世界赢得支持。该组织第一位领导人哈桑·马哈苏姆、第二位领导人阿卜杜勒·哈克和第三位领导人阿卜杜勒·沙库尔（也是巴基斯坦联邦直辖部落区的“基地”组织“司令”）先后被巴基斯坦军队和美国无人机击毙。该组织积极参与阿富汗的“圣战”，并策划、组织了在新疆发生的一系列暴力、恐怖活动。

除了上述这几个影响较大的组织外，中亚地区还有许多宗教极端型的恐怖团伙，这里不一一列举。令人不安的是，中亚又冒出了一些以前不为人知的新的恐怖、极端团伙。例如，2011 年 10 月以来，一个名叫“哈里发斗士”（Jund al-Khilafa，英文简称为 JaK）的极端组织在哈境内制造了一系列恐怖袭击事件，活动十分猖獗。该组织声称其目标是“推翻努尔苏丹·纳扎尔巴耶夫叛教者政府”，“建立伊斯兰哈里发国家”，[①] 哈萨克斯坦被其搅得鸡犬不宁。从目前掌握情况看，“哈里发斗士”的活动基地在巴基斯坦阿富汗边境地带，主要在哈境外、特别是在巴基斯坦的哈萨克斯坦留学生中发展新成员。专家认为，“哈里发斗士”必然与中亚的其他伊斯兰极端组织有密切联系；由于该组织也鼓吹萨拉菲极端主义，很可能就是伊斯兰解放党的一个分支。目前在中亚，这类新出现的极端组织有成百上千，不少带有中东宗教极端主义的特征。

需要指出的是，在中亚国家和中国新疆出现的民族冲突和分裂主义暴力恐怖活动的背后，大多有这些恐怖、极端组织的策划和煽动。2009 年 7 月在新疆乌鲁木齐发生了“7·5”事件，给各族人民的生命财产造成重大损失，对新疆的社会稳定和民族团结带来不利影响。事后查明，这起严重暴力事件就是

① 采恩（Jacob Zenn），“哈里发斗士在哈萨克斯坦扩展活动”（Jund al-Khilafa Operations Expand in Kazakhstan），《恐怖主义观察》（*Terrorism Monitor*），詹姆斯敦基金会，华盛顿，2011 年 12 月 15 日.

中国境外的“三股势力”通过互联网策划和煽动的。著名反恐问题专家罗恩·古纳拉特纳认为，在美欧十分活跃的分裂主义组织“世界维吾尔大会”是这次事件的主要策划者，而该组织与“东伊运”有着千丝万缕的联系。[①] 有证据显示，2010 年 6 月在吉尔吉斯斯坦发生吉乌两族冲突动乱时，“三股势力”也在其中煽风点火。[②] 吉尔吉斯斯坦奥什州前内务局局长苏法纳里也夫指出，6 月冲突表明，“报复的危机依然存在”，“下一波冲击随时可能来临”。[③] 2011 年 7 月，一伙恐怖分子攻占新疆和田的一个派出所达数小时，在那里升起了萨拉菲的旗帜，这在中国历史上还是第一次。事后证实，这伙暴徒中不少就在阿富汗/巴基斯坦边界受过培训。2012 年 6 月 29 日，6 个恐怖分子在新疆劫持民航飞机未遂，声称要去参加“伊吉拉特圣战”。“伊吉拉特”又称“迁移圣战组织”，主张到任何需要的地方去进行“圣战”，具有明显的萨拉菲极端主义特点，在中亚十分活跃。2013 年 4 月 23 日，一伙宗教极端分子在喀什地区巴楚县色力布亚镇发动暴力恐怖攻击，杀害了 15 名社区干部和警务人员。两个月后的 6 月 26 日，吐鲁番地区鄯善县鲁克沁镇发生严重暴力恐怖事件，一群挥舞刀具的暴徒袭击了镇政府、派出所等四处目标，造成 9 名警员和协警、8 名政府工作人员及平民死亡。从这几次事件看，作案人员明显受到“东突”/TIP 的“圣战”思想影响。最近，“东突”组织还招募维吾尔族青年去参与叙利亚战争，并在其中选择骨干派回新疆搞“圣战”。[④]

---

① “国际恐怖主义势力对新疆构成重大安全威胁”，北京，新华网，2009 年 7 月 19 日。

② 参见英国《每日电讯报》2010 年 6 月 20 日报道，吉尔吉斯斯坦当局对此掌握了充分证据。

③ 参见俄罗斯《生意人政权》（*Коммерсантъ Власть*），2010 年第 29 期。

④ “‘东突’分子从叙交战区潜回新疆”，北京：《环球时报》，2013 年 7 月 1 日。

“三股势力”对上海合作组织安全合作的挑战是十分严峻的。

首先，对上海合作组织安全合作的法律基础形成挑战。上海合作各国面临着一系列法律问题，如保护组织、国家、社区、个人等各层次的信息安全，严格掌控可能为恐怖分子利用的放射性物质、生物化学制品和试验，严密监控恐怖嫌疑犯的电话、通信和金钱往来，监控和制止意识形态领域内的恐怖主义宣传，对各类“软目标”加强安全保卫措施，加强对青少年、特别是未成年人的反恐教育等等，都需要制定相关的法律和法规。目前，上海合作组织在这方面面临许多困难和阻力：一是加强安全机构权力与保护公众隐私方面的矛盾；二是地区或组织的法律、法规与各国国内的法律、法规不相一致，有时甚至互相抵触。如上海合作组织在制定本组织的恐怖组织和恐怖分子名单时，就遇到了这个问题。在这样的形势下，为适应地区合作的需要，各成员国只能通过自己的立法机构对相关国内法律、法规进行相应的修改或补充。

其次，对上海合作组织安全合作的机制和效率形成挑战。有两个问题特别突出：

一是安全合作机制建设亟待进一步加强；二是安全合作的效率亟待进一步提高。出现第一个问题的原因在于合作各方往往对安全威胁有不同的看法，对合作机制的经费、人员投入都不够，有时还互相扯皮。出现第二个问题的原因在于多边安全合作的反应和行动速度往往不及一国的单独运作，甚至不如双边合作。比如，一些恐怖组织在上了联合国等制定的恐怖组织“黑名单”后，往往会更换自己组织的名称，原班人马照样进行恐怖活动。在这样的情况下，一国政府可以迅速调整政策和法规，将这个改头换面的组织列入名单。但是，多边组织要做出这样的调整就需要较长时间了，而这段时间往往正是恐怖分子所需要的。又如，跨境合作的速度往往太慢。2014 年初，一伙极端分子从新疆潜入吉尔吉斯斯坦作乱，被全部击毙，但中吉双方过了多日才搞清他们的身份和来历。①

第三，对上海合作组织安全合作的装备和技术形成挑战。目前“三股势力”的作案工具、手段、样式和目标发生了变化，越来越多地采取网络等高科技手段，这就导致上海合作组织面临新挑战。一是安全合作装备的成本大幅上升。恐怖、极端组织装备的不断升级与作战能力的提高，对反恐武器装备提出了相应的升级要求。如新一代刑侦、技侦设备，防高爆设备，身份识别安检设备、不断升级的计算机硬件和软件，高效无线和卫星通讯器材、新式警用交通工具、高层消防装备、防化特种器材等等，都急需充实到反恐作战第一线，这就需要大大增加用于反恐的经费。二是安全合作的技术难度日趋增加。由于“三股势力”的袭击目标开始从传统的“硬目标”逐渐转向“软目标”，使得安保工作防不胜防。特别是对一些特大城市来说，可怕的是使用高科技手段进行恐怖袭击。如在水中放一些剧毒物，对大城市来说将是一场灾难。又如将放射性物质积少成多，就可以制造一颗放射性“脏弹”，在人口密集地区产生致命效应。再如很多大城市的许多活动都已由电脑控制，如破坏电脑控制系统，也会产生严重后果。因此，当前反恐、维稳工作在保护公用设施和生命线工程方面的技术难度越来越大。

第四，对上海合作组织安全合作在综合治理方面的努力形成挑战。目前，跨国犯罪活动的意识形态化、本土化、年轻化等趋势，正对上海合作组织反恐维稳合作在综合治理方面的努力形成强劲挑战。如中亚的“三股势力”有时改变暴力形象，转而利用互联网灌输宗教极端思想。这种宗教性的、意识形态化的恐怖主义理论欺骗性更强，使许多年轻人走上了进行“圣

① 《京华时报》，2014 年 1 月 28 日。

战”的不归路。同时，一些冲突热点如阿富汗战争和阿以冲突等长期得不到公正解决，金融危机导致发展差距和贫富鸿沟进一步扩大，都使弱势群体滋生强烈的不满现状情绪，为极端主义的滋生和发展提供了土壤。通过十多年来的安全、反恐合作，上海合作组织各国日益认识到单凭军事打击无法根除恐怖主义，只有在标本兼治方面加大合作力度，进一步实行政治、经济、文化、社会诸方面综合治理，才能最终铲除恐怖主义这个毒瘤。

第二节 成员国内部动荡使上海合作组织安全合作承受压力：吉尔吉斯斯坦内乱案例分析

2010年4月，上海合作组织成员国吉尔吉斯斯坦爆发反政府示威，迅速演变为大规模骚乱，随即波及到全国范围，最终导致时任总统巴基耶夫流亡国外。从6月10日开始，该国南部又爆发了吉尔吉斯族和乌兹别克族之间的暴力冲突，导致数千人伤亡，十多万人沦为难民。

上海合作组织最初几天在这一问题上谨慎从事，没有仓促表态。接着，上海合作组织就吉尔吉斯斯坦局势发表了声明，希望吉“尽快恢复法律秩序，实现民族和解”，认为“这符合吉人民的利益，也有利于维护上海合作组织所在地区的和平与稳定”。① 此后，本人就是吉公民的上海合作组织秘书长伊马纳利耶夫访问了吉尔吉斯斯坦，努力在各方之间进行调解，吉“临时政府”总理奥通巴耶娃会见伊马纳利耶夫时表示，吉方将履行上海合作组织内所有义务，进一步加强与上海合作组织成员国的合作。对上海合作组织来说，究竟由谁代表吉尔吉斯斯

① 上海合作组织秘书长就吉尔吉斯共和国事件发表的声明，2010年4月8日，北京。

坦出席6月11日召开的上海合作组织塔什干峰会一度成为棘手难题。经过协商，各方达成一致，决定由吉临时政府外交部长代表吉出席。然而，正当塔什干峰会举行之时，吉民族冲突又骤然升级，使吉局势成为塔什干峰会的主要议题。最终，与会领导人达成共识，在会议宣言中表达了如下立场："鉴于吉尔吉斯共和国发生的事件，成员国重申相互支持国家主权、独立和领土完整的原则立场，反对干涉主权国家内政，反对任何有可能引发本地区局势紧张的行动，主张任何分歧均应通过政治外交途径以对话协商方式加以解决。成员国强调吉尔吉斯斯坦政局尽快稳定对整个地区具有重要意义，表示愿为此向吉尔吉斯共和国提供必要的支持和帮助。"① 7月21日，上海合作组织秘书处就吉尔吉斯共和国新宪法草案全民公决和组建政府发表声明，表示上海合作组织尊重吉人民的选择，欢迎吉政府为南部重建、难民安置、实现国家政治生活正常化和维护社会秩序所做的努力，并表示成员国愿继续向吉尔吉斯斯坦提供必要的帮助。同时，上海合作组织积极组织成员国援助吉尔吉斯斯坦，并派员观察了吉6月全民公决和10月议会选举，对公决和选举的运作和结果表示认可。

从上海合作组织的角度看，上述这些措施是上海合作组织根据吉形势的发展变化做出的正确选择。塔什干峰会的一大成果就是在吉问题上达成了共识，这将成为今后一段时间内上海合作组织处理吉问题的指导原则。从中亚地区安全角度看，如果吉局势进一步恶化，而其周边各国都不愿单独出头卷入吉乱局中，则上海合作组织出面可能是一种可行的选择，但这样的介入只能是安全和经济方面的，而不是军事介入，因为上海合作组织并非军事联盟。从更广的国际安全角度看，一旦

① 上海合作组织成员国元首理事会第10次会议宣言，2010年6月11日，塔什干。

吉局势恶化而各大国都不愿出面，联合国的介入也许是另一种可能的选择，因为只有联合国能代表国际社会采取这样的行动。如发生这样的情况，根据《上海合作组织秘书处与联合国秘书处合作联合声明》的精神和联合国大会通过的《联合国与上海合作组织合作的决议》，联合国在中亚地区采取的行动也离不开上海合作组织的帮助和支持。

一些西方媒体则认为，这次危机反映出上海合作组织在应对地区安全危机，特别是成员国内部动乱方面是“无能”的。美国《国家利益》杂志认为，中国奉行不干涉别国内政的外交政策，静观吉尔吉斯斯坦局势发展，北京的反应“不仅体现了上海合作组织的功能局限，也反映了中国不愿为保护自身利益向境外直接施加影响。”该杂志还指出：“莫斯科没有在上海合作组织内采取任何行动，却召开了一次集体安全条约组织的会议”，“上海合作组织峰会在乌兹别克斯坦塔什干举行期间恰逢奥什发生冲突，但峰会在阻止骚乱上似乎毫无建树。”①

无论如何，吉尔吉斯斯坦事件对上海合作组织的冲击是显而易见的：美国、欧盟、欧安组织、联合国、独联体、集体安全条约组织等上海合作组织之外的各方积极、高调地介入吉尔吉斯斯坦的事态发展，使上海合作组织在维护包括吉在内的成员国内部稳定方面发挥的作用相形见绌；同时，俄罗斯、中国、哈萨克斯坦等上海合作组织成员国各自积极支持、援助吉尔吉斯斯坦，又在一定程度上架空了上海合作组织在维护包括吉在内的成员国内部稳定方面的整体作用。

吉尔吉斯斯坦骚乱对于上海合作组织安全合作提出的重大挑战是：如何应对成员国内部局势动荡对上海合作组织，乃至整个中亚地区的安全威胁？这个挑战包含了三个层面的问题：

---

① “拯救吉尔吉斯斯坦”，参见美国《国家利益》双月刊网站2010年6月21日。

首先，上海合作组织成员国出现内部动荡的可能性在上升。许多观察家认为，中亚国家内部不安定因素主要有：精英、宗派、民族和部落矛盾错综复杂；领导人在位时间过长和家族统治；物价暴涨和贫富差距扩大；失业率居高不下；贪污腐败和以权谋私。目前，中东动荡的扩散效应正在影响中亚，中亚各国的反对派蠢蠢欲动，“三股势力”则四处煽风点火。俄罗斯专家认为，他们非常可能按照中东的那一套做法发动“中亚之春”。[①] 因此，不仅在吉尔吉斯斯坦，而且在其他上海合作组织中亚成员国，出现内部动荡的可能性均在上升，上海合作组织随时可能再次面对“吉尔吉斯斯坦式骚乱”。对“三股势力”问题，前面已有专门论述。

其次，上海合作组织成员国的内部骚乱极易招致外部势力的干预。这里不仅指急欲保持并加强在中亚的政治、军事存在的美国和欧洲国家，也包括将中亚视为“突厥语世界”一部分的土耳其，积极在中亚推进伊斯兰原教旨主义的海湾阿拉伯国家，努力在中亚构建“波斯语国家联盟”的伊朗，极力在中亚扩大影响以抗衡中国、巴基斯坦的印度，以及千方百计攫取中亚油气资源的日本等等。上海合作组织如不能控制成员国的内部骚乱，则外部势力的干预必然导致上海合作组织边缘化的后果。

再次，上海合作组织成员国的内部骚乱使上海合作组织缺乏有效应急维和机制的问题更显突出。根据上海合作组织章程，上海合作组织对于维护地区安全与稳定具有责任，但同时也不能干预成员国内部事务，这使得上海合作组织在成员国出现内部骚乱或成员国之间发生争端时陷于两难困境。这里涉及到对一系列概念如何界定的问题，比如何谓“地区安全”、何谓

---

① ［俄］《军工信使》周报（Еженедельник *Военно-промышленный курьер*），2012 年 11 月 28 日。

“内部事务”等。无论如何，对于今后成员国发生类似吉尔吉斯斯坦骚乱这样的事件，上海合作组织仅发表声明和提供人道主义援助是不够的，必须采取强有力的行动以遏制骚乱升级和扩散。为此，上海合作组织必须建立有效的应急维和机制，后面还要对此详述。

第三节　外部争端激化对上海合作组织安全合作的冲击：俄罗斯—格鲁吉亚战争案例分析

近年来，上海合作组织外部、特别是邻近地区的冲突和战争也对上海合作组织的安全合作形成了严峻挑战，在成员国卷入冲突的情况下更是如此。

2008年8月8日凌晨，格鲁吉亚军队进入已宣布脱离格独立的南奥塞梯，并对其首府茨欣瓦利市发动攻击，使局势骤然恶化。由于在南奥塞梯的俄罗斯侨民和维和部队受到格军炮击，俄罗斯随即派大军开进南奥塞梯，很快击败了格鲁吉亚军。8月16日前后，在法国总统萨科齐的斡旋下，冲突各方签署协议，实现停火。同时，俄罗斯承认原属格鲁吉亚的南奥塞梯和阿布哈兹两地为独立国家。就在这种背景下，在杜尚别召开的上海合作组织峰会于8月28日发表宣言指出：“本组织成员国对不久前围绕南奥塞梯问题引发的紧张局势深表担忧，呼吁有关各方通过对话和平解决现有问题，致力于劝和促谈。本组织成员国欢迎2008年8月12日在莫斯科就解决南奥塞梯冲突通过的六点原则，并支持俄罗斯在促进该地区和平与合作中发挥积极作用。”[①] 应当说，从会议最后文件来看，上海合作组织其他

---

① 上海社科院上海合作组织研究中心编：《上海合作组织资料汇编第四辑 2007.9—2009.9》，第23页。

成员国对于俄罗斯在俄格冲突中的立场是有所保留的。它们并不反对俄罗斯为稳定南奥塞梯局势所做出的努力，但也担心俄罗斯的做法产生负面后果，因为不少上海合作组织国家也面临分裂主义的威胁。

俄罗斯官方和大多数媒体对宣言在这个问题上的表态表示满意，但也指出了俄与其他成员国之间的分歧。俄罗斯《新闻时报》认为，在西方几乎一致持反俄立场的情况下，莫斯科仍然得到了中国和上海合作组织其他伙伴对自己在高加索采取行动的支持，尽管这不像克里姆林宫所希望的那样坚定。[①] 俄罗斯《生意人报》认为，上海合作组织成员国领导只是口头上表示赞同莫斯科的行动，但在总结性声明中却支持国家领土完整的原则，反对在国际事务中使用武力。这意味着，在与西方持续升级的对抗中，俄罗斯依旧是孤军奋战。但该报也指出："上海合作组织所有成员国都有自己的问题。如果其中一个国家承认高加索共和国独立，那么对其自身的领土要求会随之而来。例如，中国就将面临台湾和新疆独立的问题。"[②]

西方舆论则普遍认为，俄格冲突必然削弱上海合作组织的影响力。美国学者勃兰克认为："俄罗斯对格鲁吉亚的入侵、占领和肢解对上海合作组织来说即使不是危机，也是最大的挑战。"[③] 瑞典学者斯万斯托姆指出："格鲁吉亚战争和随后俄罗斯承认南奥塞梯和阿布哈兹独立成为上海合作组织的严重问题……俄罗斯无疑期望获得来自朋友强有力的支持，它的失败可能影响上海合作组织的前景以及俄罗斯与其他成员国的双边

① 俄罗斯《新闻时报》(*Время Новостей*)，2008年8月29日。

② 俄罗斯《生意人报》(*газета Коммерсантъ*)，2008年8月29日。

③ 布兰克 (Stephen Blank)，"上海合作组织与格鲁吉亚冲突"(The Shanghai Cooperation Organization and the Georgian Crisis)．载《中国简报》(*China Brief*)，詹姆斯敦基金会，华盛顿，2008年9月3日。

关系。"[①] 日本《读卖新闻》指出，上海合作组织峰会对俄罗斯在格鲁吉亚问题上的举动并未做出明确的支持姿态，这表明作为与北约对立的地区组织，上海合作组织在俄罗斯与欧美矛盾激化时所能实现的"团结"的限度。[②] 英国《金融时报》称，峰会声明与中方观点基本一致，中国不愿看到反西方情绪高涨，而其首要任务是避免给予分裂主义任何支持。该报还引用美国学者沃尔克的观点，认为峰会的"声明非常模棱两可，反映出俄罗斯的孤立。"[③] 美国研究上海合作组织的专家库利认为，俄格冲突暴露出中国和俄罗斯"在安全议程上的真实鸿沟"，俄罗斯谋求南奥塞梯的独立既不符合不干涉内政的原则，也不符合中国的安全利益。[④]

俄格冲突对于上海合作组织安全合作的挑战可以归结为以下几个方面：

首先，成员国与上海合作组织框架外国家之间的争端成为上海合作组织必须谨慎处理的难题。尽管上海合作组织杜尚别峰会没有支持南奥塞梯和阿布哈兹两地独立，但峰会《宣言》对俄罗斯在这两个地区实施的军事行动表示了最大程度的支持与理解，在很大程度上缓解了冲突发生后俄罗斯在国际社会遭受的孤立处境，特别是对俄罗斯应对来自西方的压力有很大的帮助。这种方式可能成为今后上海合作组织处理成员国与上海合作组织框架外国家之间争端的一种比较稳妥的"双原则"模式：第一，不违反国际关系的基本准则；第二，在此基础上尽

---

① 斯万斯乔姆（Niklas Swanstrom），"格鲁吉亚，分裂上海合作组织的裂痕"〔Georgia: The Split That Split the SCO〕.《中亚高加索研究院分析》（*CACI Analyst*），2008 年 9 月 3 日.

② 参见日本《读卖新闻》，2008 年 8 月 29 日。

③ 参见英国《金融时报》，2008 年 8 月 29 日。

④ 库里（Alexander Cooley），"合作开始上海化"（Cooperation Gets Shanghaied），《外交事务》（*Foreign Affairs*），http: //www. foreignaffairs. com/articles/65724/alexander-cooley/cooperation-gets-shanghaied

可能给予成员国一定的支持，主要是道义上的支持。

其次，成员国对外部冲突的不同看法使上海合作组织必须在内部求同存异，尽可能达成共识。俄格冲突使上海合作组织成员国产生了严重分歧，对上海合作组织的团结产生了不利影响。在这一紧要关头，杜尚别峰会为上海合作组织成员国提供了一个进行商讨的重要平台。各方秉承“互信，互利，平等，协商”的“上海精神”，进行平心静气的磋商，终于在求同存异的基础上达成了共识，维护了组织的团结。从一定程度上讲，“杜尚别精神”为上海合作组织今后解决类似问题树立了一个成功的范例。

第三，外部冲突扩散效应带来的冲击需要上海合作组织认真应对，积极化解。

像俄格战争这样的外部冲突今后还会经常出现，时时对上海合作组织国家的安全、稳定与合作形成冲击，因此上海合作组织必须认真应对、积极化解此类冲突的扩散效应带来的负面影响。杜尚别峰会不但在消除俄格冲突的负面影响方面发挥了建设性作用，而且提出要“推动开展预防性外交，将其作为有效解决安全和发展问题的重要手段”。[①] 采取这样的对策，将有助于上海合作组织改变面对冲突的被动反应态势，在处理此类问题时具有更强的前瞻性和主动性。

需要指出的是，上海合作组织还面临着、或者将来可能会面临其他许多外部冲突。有些并不直接涉及上海合作组织国家，如中东动乱、亚美尼亚与阿塞拜疆之间的纳卡冲突等；有些仅涉及上海合作组织的观察员国，如伊朗核问题、阿富汗战争、印度与巴基斯坦之间的克什米尔冲突等。所有这些冲突，无论上海合作组织国家是否卷入，都对上海合作组织的安全环境和

① 上海社科院上海合作组织研究中心编：《上海合作组织资料汇编第四辑2007.9—2009.9》，第23页。

安全合作产生着直接或间接的影响，至少产生了上面提到的后两个挑战。由于其他篇、章、节对于上述其他那些外部冲突都会提及，本节不对所有这些外部冲突做一一详析，以免重复，仅对上海合作组织重要成员国俄罗斯直接卷入的俄格冲突进行案例研究。

第四节　美国、西方对上海合作组织安全合作的牵制

中亚国家独立后，美国即与它们逐步建立起安全军事联系，然而与欧洲、中东、东亚等地区相比，当时中亚在美国全球战略中尚不是处于重点的地位。“9·11”事件后，反恐成为美国外交的重中之重，中亚在美国全球战略中的地位骤然上升，阿富汗战争则为美国军事力量大举进入欧亚大陆腹地提供了难得的机会。同时，以各类非政府组织为急先锋，美国在中亚积极推动“民主改造”、“颜色革命”和“政权改变”，试图以自己的价值观改造中亚，在中亚各国实现有利于美国利益的“改朝换代”。然而，这一企图屡屡受挫。美国陆军部2005年底的一份报告称：“‘颜色革命’导致中亚国家更加亲俄，与中国走得更近，长远看会使美国在该地区的战略盟友孤立。”① 《纽约时报》一针见血地指出：中亚新形势“正迫使布什当局重新评估其在民主化和反恐这两个政策目标之间的走钢丝政策”。②

正是在这样的形势下，美国又先后提出了“大中亚计划”和“新丝绸之路”构想。2005年，“大中亚计划”出笼。该计

① 吉拉高西安（Richard Giragosian），“中亚和高加索的战略重要性”（The Strategic Importance of Central Asia and the South Caucasus），美国陆军肯尼迪特种战争培训中心（US Army John F. Kennedy Special Warfare Center & School），2005年12月。

② 参见美国《纽约时报》，2005年7月13日。

划以中亚、南亚一体化为诱饵，力图使中亚从俄罗斯—中国—中亚的紧密联系中剥离出来，以分化上海合作组织，削弱中国与俄罗斯的影响，进而将阿富汗打造成“大中亚”的核心，建立由美国主导的地缘政治经济板块。最近，在2014年以美军为主的国际部队将要撤离阿富汗的背景下，美国又推出了“新丝绸之路”构想，试图在阿富汗和欧亚大陆腹地新一轮发展中发挥主导作用，并促使国际社会，尤其是中亚、南亚、西亚的阿富汗邻近国家出钱出力，分担阿富汗战后重建的艰难责任和义务。

需要指出，奥巴马执政后虽然并不认同布什政府发动的全球“反恐战争”，但随即提出了“阿富汗新战略”，将反恐重心从中东转向阿富汗，并首次将阿富汗和巴基斯坦作为一个整体来加以考虑。2012年5月，奥巴马访问阿富汗，与阿总统卡尔扎伊签署《美阿战略伙伴关系协议》，承诺将在社会经济、国防安全、制度建设等方面为阿富汗提供协助至2024年，阿方则确保美国能在2014年全面撤军后继续有小股部队留驻阿富汗。同年7月6日，美国宣布把阿富汗确定为“重要非北约盟国”，从而为两国在2014年防务移交之后进一步开展军事合作打开了大门。同时，以美国为首的北约加紧拉拢中亚国家，甚至邀请上海合作组织成员国哈萨克斯坦、吉尔吉斯斯坦和乌兹别克斯坦三国参加北约峰会。近期，哈萨克斯坦政府提出要扩建里海边阿克套海港，提高其转运能力，以便帮助美国、北约军队按计划撤离阿富汗。① 这一举措，可能导致美国、北约在哈的军事存在。美国目前在中亚地区已建立了十余个军事基地，正谋求在

---

① 伏洛欣（Georgiy Voloshin），“哈萨克斯坦建议扩建里海边转运设施以帮助北约撤离阿富汗”（Kazakhstan Proposes to Expand its Transit Facilities on the Caspian to Facilitate NATO's Withdrawal from Afghanistan），《欧亚每日观察》（*The Eurasia Daily Monitor*），詹姆斯敦基金会，华盛顿，2013年5月20日。

阿富汗建立永久性基地。[①] 同时，美军“已决定不将价值超过70亿美元的的装备运回国”[②]，因为运费太昂贵。于是，关于如何处理这些武器的传言满天飞，人们十分担心阿富汗会像利比亚那样成为一个武器“巴扎”（意即“集市”）。从长远看，在2014年后，美国、西方势力仍会继续在以阿富汗为枢纽的中亚—南亚地区发挥重要影响力。

美国和西方在中亚的军事存在、经济介入和文化渗透对中亚的安全格局产生了重要影响，因而对上海合作组织的安全合作形成一种牵制作用。这主要表现在三个方面：

其一，使上海合作组织在中亚安全合作和反恐斗争中的主导作用下降。“9·11”事件前，“上海五国”——上海合作组织在中亚的安全合作和反恐斗争中发挥着无可争议的主导作用。“9·11”事件之后，美国军事力量大举进入中亚，使美国、北约在阿富汗和中亚的“反恐战争”中成为主角。尽管美国与上海合作组织成员国在反恐领域进行一定程度的合作，但美国在中亚安全态势中的作用聚然上升导致上海合作组织作用的相对下降则是显而易见的事实。

其二，削弱上海合作组织安全合作的凝聚力。美国、北约积极与上海合作组织成员国开展双边或多边安全合作，还拉一些成员国参加北约“和平合作伙伴”等西方主导的安全合作平台，这必然导致上海合作组织一些成员国将相当部分力量放在与美国和其他非上海合作组织国家的安全合作上，对上海合作组织安全合作的参与相对下降，从而削弱了上海合作组织安全合作的凝聚力。

其三，对上海合作组织国家的内部稳定产生不利影响。由于美国和西方国家在民主、人权、反恐等问题上一贯采取双重

① 德新社喀布尔2010年2月8日电。

② 参见美国《华盛顿邮报》，2013年6月20日。

标准，因而对上海合作组织国家内的一些分裂势力和反对派明里暗里采取纵容、甚至支持态度。如他们对俄罗斯的车臣分离主义集团、中国的“东突”分裂主义势力、乌兹别克斯坦安集延事件中的极端分子、吉尔吉斯斯坦动乱中的反对派等均持这种态度。有观察家指出，美国一贯在新疆等地“挑拨民族关系”，并对当局平息骚乱的举措“说三道四”。[①] 这种行为，自然会对上海合作组织国家的内部稳定产生不利影响。

需要指出，美国、西方与上海合作组织在中亚安全问题上也具有共同利益和合作潜力。我们在扩员和对外交流篇对此要做系统剖析，因此在这里不做详述。

第五节　非传统安全威胁影响上海合作组织的安全合作

尽管上海合作组织面临大量传统安全威胁与非传统安全威胁互相交织的“交织型”安全挑战，但也面临许多基本属于非传统安全威胁范畴内的问题。总体来看，这些非传统安全威胁十分严重，主要有制毒贩毒、武器走私、非法移民、黑社会活动、水资源短缺、环境污染、能源管道安全、交通运输安全、金融安全、核安全、粮食安全、信息安全、公共卫生安全、重大自然灾害等诸多问题。本节主要分析其中最为严峻的制毒贩毒问题和水资源短缺问题。

源于阿富汗的制毒贩毒跨国犯罪活动严重影响中亚地区的社会稳定，是上海合作组织面临的一大安全难题。2001 年塔利班垮台后从阿富汗流出的毒品数量不但没有下降，反而有所上升。据报，2003 年世界海洛因的三分之一和欧洲海洛因的95%

① 参见吉尔吉斯斯坦《消息》（《K-News》），2013 年 6 月 28 日。

都来自阿富汗收获的鸦片，全世界有1000万人吸食阿富汗鸦片。[①] 阿富汗的制毒贩毒活动又与恐怖主义组织有着千丝万缕的联系。恐怖主义团伙积极组织毒品走私活动，从中获得丰厚的利润，再将其用于恐怖活动，严重危害了各国人民的健康和安全，上海合作组织各成员国深受其害。美国众议员马克·史蒂文·柯克在对阿富汗进行了实地调查后指出，通过贩卖海洛因，“基地”组织每年可获得的巨额利润高达2800万美元，其中大部分用于维持本·拉丹等人的逃亡生活，以及支付保镖的工资和收买阿富汗巴基斯坦边境地区的军阀和部落首领。[②] 近年来，源于阿富汗的毒品走私量更是明显加大，通过由阿富汗—巴基斯坦—伊朗—塔吉克斯坦—俄罗斯组成的“半新月”路线贩运毒品，对中亚国家、俄罗斯、乃至中国都造成冲击。为此，俄罗斯与塔吉克斯坦两国内务部商定加强合作，坚决打击毒品贸易。[③] 据塔吉克斯坦官方统计，2011年该国缴获毒品达4237.8公斤，与2010年相比增长了8.6%。[④] 需要指出，有些贩毒集团和政府内的腐败官员形成利益链，依靠执法部门的庇护进行毒品走私，使某些上海合作组织成员国的腐败问题更趋严重，还给中亚地区带来了艾滋病、吸毒等一系列社会问题。

中亚地区多沙漠，是水资源严重短缺的地区，因此阿姆河、锡尔河、楚河、塔拉斯河、伊犁河、塔里木河和额尔齐斯河等河流的水资源十分宝贵。在苏联时期，一般采取上游地区向下

---

① 参见英国《独立报》，2004年4月18日。

② 潘光，胡键：《21世纪的第一个新型区域合作组织—对上海合作组织的综合研究》，中共中央党校出版社，2006年版，第143页。

③ 2011年9月23日，俄罗斯与塔吉克斯坦两国内务部商定联合打击毒品（Министерства внутренних дел России и Таджикистана договорились о совместной борьбе с наркотрафиком），参见 http://www.fergananews.com/news.php?id=17338&mode=snews

④ 孙力主编：《中亚国家发展报告（2012）》，社会科学文献出版社2012年版，第145页。

游地区供水，下游地区向上游地区供电的政策。中亚国家独立后，这些河流大都成了跨国河流，于是如何分配水资源便成了中亚国家之间的一个难题。围绕历史遗留下来的水资源分配及相关的电力供应问题，乌兹别克斯坦与塔吉克斯坦、吉尔吉斯斯坦、甚至哈萨克斯坦的关系趋于紧张。目前中亚水资源纠纷的一个焦点是在一些河流及其支流上修建大坝和电站的问题。处于上游的塔吉克斯坦等国希望建大坝和电站以灌溉农田和发展水电，处于下游的乌兹别克斯坦等国则坚决反对，宣称如上游建大坝和电站截取下游所需水资源，它们将停止向上游地区供电。2010年，围绕水资源分配及相关的电力供应争端，乌兹别克斯坦与塔吉克斯坦之间矛盾激化，甚至因乌兹别克斯坦扣留过境的塔吉克斯坦物资发展到剑拔弩张的状态。这些恶性事态，也使上海合作组织成员国之间的团结与合作面临直接挑战。有专家预测，今后不排除中亚国家因争夺水资源而引发激烈冲突的可能性。必须指出，中国与中亚国家之间在跨界河流水资源分配等问题上也有摩擦。哈萨克斯坦农业部长A. 库里什巴耶夫称，如中国大力开垦新的灌溉耕地，使额尔齐斯河和伊犁河下游的哈境内水量减少，将使巴尔喀什湖干涸和周围地区沙漠化。[①] 欧盟驻哈萨克斯坦生态政策推行项目组组长弗罗斯特也宣称，巴尔喀什湖生态保护情况每况愈下，解决这个问题需重新审议中哈跨境水资源协议条款，并出台巴尔喀什湖水资源国家级保护管理战略规划。哈萨克斯坦总统纳扎尔巴耶夫2011年2月访华时，中哈双方专门就跨界河流的水资源问题进行了探讨，还签订了共同监测两国边境河流水质的协议。[②]

制毒贩毒、水资源短缺等非传统安全威胁对上海合作组织的安全合作提出了一系列严峻挑战和新问题。

---

① 哈萨克斯坦文传电讯社，2009年3月21日。

② 美国之音网站，2011年2月25日。

其一，上海合作组织如何在应对传统安全威胁和“交织型”安全威胁的同时，加强应对非传统安全威胁的合作机制，特别是进一步发挥与处理非传统安全问题直接相关的上海合作组织各部长级会晤机制和专家组的作用。

其二，为了解决成员国在非传统安全问题上的纷争和矛盾，上海合作组织可否参照解决边界问题的成功经验，制定一些各成员国均认可的原则，并在此基础上通过多边与双边相结合的方式解决争端。

其三，为应对成员国之间因非传统安全问题出现的突发性冲突，上海合作组织是否应建立组织框架内的冲突调解机制。

其四，对制毒贩毒、武器走私、非法移民、环境污染、金融安全、核安全、粮食安全、信息安全、公共卫生安全等全球性非传统安全威胁问题，上海合作组织如何加强与国际社会，特别是联合国的合作。

第三章　上海合作组织安全合作进一步发展面临的问题

要应对前一章提到的诸多严峻挑战，进一步发展安全合作，上海合作组织面临着诸多需要解决的问题。其中最主要的是成员国之间的利益差异，安全合作的效率和应急能力，以及深化安全合作的切入点。

第一节　上海合作组织成员国之间的安全利益差异

上海合作组织各成员国之所以能够走在一起展开合作，具有共同的安全利益是最为重要的因素，这主要体现在以下三方面。首先，中国、俄罗斯、中亚国家都面临恐怖主义、分离主义和极端主义的威胁，需要加强合作来打击这“三股势力”，以维护自身的安全和中亚的稳定。其次，中国、俄罗斯、中亚国家都希望通过开发中亚丰富的资源以推动地区经贸合作及自身的发展，这是保持中亚地区长治久安的基础。第三，中国、俄罗斯、中亚国家都对伊斯兰极端势力的渗透和美国、西方推动“颜色革命”、“政权更迭”的企图保持高度警惕，努力弘扬“丝绸之路”精神，共同维护文化安全和信息安全，以构建一个“和谐地区”。

在具有整体的共同安全利益的大框架里，中国、俄罗斯、中亚国家之间也在不同层面、不同领域、不同的具体问题上存在安全利益差异。这里主要是讲三方之间在上海合作组织框架里的安全利益差异，而不涉及三方之间与上海合作组织无关的其他双边安全问题，当然前后两者往往也密切相关。

首先来看中俄之间在上海合作组织框架里的安全利益差异。

在上海合作组织的安全战略定位上，中俄之间存在着明显的利益差异。俄罗斯希望使上海合作组织发展为一个与其为首的集体安全条约组织（CSTO）密切合作的安全合作组织，维护俄在欧亚大陆腹地的安全、战略利益。为此，俄罗斯积极推动两组织签署了《上海合作组织秘书处与集体安全条约组织秘书处谅解备忘录》，并多次建议上海合作组织与集体安全条约组织共同举行联合军事或反恐演习。当俄罗斯与美国、西方在格鲁吉亚冲突、反导体系、北约东扩等问题上发生对抗时，总是极力拉上海合作组织支持自己的立场，以增强自己抗衡对手的力量。相比之下，中国更愿意看到上海合作组织发展为一个区域经济、安全合作组织，努力构建以大小国共同倡导、安全先行、互利协作、文化互补为特征的新型区域合作模式，以维护中国西部、乃至整体的安全，促进中国西部、乃至整体的发展。因此，中国往往更强调以维护安全来保障经济、文化、社会的发展。

由于在安全战略定位上存在利益差异，中俄自然也在上海合作组织发展的优先方向等问题上出现了差异和分歧。俄罗斯特别强调传统安全领域的合作，并希望将之发展为军事合作，而中国则认为经贸合作是推动上海合作组织安全合作、乃至全面合作进一步发展的重要基础，因此特别重视非传统安全问题，如经济安全、金融安全、能源安全、信息安全等。在这里，后面人文合作篇提到的中俄之间的深层次猜疑和误解也是一个原因。俄罗斯有些人还是把中亚看作自己的“后院”，对中国在中亚影响力的上升往往表现出不必要的担忧，认为这会损害俄罗斯的安全利益。例如，中亚与中国之间的石油、天然气管道接连开通，中国与土库曼斯坦之间签订了为期30年的天然气开采合同，俄罗斯就有人指责这项协议“挑战了俄罗斯从中亚获取能源供应的历史霸权。”[①]

其次来看中亚国家之间在上海合作组织框架里的安全利益差异。

这些安全利益差异主要源于领土争端、水资源分配、民族矛盾、历史积怨、贸易纠纷、非法务工和债务等方面问题。除了前面已提到的塔吉克斯坦与乌兹别克斯坦在水资源分配问题上的争端，两国之间的一些边界没有明确划分，经常导致边界冲突。乌兹别克斯坦和吉尔吉斯斯坦之间也存在同样问题，屡屡发生冲突。2013年1月，被吉尔吉斯斯坦领土包围的乌兹别克斯坦飞地索克（Sokh）发生乌吉两族冲突。1月7日后，吉政府对索克飞地及另一乌兹别克斯坦飞地萨黑马丹（Shahimardan）实施封锁。作为报复，乌政府于1月23日封锁其边界内隶属吉尔吉斯斯坦的巴拉克（Barak）飞地，还封锁了乌吉边境上的铁路检查站，禁止吉公民进入其领土。[②] 哈萨克斯坦与其中亚邻居之间也存在水资源分配问题和领土纠纷，有可能引发冲突。在中亚，民族矛盾往往与历史积怨互相纠缠，如乌兹别克族和吉尔吉斯族在苏联时期就发生过严重的流血冲突，

---

① 哈定（Luke Harding），“中国签约获土库曼30年天然气供应”（China signs deal for 30 years of Turkmen gas），《卫报》（*The Guardian*），2009年6月25日。

② 罗塔（Igor Rotar），“乌兹别克斯坦与吉尔吉斯斯坦的边境暴力冲突升级”（Uzbekistan and Kyrgyzstan Heighten Tensions in Violent Local Border Dispute），《欧亚每日观察》（*The Eurasia Daily Monitor*），詹姆斯敦基金会，华盛顿，2013年1月30日。

造成大量人员伤亡，由此结下怨仇，2010 年 6 月两族再次爆发大规模冲突的历史根源。贸易纠纷、非法务工和债务等方面问题有的是历史遗留下来的，有的是独立后经济、贸易、海关、税收等方面的政策和法规不健全、不规范所导致的，还有一些是人为因素，如贪污腐败、黑社会、跨国金融犯罪等方面的问题造成的。

这些根源性问题使中亚国家之间在上海合作组织框架里的安全利益差异突出表现在以下三方面：一是在上海合作组织安全合作、特别是应对非传统安全威胁方面强调各自的关注点。如下游国家总是强调要维护自己获得水资源的权利，而上游国家则强调自己有权利用水资源发展经济，特别是农业和水电工业。二是对上海合作组织安全合作议程是否应讨论中亚国家间争端发生分歧。在争端中处于不利地位的一方往往希望上海合作组织安全合作议程应讨论这些争端，如水资源争端中的下游国家，民族冲突中人数较少的一方，贸易纠纷中损失较多的一方等都持这种态度。相反，争端中的另一方往往反对上海合作组织来讨论、解决这些争端议题。三是在上海合作组织安全合作中争当中亚“老大”。如中亚人口最多的国家乌兹别克斯坦和领土面积最大的国家哈萨克斯坦之间一直暗中较劲，争夺中亚地区“老大”的位置，这特别表现在安全合作领域。如上海合作组织地区反恐机构原定放在吉尔吉斯斯坦的比什凯克，后经乌兹别克斯坦多方努力，最终落户乌兹别克斯坦首都塔什干。2010—2011 年，哈萨克斯坦大力宣传自己是上海合作组织和欧安组织的“两个主席”，并积极推进哈方倡议的“亚信会议”进程，俨然以欧亚大陆腹地“老大”自居。

再次，来看中亚国家分别与中、俄之间在上海合作组织框架里的安全利益差异。

中亚国家与俄罗斯的安全利益差异主要表现为：俄罗斯试

图在上海合作组织安全合作的框架里保持其在中亚的传统势力范围和主导地位，而中亚国家在维持与俄罗斯传统安全纽带的同时，力图实现其安全战略的相对独立和对外安全合作的多元化。如乌兹别克斯坦对俄罗斯在上海合作组织内提出的主张时常不表支持，长期以来一直不参加俄罗斯积极推动的上海合作组织联合军事演习，对俄表现出一定的独立性和离心倾向，同时积极发展与美国的军事、安全合作关系。吉尔吉斯斯坦在允许俄罗斯在吉建立军事基地的同时，也允许美国及其盟友使用其境内的马纳斯军事基地（后改为物资转运中心）。哈萨克斯坦一直与美欧保持密切的安全合作关系，在担任欧安组织轮值主席期间，更是大力宣传其外交的“欧洲方向”。塔吉克斯坦也允许美国及其盟友使用其境内的军事基地，并积极拓展其与美国、西方的安全、军事合作。同时，中亚国家也积极发展与中国、日本、印度、巴基斯坦、土耳其、伊朗、阿拉伯国家、东盟国家等各方面的安全合作关系。

中亚国家与中国的安全利益差异并不明显，因为中国与中亚国家之间没有俄罗斯与中亚国家之间的那种历史包袱，双方保持着平等的伙伴关系。尽管如此，在上海合作组织安全合作的框架里，双方各自的关注点和优先方向还是有差异的。中亚国家首先关注的是内部的稳定，希望借助中国的力量来打击“三股势力”和抵御西方策动的“颜色革命”。中国则主要关注新疆的稳定和发展，希望通过与中亚国家的合作来打击“东突”分裂势力和恐怖团伙。同时，中亚国家希望依靠中国的投资来促进经济发展和社会稳定，而中国也力图通过加强与中亚国家的合作来维护经济安全，特别是能源安全。但是，对于深化这些合作，双方也都存在安全方面的顾虑：中亚国家担心中国强大的经济实力会使它们变成为中国提供能源和原材料的附庸，从而危及自身的经济安全；而中国则担心中亚国家一旦出现动乱会使自己在中亚的投资遭受损失，并威胁自己的能源安全。

第二节 上海合作组织安全合作的效率和应急能力

上海合作组织安全合作目前面临的一个严重问题就是效率不高，并因此导致对付突发事件的应急能力较差，从前面提到的上海合作组织在吉尔吉斯斯坦内乱等事件发生后的表现均可看出这一点。有学者认为，如果上海合作组织不能解决这个问题，就会逐渐“独联体化”。[①] 早在2005年，上海合作组织峰会发表的《阿斯塔纳宣言》就提出要“采取措施完善和提高本组织地区反恐怖机构的工作效率”[②]，指出了安全合作效率不高的问题。

出现这种情况的原因：一是理论问题；二是心理问题；三是能力问题。

所谓理论问题，是指《上海合作组织成立宣言》、《上海合作组织宪章》等一系列文件确定的理论指导和原则，如上海合作组织不是军事联盟，上海合作组织不针对其他国家和国际组织，上海合作组织不构成对组织外行为体的威胁，上海合作组织成员国坚持互不干涉内政原则等。这些理论指导和原则实际上限制了上海合作组织在传统安全领域采取联合行动的能力，使其无法对吉尔吉斯斯坦内乱、俄格战争这类传统安全威胁采取北约等军事联盟通常采取的那种联合干预行动。即使对非传

① 赵华胜：“上海合作组织的机遇和挑战”，《国际问题研究》，2007年第6期。

② 上海社会科学院上海合作组织研究中心编：《上海合作组织资料汇编第二辑（2003.9—2005.8）》，2005年，第44页。

统安全威胁，上海合作组织也难以采取具有浓厚军事色彩的联合行动。如有学者主张上海合作组织应建立自己的快速反应部队来打击恐怖团伙，从而排除区域外武装力量介入中亚反恐斗争的可能性。[①] 但是，这一想法始终难以实现，因为反对者认为这可能使上海合作组织走向军事联盟。显然，所有这些无形的限制必然影响上海合作组织安全合作的效率和应急能力。

所谓心理问题，主要是指其他篇、章、节多次提到的那些因为历史原因和利益差异而产生的顾虑和猜疑。需要指出，由于相比中俄两国较为弱小，一些中亚国家十分担心上海合作组织强化安全合作效率和应急能力会使它们被迫卷入中俄参与的跨国冲突中，特别是担心上海合作组织采取跨国联合行动会干预它们的内政和削弱它们的主权，因此对此不太积极。无疑，这些顾虑和猜疑已经成为上海合作组织提高合作效率和加强应急能力的一个障碍。

所谓能力问题，就是指上海合作组织所能提供的地区安全公共产品的能力不足。这里有两个层次的问题：一是上海合作组织作为一个整体提供地区安全公共产品的能力不足；二是上海合作组织各国提供地区安全公共产品的能力也不足。可以看出，上海合作组织的一些成员国，特别是中亚成员国希望从组织获取的多，但能提供给组织的资源和让渡的权力却相对较少，这就限制了上海合作组织所能支配的权力、权限、能力和手段，使其作为一个整体的行为能力和介入能力受到很大制约，难以提高合作效率和应对突发事件。应该承认，上海合作组织成员国的国力差距是客观存在的，中亚成员国大多经济实力有限，因此为了提高上海合作组织的安全合作成效，只能由中俄两国

① 卢金与莫初黎（А. Лукин и А Мочульский）:《上海合作组织：机构组成与发展前景》，（ШОС：структурное формирование и перспектива развития），莫斯科国际关系学院东亚研究中心学术专刊2005年第2期。

承担起提供上海合作组织安全公共产品的主要责任。有专家建议，上海合作组织可以通过国际合作来加强提供地区安全公共产品的能力，如上海合作组织通过与联合国的合作来提供地区“维和公共产品”，就是一种可行的方式。我们在其他篇、章、节中还会对此做详细阐述。

第三节　上海合作组织深化安全合作的切入点

上海合作组织要深化安全合作，就必须加强协调，确定重点，扎扎实实地做成几件实事。正因为此，为上海合作组织深化安全合作选择一些切入点十分重要。对这个问题的讨论已经很多，以下三个切入点是提到最多的。

1. 进一步加强反恐合作，辅之于标本兼治的综合治理

近期，中亚的反恐形势再趋严峻，前章第一节已对此进行了详细分析。为了应对恐怖主义挑战，上海合作组织近年来做出了一系列具有战略意义的具体部署：进一步加强上海合作组织地区反恐怖机构的领导机关——理事会的作用，建立成员国常驻反恐机构代表机制；加强外交、对外经济、执法、特种部队和国防部门的密切合作，制定对威胁本地区和平、安全与稳定的事态联合做出反应的有效措施和机制，协调各成员国安全保障方面的法律；在研制和应用应对新挑战和新威胁的现代技术装备领域进行合作，特别注意防范恐怖分子使用大规模杀伤性武器及其运载工具；要求制定统一方法和标准，以监控涉嫌参与恐怖活动的个人和组织的资金流动；强调安全合作应具有综合性质，以切实促进成员国对领土、居民、生活保障和基础设施的关键部门实施可靠保护，为各国的持续发展和消除贫困创造必要条件；预防和消除已成为新威胁重要组成部分的各种技术性灾难，合作保护关键基础设施和交通设施；逐步建立多边机制，对可能发生的灾难及其后果进行监测，交换分析性信息，为进行联合救援行动创造必要的法律和组织条件，包括按统一方法培训人员、迅速调遣人员和实现技术装备的兼容；继续进行联合反恐演习，并使联合反恐演习常态化；坚决打击恐怖主义对意识形态领域的渗透，依靠公民社会、实业界、媒体和非政府组织的力量开展文明和文化间对话；通过《关于应对威胁本地区和平、安全与稳定事态的政治外交措施及机制条例》，加强上海合作组织维稳应急的行动能力；在奥运、世博安保合作取得成功的基础上，建立上海合作组织大型国际活动安保合作常设协调机制，强化大型活动举办期间的情报交换、早期预警、快速反应机制，以确保这些活动顺利、安全举行等等。

可以看出，上海合作组织的反恐合作一直在步步推进，但仍然需要继续深化，这主要体现在四个方面。其一，反恐合作机制建设得到加强，其运作效率也有所提高，但在适应快速跨国反恐行动方面仍有许多需要进一步加强和提高的地方。其二，在夯实反恐合作的法律基础方面做了大量工作，但仍然难以适应双边、多边反恐合作迅速发展的需要，还要大大加强法律协调工作，以解决各国法律法规之间的差异、以及各国国内法与上海合作组织法律文件之间的差异等问题。其三，反恐合作的装备和技术得到加强，但仍然要进一步提高和更新，以应对反恐技术难度日趋增加和反恐装备成本大幅上升等问题。其四，在实施政治、经济、文化、社会诸方面综合治理，铲除恐怖主义根源方面，提出了抵制错误引导社会舆论的企图和行为，打击恐怖主义对意识形态领域的渗透，加强信息安全，共同应对金融危机等措施和构想，但在具体落实方面仍有许多工作需要抓紧进行。

同时，对于如何在上述几方面进一步深化合作，还有一些不同看法，有的逐步达成了共识，有的则分歧很大，需进行深入研究：其一，是否应进一步加强反恐联合演习的力度。一种意见认为，这么做过于突出上海合作组织的军事色彩，可能导致美国、西方国家和周围国家的不安乃至误解。但另一种看法认为，全球都在反恐，美国和西方也高举反恐大旗，上海合作组织加强反恐联合演习的力度无可非议。《上海合作组织成员国组织和举行联合反恐演习的程序协定》的签署，似乎表明后一种意见占了上风。其二，是否要建立一支联合的反恐快速反应部队。支持的人认为，如一旦某个上海合作组织成员国遭遇恐怖攻击需要其他成员国提供直接军事援助时，首先要处理跨国界军事行动的一些复杂的国际法问题，结果可能贻误战机，而有了上海合作组织自己的快速反应部队，就可在上海合作组织成员国范围内随时随地采取行动，在第一时间作出反应。前面已提到，还有人认为，如果上海合作组织自己有了快速反应部队，外来军事人员在中亚的存在就不再是必须的了。反对的意见主要还是担心这样做可能过于突出上海合作组织的军事色彩，引起外界的不安和误解。其三，如何与美国在中亚开展反恐合作。一种意见认为，既然上海合作组织和美国都在中亚进行反恐，就应尽快正式建立上海合作组织与美国的反恐合作伙伴关系，可参照上海合作组织—阿富汗合作伙伴关系那种做法。另一种意见则认为，虽然上海合作组织和美国都在中亚进行反恐，但双方的战略目标并不一致，在这个问题上不必操之过急，可先从交换情报等领域入手，再逐步推进。其四，是否要以上海合作组织的名义制定和公布恐怖组织和恐怖分子名单。曾有人担心，这么做可能会与各国的国内法律和政策产生矛盾。然而经过耐心细致地协调和研究，这些问题基本已解决，上海合作组织已确定了自己的恐怖组织和恐怖分子名单。实际上，在上述几个问题上的不同看法并非原则性分歧，只要加强沟通，认真研究各种选择的利弊得失，完全可以达成共识。

2. 努力推动中亚无核区计划，防止大规模杀伤性武器扩散威胁中亚安全

除了反恐，防止大规模杀伤性武器、特别是核武器在中亚扩散也是上海合作组织安全合作的重要内容。这主要是基于以下几个理由：首先，虽然原苏联留在中亚的核武器已得到了妥善处理，但核材料、核技术、核专家在中亚扩散的可能仍然存在；其次，恐怖主义和极端主义势力在中亚不择手段地开展活动，使“核恐怖主义”和“放射性恐怖主义”成为现实的危险；再次，南亚两强印度与巴基斯坦之间的核军备竞赛和围绕伊朗核问题的争端，均可能升级为核冲突，使中亚面临严重威胁。推动中亚无核区计划，是防止大规模杀伤性武器在中亚扩散的有效途径。

在1993年举行的第48届联大上，乌兹别克斯坦总统卡里莫夫首先提出了建立中亚无核区的建议。1997年2月27日，中亚五国元首共同发表《阿拉木图宣言》，支持建立中亚无核区。同年10月，在乌兹别克斯坦召开了关于中亚无核区的国际会议。在此次会议上，来自中亚国家和世界上四个无核区的专家、学者、官员讨论了涉及中亚无核区的各种问题，特别是对中亚国家起草无核区条约有用的经验和教训。会后，中亚五国外长发表了联合声明，重申对建立中亚无核区的承诺，并呼吁联合国和其他国家对这一进程给予支持。在当年举行的第52届联大上，中亚五国正式提出了一个决议草案，支持旨在建立中亚无核区的计划。该决议于1997年11月被联大第一委员会一致通过，接着在12月9日的联大全体会议上也被通过，成为第52—38S号决议。该决议接受中亚作为无核区的地位，认为中亚无核区将有助于加强全球的和平与稳定，符合中亚各国的安全利益，还发出了支持建立中亚无核区的倡议。第52—38S号决议标志中亚无核区的地位首次得到了联合国大会的承认。此后，中亚五国开始就《中亚无核武器区条约》的文本进行谈判和相关起草工作。2002 年 9 月 29 日，在联合国的支持下，中亚五国结束了长达 5 年的艰苦谈判，就《中亚无核武器区条约》的文本最后达成一致，并将其正式提交给联合国。2006 年 9 月，《中亚无核武器区条约》正式缔结，此后条约参加国为争取同核武器国家签署安全保证议定书展开了积极的外交努力，该计划已进入了实际操作阶段。

“上海五国”——上海合作组织一直对中亚无核区计划表示支持。早在 1998 年 7 月 3 日，“上海五国”（中、俄、哈、吉、塔）在阿拉木图峰会发表的联合声明就首次正式表明：“各方积极评价中亚国家提出的建立中亚无核区的倡议。”① 上海合作组织成立后，更明确表示全力支持建立中亚无核区，并将其作为安全合作的重要内容。2002 年 6 月在圣彼得堡举行的上海合作组织峰会明确指出：“本组织成员国支持建立无核武器区，包括支持乌兹别克斯坦共和国关于在中亚建立无核武器区的倡议。”② 此后，上海合作组织历届峰会都重申了这一立场。上海合作组织成员国中的两个核大国——中国和俄罗斯的态度对于中亚无核区计划是十分重要的。中国支持中亚无核区计划的态度是明确而坚定的。1998 年 7 月 3 日，江泽民主席在“上海五国”阿拉木图峰会上讲话时全面阐述了中国在这个问题上的立场。他说：“为维护本地区的和平与稳定，中国与俄罗斯于 1994 年签署并发表了两国互不首先使用核武器和不将战略核武器瞄准对方的声明。中国赞赏哈萨克斯坦销毁核武器并以无核国地位加入《不扩散核武器条约》及《全面禁止核试验条约》。1995 年，

---

① 上海社会科学院上海合作组织研究中心编：《“上海五国”——上海合作组织资料汇编（1996. 4—2003. 8）》，2003 年，第 3 页。

② 同上书，第 45 页。

中国郑重声明向哈萨克斯坦提供核安全保证，……中国支持乌兹别克斯坦提出并得到中亚各国响应的建立中亚无核区的倡议。我愿在此重申，中国主张全面禁止和彻底销毁核武器，中国无条件地不对任何国家和地区首先使用核武器，在任何情况下都不对无核国家和无核区使用或威胁使用核武器，中国无意恢复核试验。”[①] 俄罗斯对建立中亚无核区亦持支持的态度。这一是因为中亚是俄罗斯传统的势力范围，尽管目前俄罗斯力不从心，难以控制中亚，但它也不愿意让其他大国在中亚居支配地位，而支持建立无核区显然是阻遏其他核国家进入中亚的有利选择。同时，这样也可以在俄罗斯和其他大国之间建立中亚缓冲地带，减轻俄罗斯承受的压力，符合俄罗斯的安全利益。当然，按照国际惯例，中亚无核区将不包括中俄两国的中亚领土，因为这些地方已是核国家的组成部分。

在中亚建立无核区也确实具有必要性和紧迫性。冷战结束后，中亚成为一个充满隐患的热点地区，面临大规模杀伤性武器，特别是核武器扩散的严重威胁。1996 年塔利班在阿富汗掌权后，与“基地”组织等合流，积极策划在中亚进行“圣战”。为此，他们一直试图搞到更多的大规模杀伤性武器，甚至想方设法获取核材料和核技术。1998 年 5 月，印度和巴基斯坦相继进行核试验，成为事实上的核国家，从而使中亚的周边安全环境进一步恶化。同时，伊朗一直在加紧迈向核门槛，使中亚地区可能处于核国家的四面包围之中。此外，中亚国家都还保留有部分原苏联的核基础设施，原苏联生产和试验核武器造成的环境污染和破坏也依然在影响着这些国家。如原苏联在哈萨克斯坦的塞米巴拉金斯克地区进行过数百次核试验，又在哈萨克斯坦、乌兹别克斯坦、吉尔吉斯坦进行铀的开采和加工，从而

---

① 上海社会科学院上海合作组织研究中心编：《“上海五国”——上海合作组织资料汇编（1996. 4—2003. 8）》，2003 年，第 65 页。

使这三国的一些地区存在着严重的核污染及伴随而来的生态环境破坏等问题。正是核扩散、核污染的严重威胁促使中亚各国领导人形成了建立中亚无核区的共识，并使这一共识获得了广泛的国际支持。

目前，五个核大国都对中亚无核区表示支持。除中国和俄罗斯外，英国和法国也对建立中亚无核区表示积极支持。经过一段时间的沉默后，美国也表示愿参与建立中亚无核区。现在的问题是，核大国对中亚无核区地位的口头承诺与支持是无法验证和核实的，只有核大国正式签署并加入《中亚无核武器区条约》，中亚无核区才能得到正式的具有国际法意义的安全保证并走向制度化。然而，目前美国在加入《中亚无核武器区条约》问题上的实质性政策仍然含混不清，这就给中亚无核区计划的具体实施蒙上了一层阴影。一些观察家希望，在美国正式表态支持蒙古无核区以后，美国在这个问题上会显示出更加积极的姿态。奥巴马执政后呼吁建立“无核武器世界”，使这一可能性增强。同时，尽管中亚各国已就条约的内容达成了一致，但他们之间也还有一些具体分歧尚未解决，主要是中亚无核区与中亚国家以前签署的国际条约之间的关系问题。一些中亚国家希望《中亚无核武器区条约》的条款不会影响它们对以前签订条约所承担的义务，但另一些国家却不愿意接受这一点。

从这些情况看，上海合作组织完全可以在促进和加快建立中亚无核区，特别是签署、实施《中亚无核武器区条约》的进程方面发挥重要作用。首先，上海合作组织可以协调、解决成员国之间围绕《中亚无核武器区条约》具体条款产生的一些分歧和不同看法。其次，上海合作组织可以全力支持中、俄两国早日签署条约并与中亚国家签署安全保证议定书。第三，上海合作组织可作为一个整体展开外交行动，在争取国际社会支持该条约方面发挥巨大影响力。第四，还有一个微妙而敏感的问题：如果印度和巴基斯坦提出要以核国家身份加入条约并与中亚缔约国签署安全保证议定书的话，国际社会必然会产生分歧，因为这两个上海合作组织观察员国的核国家地位至今仍没有得到国际社会的正式承认。在这样的形势下，上海合作组织可以在协调各方意见，寻找妥协方案方面发挥建设性作用。

3. 坚决打击制造贩卖毒品的罪恶行径，帮助阿富汗政府铲除毒品生产的基础，消除威胁上海合作组织各国的毒品来源

前章第五节已经提到，源于阿富汗的制毒贩毒跨国犯罪活动严重影响中亚地区的社会稳定，是上海合作组织面临的一大安全难题。正是看到了这一问题的严重性，上海合作组织近年来采取措施大力加强反毒合作。在 2004 年的塔什干峰会上，上海合作组织六国首次签署了《上海合作组织成员国关于合作打击非法贩运麻醉药品、精神药物及其前体的协议》。2005 年的上海合作组织阿斯塔纳峰会进一步强调要参与在阿富汗周边构筑“反毒带”的国际努力，帮助阿富汗稳定社会经济和人道主义形势。2005 年 11 月，上海合作组织—阿富汗联络组在北京正式建立。此后的几乎所有上海合作组织峰会，均邀请阿富汗总统卡尔扎伊参加，继续推进上海合作组织与阿富汗在反恐和反毒方面的合作。2009 年 3 月 27 日，首次由上海合作组织举办的阿富汗问题国际会议于莫斯科召开，会议的主题是打击恐怖主义、贩毒和有组织的跨国犯罪。[①] 引人注目的是，美国首次派助理国务卿帮办穆恩出席了会议，并希望会议取得成果。[②] 在这次会议上，上海合作组织与阿富汗签署了打击恐怖主义、毒品走私和有组织犯罪行动计划。2011 年 3 月 30 日，上海合作组织首次举行了成员国禁毒部门领导人会议，通过了《2011—2016 年上海合作组织成员国禁毒战略》草案及《落实行动计划》。同

① 俄新社莫斯科 2009 年 1 月 15 日电。

② 新华社华盛顿 2009 年 3 月 19 日电。

年6月，在阿斯塔纳举行的上海合作组织峰会批准了这两个文件，联合国副秘书长兼毒品和犯罪问题办公室执行主任费多托夫参加了这次峰会，显示上海合作组织与联合国在这方面的合作日益密切。

对上海合作组织和国际社会来说，目前最为紧迫的是两件事：一是帮助阿富汗政府遏制毒品生产和交易；二是切断恐怖组织从毒品交易中获取暴利的渠道。阿富汗的制毒贩毒情况日趋严重。联合国毒品和犯罪问题办公室与阿富汗禁毒部发表的《2011年阿富汗鸦片调查》报告指出，2011年阿富汗鸦片产量将高达5800吨，比2010年增加61%。[①] 联合国毒品和犯罪问题办公室负责人说："阿富汗在政治方面取得了巨大进步。但在毒品方面，不仅没有进步，而且局势在恶化。"[②] 显然，没有外界的支持，阿富汗政府很难实现遏制毒品生产和交易的承诺。作为阿富汗的邻国，上海合作组织成员国在支持和帮助阿富汗遏制和打击毒品生产和交易方面已经发挥了重要的、不可替代的作用，现在的问题是如何进一步细化和深化这项工作。首先，上海合作组织应更加积极主动地推动在联合国框架内采取的一系列行动，如在阿富汗周边构筑"反毒带"的国际合作。在阿富汗的六个邻国中，除土库曼斯坦外，其他五国都是上海合作组织成员国和观察员国（中国、乌兹别克斯坦、塔吉克斯坦、伊朗、巴基斯坦），因此上海合作组织在构筑"反毒带"方面发挥着至关重要的作用。甚至可以说，上海合作组织能否有所作为，直接关系到这一行动的成败。近期，上海合作组织可以在联合国框架内采取主动，先行协调上述五国在构筑"反毒带"问题上的政策和行动，然后再协调五国与土库曼斯坦的合作，

① 参见联合国毒品和犯罪问题办公室和阿富汗禁毒部：《2011年阿富汗鸦片调查》，2011年10月11日，喀布尔。

② 新华社2004年12月18日联合国电。

使构筑“反毒带”的国际合作稳步推进。其次，上海合作组织也需要进一步落实自身框架内采取的一系列行动，特别是《2011—2016 年上海合作组织成员国禁毒战略》草案及《落实行动计划》，可从向阿富汗提供技术援助，通过上海合作组织—阿富汗联络组交流相关信息和情报，建立合作协调机制等方面入手，查明和切断经由阿富汗与上海合作组织成员国、观察员国边界非法贩毒的渠道应是近期工作重点。所有这些都需要抓紧进行。第三，应进一步制定一个在上海合作组织框架内相互协作以应对所有新威胁和新挑战的综合纲领性文件。如果上海合作组织在打击制造、贩卖毒品方面的合作能进一步发展为应对所有非传统安全威胁的全面合作，将具有重要战略意义。

毋庸置疑，如果上海合作组织能将上述三个问题作为切入点，通过加强安全合作把这三件事做好，上海合作组织对于其成员国及整个中亚的安全和发展就能发挥一种不可或缺的作用，也更具有凝聚力。

第四章　上海合作组织近期深化安全合作的具体思路

综上所述，在今后很长一段时期里，维护本地区的和平、安全与稳定仍然是上海合作组织成员国的共同关切和首要任务。为此，上海合作组织要继续定期举行联合反恐演习，毫不懈怠地打击“三股势力”、毒品贸易和跨国犯罪，努力保障国际信息安全，从建立地区冲突调解机制入手，逐步完善危机防范、预警和紧急处置体系，以增强本组织抵御现实威胁的能力和对重大突发事件的快速反应、处置能力，逐步建立起更加完善的安全合作体系，以确保中亚地区的长治久安。

在前几章阐述上海合作组织安全合作的成果，面临的挑战，需要解决的问题过程中，已经提到了诸多深化上海合作组织安全合作的思路、想法和建议。在本篇最后一章中，将它们提纲挈领地归纳为十个方面的具体思路。

1. 遵循《上海合作组织成员国长期睦邻友好合作条约》的原则和规定，以“上海精神”为指导，上海合作组织各国应加强睦邻互信，维护已顺利解决历史遗留问题的边界的稳定，严防任何试图改变已签边界条约、协定的企图，同时维持仍有争议边界的现状，努力以和平方式，通过谈判最终解决这些边界问题。

2. 上海合作组织各成员国、观察员国、对话伙伴应紧密合作，坚持不懈地打击一切形式的恐怖主义、分裂主义和极端主义，排除或减轻对上海合作组织国家稳定发展的外部干扰，精心营造“和谐地区”。为此，要进一步加强各成员国、观察员国和合作伙伴国的情报交换、联合演习和跨界协作，并积极支持上海合作组织地区反恐怖机构的工作。

3. 上海合作组织各成员国、观察员国、对话伙伴应紧密合作，应对一系列非传统安全威胁，特别是制毒贩毒、武器走私、非法移民等跨国犯罪活动。贯彻落实《2011—2016 年上海合作组织成员国禁毒战略》及《落实行动计划》，积极支持、参加联合国在阿富汗周围构筑“反毒品带”的计划，共同防范毒品威胁对上海合作组织所在地区的消极影响，争取在不远的将来彻底切断进入上海合作组织国家的毒品供应链。

4. 上海合作组织各成员国、观察员国、对话伙伴应紧密合作，使北京奥运会、上海世博会等重大活动举办期间取得成功的上海合作组织大型活动安保合作实现常态化，并在此基础上不断提高其行动效率，特别要注重强化大型活动举办之前及举行期间的情报交换、早期预警、快速反应机制，确保今后在上海合作组织所在地区的大型活动能够顺利、安全地举行。

5. 鉴于在信息领域切实存在的安全威胁，上海合作组织各成员国、观察员国、对话伙伴要紧密合作，坚决打击具有全球和跨国性质的网络犯罪活动，阻止利用网络宣扬极端主义思潮、煽动“颜色革命”、传授恐怖暴力手段。同时，要在民众中采取预防性措施和进行相应解释工作以抵制错误引导社会舆论的企图，在大众传媒领域建立应对新挑战和新威胁的有效机制，并推动国际社会在保障国际信息安全方面达成共同行为准则。

6. 建立中亚无核武器区是维护地区和平安全的重要因素，上海合作组织应坚持不懈地支持和推进建立中亚无核武器区的努力，争取在不远的将来使所有核武器国家签署《中亚无核武器区条约》相关议定书。在此基础上，各成员国、观察员国、对话伙伴要紧密合作，为加强核不扩散体系、提高国际和地区安全水平做出实质贡献，并在和平利用核能领域开展广泛的合作。

7. 建立维护地区稳定的长效机制，有效预警和防控威胁地区安全稳定的事态，对于上海合作组织的机制建设和中亚地区的和平发展均具有重要意义。为加强应急反应和行动能力，可探讨建立由上海合作组织直接指挥的维和民事警察和救灾团队的可行性，以应对组织内某个或若干个国家自身难以解决的国与国之间的冲突、国内的严重骚乱、造成严重危害的跨国暴力活动、重大的自然灾害和公共卫生事件等。在这方面，上海合作组织应积极研究与联合国、集体安全条约组织等开展安全合作的可行性。可考虑在联合国大会通过的《关于联合国和上海合作组织合作的决议》及上海合作组织秘书处与联合国秘书处合作协议的基础上，与联合国建立合作应急机制，在紧急情况下由联合国授权上海合作组织人员在上海合作组织范围内执行救助、维稳、维和任务。在条件成熟时，应进一步制定规范联合执法的具有国际法效力的文件，使上述联合行动具有法律基础。

8. 对于上海合作组织国家之间或上海合作组织国家与上海合作组织之外国家之间的一些非敌对性的、可调解的纷争，上海合作组织应研究和实施若干上海合作组织成员国提出的建立地区冲突调解机制的建议。这样的机制应以上海合作组织为主导，遵循“上海精神”和《上海合作组织宪章》的原则，努力调解各类地区争端，使它们能通过和平方式得到令各方满意的解决。

9. 阿富汗国内形势旷日持久的紧张和对抗，仍然是本地区安全稳定的主要威胁来源之一。事实证明，仅仅依靠军事手段是无法解决阿富汗冲突的。上海合作组织应与国际社会共同努力，将阿富汗建设成为独立、中立、和平、繁荣的国家。为此，上海合作组织近期要努力做好这几件事：（1）进一步发挥上海合作组织—阿富汗联络小组的作用，与阿富汗政府加强协调与合作，同时支持其推动民族和解的努力，与阿各派力量、各种势力进行沟通和对话；（2）加强与美国和北约的沟通和协调，了解其撤离阿富汗的步骤和细则，同时可在反恐、反毒、后勤运输、培训等方面开展一些合作；（3）加强上海合作组织国家之间在与阿贸易和对阿援助方面的协调，避免不必要的矛盾和内耗，条件成熟时可以上海合作组织的名义实施某些项目，特别是扶贫等促进民生的项目；（4）加强与联合国的沟通和协调，争取在2014年后配合联合国在阿富汗发挥更大的作用。

10. 在今后很长一段时期里，应继续加强、完善上海合作组织安全会议秘书、总检察长、最高法院院长、国防部长、紧急救灾部门领导人、公安内务部长、司法部长、禁毒部门领导人会议等定期会晤机制，必要时可以增加涉及安全合作的其他部门领导人或专业技术人员的会晤机制，并在此基础上建立应对安全威胁和挑战综合中心，以便解决在安全领域共同应对新威胁和新挑战的各类迫切问题和疑难问题。

经济合作篇

上海合作组织成立以来，在经济合作方面取得了重要成果，为上海合作组织成员国及中亚地区的发展和繁荣提供了有力支撑。通过经济合作所构筑的共同利益链，也加强了上海合作组织成员国之间的内在联系，为上海合作组织的稳健发展提供了坚实的基础。

然而，应该承认，与安全合作相比较，上海合作组织的经济合作是相对滞后的。一系列障碍和瓶颈，制约着上海合作组织经济合作的深化，在一定程度上还影响了上海合作组织的发展方向。因此，客观评估上海合作组织经济合作的现状及效果，理性分析上海合作组织经济合作中存在的不足和问题，有针对性地探索解决方案与发展思路，对促进上海合作组织经济合作进一步发展是十分重要的。

第五章　经济合作与上海合作组织的可持续发展

回顾上海合作组织的发展历程，安全合作是上海合作组织创建和发展的重要推动力和保障，而经济合作则是上海合作组织可持续发展的基础和动力。改变目前上海合作组织合作框架中安全相对强而经济相对弱的状况，是上海合作组织进一步发展需要解决的重大问题。正如2013年上海合作组织成员国元首比什凯克峰会所指出的，成员国在经济合作领域共同采取有效行动，“是上海合作组织地区稳定和社会经济可持续发展的重要保障。”①

第一节　经济合作与上海合作组织的发展动力

安全合作是上海合作组织成立和发展的主要抓手和突破口，是推动上海合作组织成立和发展的初始动力，这一发展模式与当代世界上其它一些区域合作组织明显不同。从总体看，第二次世界大战后出现的大多数区域合作组织是建立在经济相互依存基础之上的，均通过功能性的合作渐进地培养成员国的地区认同，进而走上全面合作的道路，一体化理论也正是以此为依据而构建的。与此不同的是，上海合作组织是以安全合作为先

① 《上海合作组织成员国元首比什凯克宣言》，2013年9月13日。

导，先解决安全问题，然后再推动经济合作，实现共同发展的区域合作。有学者指出，对于区域经济合作而言，“政治的因素往往在最初是决定性的因素，但随着区域一体化的发展，经济因素常常从被作为一种维持、达到一体化的手段或工具转化为主要并决定其发展、稳定、功效、利益的关键因素”。[①] 坦率地讲，上海合作组织以安全合作为原始动力的发展模式有其长处，但也存在不足之处，导致了经济合作方面的内在动力机制不完全。实际上，任何国际组织没有强大的经济基础都不可能顺利发展，因此制定上海合作组织的经济发展战略具有头等重要性。有学者坦言：对上海合作组织而言，经济合作的重要意义就在于它能够向组织成员展示加入上海合作组织实实在在的好处。[②]

同时，上海合作组织进一步发展的吸引力和合法性在很大程度上也取决于经济合作成果。上海合作组织的基本发展思路是：“坚持以安全和经济合作为重点，逐步带动其他各领域全面合作。”[③] 上海合作组织安全合作当然是首要的，没有稳定的环境就谈不到经济的发展。但是在政治安全合作机制建立后，必须进一步促进上海合作组织各国经济、贸易、投资联系的扩大和发展，才能促进各国和中亚地区的共同发展繁荣。只有将上海合作组织的发展合作与各成员国人民的福祉密切相连，使上海合作组织各国老百姓获得实实在在的利益，上海合作组织才具有公认的吸引力和合法性。这样，各国及整个地区的安全和

---

① 张纪康：“区域经济一体化的决定因素及形式比较”，《当代亚太》1997年第6期，第17页。

② 波兰德（Julie Boland）：《上海合作组织十周年：失去的十年？美国的伙伴？》（Ten Years of the Shanghai Cooperation Organization：A Lost Decade？A Partner for the U. S. ?）。美国布鲁金斯学会21世纪防务行动政策报告（21st Century Defense Initiative Policy Paper），2011年6月20日，第15页。

③ 胡锦涛：“承前启后　继往开来　努力开创上海合作组织事业新局面——在上海合作组织成员国元首莫斯科会议上的讲话”，《人民日报》2003年5月30日。

稳定才有其牢固的经济基础。长远来看，经济合作将是上海合作组织不断发展的最主要和最活跃的因素，也是该组织对其成员国特别是中亚国家保持持久吸引力的最重要源泉。

需要指出，经济活动具有不以人的主观意志而转移的客观规律，经济合作所形成的共同利益是上海合作组织持续发展的内在基础。只有具备健全的经济功能，上海合作组织才富有生命力。2003 年 9 月，上海合作组织政府首脑（总理）会晤联合公报明确地指出了这一点："在经济全球化和区域经济一体化背景下，深化上海合作组织成员国多边经济合作，有利于各国经济的发展和增强组织的凝聚力。"① 有学者进一步分析："作为一个多边合作组织，如果没有经济互利作为推动力和黏合力的话，是很难有持久的生命力的。上海合作组织如果不能适时而有效地提高经济合作的力度，它就有可能被边缘化。"②

上海合作组织在经济合作方面具有天然的地缘优势和客观基础，合作发展空间十分广阔，应该而且能够为上海合作组织的发展提供强大的现实支撑。专家指出："上海合作组织成员国面积 3017 万平方公里，占欧亚大陆的 3/5；人口 15.1 亿，占世界的 1/4。其成员国之间不仅在经济上具有互补性，而且相互接壤，有利于边境贸易的开展，具有强大的贸易潜力。"③ 以中国与上海合作组织其他成员国的贸易额为例，2001 年上海合作成立时仅为 121 亿美元，到十年后的 2011 年已高达 1134.2 亿美元，增长约 9 倍。④ 俄罗斯专家也指出，上海合作组织各国共同

① 上海社科院上海合作组织研究中心编：《上海合作组织资料汇编第二辑（2003 年 9 月—2005 年 8 月）》，2005 年，第 3 页。

② 杨恕：《转型的中亚和中国》，北京大学出版社 2005 年版，第 266 页。

③ 肖德：《上海合作组织区域经济合作问题研究》，人民出版社 2009 年版，第 2 页。

④ 中国商务部：《互利共赢，共同发展—上海合作组织区域经济合作回顾与展望》，2012 年，北京，第 10 页。

建设贯通欧亚的钢铁“丝绸之路”，不仅大大促进商品和服务的流通，而且“催生新的工业群和新的产业与技术”，将形成一种共赢局面，为上海合作组织深化合作“开辟极为广阔的天地”。[①] 可见，上海合作组织经济合作的深入发展，可以加强上海合作组织内部经济上的相互依存关系，而经济上的不断融合又衍生出巨大的共同利益。各国国家利益的实现有助于促进地区共同利益的形成和发展，而地区共同利益的发展和增强又为各国拓展国家利益创造了有利环境，从而使上海合作组织逐步发展为一个真正的“命运共同体”和“利益共同体”。[②]

第二节 经济合作与上海合作组织的发展方向

在国际金融危机冲击下，地区和国际政治经济格局出现了一系列深刻变化，这些变化在相当程度上重塑了上海合作组织发展的国际环境。因此，为更好地适应新的外部环境和国际形势，上海合作组织必须认真研究新环境的特征和发展趋势，以正确选择自身的定位和发展方向。要做到这一点，必须立足于更为长远和广阔的视域，将上海合作组织的发展置于全球政治经济格局的转型进程中加以研究，通过深入考察两者之间的互动，为上海合作组织在发展路径上的选择提供理论依据。

国际金融危机深刻影响着全球政治经济格局，首先是传统的世界经济秩序。美欧等西方发达国家在国际金融危机的冲击下遭受重创，欧元区国家主权债务危机呈不断恶化扩散之势，美国经济深受高额政府债务与财政赤字问题的困扰，导致主权

① 俄罗斯之声电台（Радио《Голос России》）网站，2013 年 9 月 14 日。

② 习近平主席在上海合作组织比什凯克峰会上呼吁上海合作各国弘扬“上海精神”，建立命运共同体和利益共同体。引自“外交部长王毅谈习近平主席访问中亚四国并出席上海合作组织比什凯克峰会”，新华社，2013 年 9 月 14 日。

信用评级遭遇历史性下调，引发国际社会对美国爆发主权债务危机的普遍担忧。西方世界面临“美债风波同欧债危机相互叠加，金融危机与财政危机互相影响，经济危机与社会危机遥相呼应”的困境。[①] 与之相对应的是，新兴市场国家在国际金融危机后率先实现经济复苏。2010 年，新兴市场国家对世界经济增长的贡献达到60%左右，成为拉动全球经济增长的主要力量。新兴市场国家的实力和国际影响力不断上升，在一定程度上改变了西方主导世界政治经济的格局，使决定世界重大问题的协调中心逐渐从 G8 转向 G20。

国际金融危机也冲击着各类国际和地区组织，如最早走向一体化的欧盟就在其冲击下风雨飘摇。在这样的形势下，包括中国、俄罗斯、印度等主要新兴经济体在内的上海合作组织尤其引人关注，理应在世界经济转型中发挥重要作用。然而，如前所述，上海合作组织本身的成长一直以政治、安全合作为主线，缺乏经济合作的动力。有学者指出，上海合作组织在经济合作上远远落后于安全领域，成员国之间虽在能源和交通等大项目合作上有进展，但在微观贸易和民间合作上鲜有突破。[②] 可见，作为一个包括众多新兴经济体在内的新型区域组织，上海合作组织必须大力加强经济合作，尽快改变经济合作较弱的状况。只有这样，上海合作组织才能在新的世界政治经济格局中居于有利地位，在地区和全球治理中发挥重要作用。

同时，随着实力的增强，上海合作组织所受到的外部误解和压力是初创阶段无法想象的，而安全强经济弱的状况是造成这些误解和压力的重要原因。例如，2011 年上海合作组

---

① 唐双宁：“慈宁宫世界经济 W 型走势说开去”，《人民日报（海外版）》2011 年 8 月 16 日。

② 阿利斯（Stephen Aris）：《欧亚地区主义：上海合作组织》（Eurasian Regionalism: The Shanghai Cooperation Organisation），麦克米兰出版社，2011 年版，第 31 页。

织军事会晤机制从国防部长延伸到总参谋长，西方媒体随即断言“这将是上海合作组织迈向军事同盟的重要一步”。[①] 一般来说，安全合作总是以外部安全威胁作为存在和发展的依据，往往具有潜在或现实的战略指向，并随着外在威胁的变化不断调整合作对象。因此，安全合作在一定程度上影响了上海合作组织发展的外部环境和空间。面对这种状况，有专家建议：“为摆脱联想、澄清误解，各成员国应在遵循市场经济规律前提下，按照平等互利的原则，以务实的经济合作去消除西方国家对上海合作组织的疑虑和担忧。”[②] 实际上，加强经济合作不但不会削弱安全合作，反而有利于为深化安全合作创造一个宽松的外部环境。

综上所述，上海合作组织必须根据外部环境的变化，在塑造自身的战略方向和发展路径上大大加强经济合作的分量，使之带有更加综合的特征，才能适应国际政治经济格局新发展的大环境。更为重要的是，准确把握经济合作对自身定位和发展的关键作用，不仅关系到上海合作组织内部的共识和凝聚力，而且能够使上海合作组织在世界发展和全球治理中发挥更大作用，还可化解外界对上海合作组织定位和方向的认知偏差，对上海合作组织综合的、稳健的、可持续的发展具有深远意义。

第三节　经济合作与上海合作组织的影响力提升

经过十多年的成长发展，上海合作组织在地区和国际事务

---

① 洪俊杰·安峥：“上海合作组织防务合作更具体细化”，《解放日报》，2011年4月26日。

② 崔颖：《上海合作组织区域经济合作——共同发展的新实践》，经济科学出版社，2007年版，第117页。

中的作用和地位不断提升，成为欧亚地区重要的多边国际组织。国际社会对上海合作组织的期待也随之与日俱增，要求上海合作组织在地区和国际事务中承担更多责任、发挥更大作用。

当前，世界正处于大发展大调整大变革之中，和平、发展、合作的时代潮流不可阻挡，世界多极化、经济全球化深入发展，新兴市场国家和发展中国家快速成长，国际经济秩序出现深刻变化。有学者认为，21 世纪是一个地缘经济超越（但非代替）地缘政治的时代，对一个国家的利益而言，经济安全几乎要超过军事安全；在地缘经济时代，一个国家的权力主要不是依据它的军事实力，而是取决于其“人力与科技资源的自足程度；可供输出的资本；生产现代化产品的有效能力；内销市场有多大；在全球经济决策上能取得多少影响；动员全国的经济资源以捍卫国家利益之决心以及动员的效率”。[①] 在这样的形势下，经济因素不仅成为衡量一个国家实力的主要标准，同时也是衡量一个地区组织国际影响力的重要指标。从这个角度看问题，上海合作组织在其第一个十年里的影响力提升主要来源于其安全合作的加强和拓展，而不是因为其经济合作取得的成绩。因此，从加强经济合作入手建构和拓展地区和国际影响力是上海合作组织的一大弱项，应该成为上海合作组织今后的主要努力方向。

当前，世界经济在经历了二战以来最严重衰退后，正处于危机后缓慢、脆弱的复苏进程之中。但是，国际金融危机的深层次影响尚未完全消除，对世界经济的冲击还在不断发展。国际金融市场出现持续动荡，世界经济复苏的不确定性、不稳定性上升。正是在这样的形势下，新兴市场国家，特别是“金砖国家”，在全球经济治理中开始发挥越来越重要的作用，在世界

① ［美］熊玠：“21 世纪国际格局与中国之再起——兼论东北亚特殊关系”，《世界经济与政治》2007 年第 12 期，第 64—65 页。

贸易组织、国际货币基金组织和世界银行等国际机构中的影响力不断提升，在世界经济事务中的地位得到显著提升，为国际政治经济新秩序的重塑奠定了必要基础。这样一种新的发展态势，无疑为主要代表新兴经济体利益的上海合作组织提供了拓展经济合作，提升在全球经济治理中的影响力，进而全面提升国际影响力的大好机遇。

从上海合作组织自身发展进程来看，经济合作也有助于进一步加强上海合作组织在各成员国及整个地区经济社会领域的影响力。从国家和政府层面上说，上海合作组织的作用和影响力是毋庸置疑的，主要源于政治安全领域的合作。但是，从社会层面上看，各国普通民众对上海合作组织的了解和认同是十分脆弱的，其根源就在于上海合作组织在经济和社会领域的多边合作、特别是民生项目合作远远滞后于政治安全合作，没有惠及广大民众。胡锦涛主席指出："上海合作组织已经进入新的发展时期，从现在起，组织应该将工作重点转到扩大和深化各领域的合作上来。要本着务实精神，确立具体目标，采取有效措施，把巨大的合作潜力转变为现实的合作成果，给成员国人民带来切实的利益。"[①] 显然，只有努力发展经济合作，才能给人民带来看得见的实际利益，从而提升上海合作组织在自己成长的"家园"的经济、社会影响力。

还应指出，作为位于"欧亚动荡弧形带"的主要地区组织，上海合作组织肩负着地区治理的艰巨任务。美国"反恐战争"的现实充分证明，欧亚大陆腹地的有效治理不能仅仅依靠军事安全手段实现，必须结合政治、经济、文化的综合治理。著名学者约瑟夫·奈在反思美国反恐战略时提出，"在打击恐怖主义方面，军事硬实力用于对付本·拉丹这样难缠的人是必要的，

① 胡锦涛："加强务实合作　共谋和平发展——在上海合作组织塔什干峰会上的讲话"，引自《人民日报》2004年6月18日。

但选择目标必须慎重，通过思想和合法性这样的软实力在同‘基地’组织及其效仿者争夺穆斯林主流民众的人心方面同样重要。”[①] 上海合作组织在推动区域经济合作上的努力和行动，有助于地区热点问题的解决和非传统安全威胁的治理，也是上海合作组织提升和拓展影响力的现实路径。这在安全篇有详细论述，这里不再重复。

简而言之，深化多边经济合作关乎上海合作组织可持续发展内在动力机制的建设，有助于上海合作组织战略定位和发展方向的选择，同时也关系到上海合作组织地区和国际影响力的提升和拓展。因此，在新的历史条件和国际环境下，多边经济合作对上海合作组织未来的发展进程具有至关重要的意义。

① 新华国际：“美媒：视‘9·11’为历史转折点为时尚早”，http://news.xinhuanet.com/world/2011-09/06/c_121981269_2.htm

第六章 上海合作组织经济合作进一步发展需要突破的瓶颈

上海合作组织的经济合作之所以相对滞后，是因为它面临障碍和瓶颈。不克服障碍和突破瓶颈，上海合作组织经济合作的进一步深化是难以实现的。

第一节 经济合作的内在动力不足

上海合作组织以政治、安全合作为主要启动力的特征，使上海合作组织框架内经济合作的发展也带上了浓厚的政治色彩，形成政治推动和政府主导的合作模式，导致经济合作的市场主体性缺失，造成合作深化的内在动力不足。有学者对此做了分析："制度化的地区一体化的有效性、功用化和生命力取决于是否拥有相应的市场经济基础。归根到底，协议只是形式，国家（地区）间经济的高度相互依赖和市场的统一化程度才是实质性基础。从长期来看，不管经济一体化中政策力量在一段时间内多么有力，多么强大，其基础都必须建立在厂商实现规模经济效益、企业之间实现经济互补、市场实现生产要素的畅通流动等经济变量之上。”①

正是由于缺乏市场的推动，上海合作组织经济合作中出现了“官热民冷”、“上热下冷”、“政热经冷”的状况，一些政府间的协议难以为企业所落实。例如，成员国政府间签订了许多能源合作协议，但执行协议的企业们却遇到了许多靠政府难以解决的具体问题。近年来，中俄两国能源企业在输油管道运费等问题上就屡屡出现此类纠纷。如：俄方主张自俄罗斯至中国边境的运费与至日本海海岸的运费完全相同，中方则认为，由于自俄罗斯至中国的运输距离较短，运费应设定得相对低一些；中方企业要求俄方下调费用，并在尚未达成协议的情况下单方面减少了付款金额，结果导致矛盾激化，俄罗斯方面要将中国石油天然气集团公司告上法庭。在这样的情况下，中俄两国政府的相关部门多次出面呼吁双方通过平等协商妥善解决问题，但中俄企业仍然难以就新的天然气管道项目及天然气价格达成最终协议。可见，在市场经济条件下，经济合作最终实施执行的主体是企业和个人，区域经济合作的健康发展应该遵循经济发展规律和市场经济规则。如果经济合作仅由政府推动而忽视企业等合作主体所关注的成本、利润等问题，经济合作就难以为续。

上海合作组织经济合作内在动力不足的另一个原因是：成员国和观察员国在经济发展阶段和发展水平上的悬殊差别严重影响经济合作的有效开展，而且导致经济合作长期处于失衡状况。上海合作组织各成员国均属于经济转轨国家，在向市场经济过渡过程中所处的阶段不同、经济发展水平不同、经济实力相差悬殊，在外贸管理体制上存在较大差异，各自的贸易和投资环境也不够完善，使货物、服务、资本、技术和人员在区域

① 张纪康：“区域经济一体化的决定因素及形式比较”，《当代亚太》，1997年第6期，第16—17页。

内流动遇到了很多困难。有学者指出，上海合作组织成员国对上海合作组织在经济合作中的定位和作用的认识不一致，对经济合作有不同的设想和愿景，尤其在贸易和海关等微观经济合作上分歧严重。[①] 同时，各国对区域经济合作目标的认识及各自的要求也各不相同，这在后面还要提及。

上海合作组织经济合作内在动力不足的再一个原因是合作带来的利益欠缺。根据经济学上的激励相容理论，经济合作机制的形成和发展必须满足双边激励的原则：一方面，相关国家必须有足够的意愿要求加入或组建经济合作机制；另一方面，相关成员国必须有足够的激励来维持该经济合作机制。一国是否加入、组建、维持或者退出经济合作机制，关键在于其在该经济合作机制内所能获得的净利益。例如，中亚国家一直担心中国廉价商品大量涌入将削弱国家对国内经济稳定的自主控制能力，以致本国产业无法与中国企业竞争而引发严重社会经济问题。因此，他们一方面积极争取中国的投资和帮助，另一方面又处处提防中国的过度“渗透”。[②] 结果，上海合作组织各国虽然拥有丰富的自然资源、广阔的市场空间和明显的互补性，使上海合作组织经济合作具有巨大潜力，但这样的潜力一直没能充分发掘出来而形成丰富的成果和利润，也没有为上海合作组织经济合作提供强劲的发展动力，上海合作组织各国之间潜在的互补性也不能充分转化为现实的互利性。

总体来看，合作动力不足使上海合作组织的区域一体化水平难以提高。有学者认为：“上海合作组织区域内贸易比重在组织成立后有所增加，可能是受各国经济快速增长、能源资源涨

---

① 阿利斯（Stephen Aris）：《欧亚地区主义：上海合作组织》（Eurasian Regionalism：The Shanghai Cooperation Organisation），麦克米兰出版社，2011 年版，第 78—80 页。

② 同上书，第 81 页。

价和迅猛发展的经济全球化的推动，但这种增加幅度小于全球化推动的区域整体对世界贸易的增加，从而表现出区域内贸易强度指数的持续下降。也就是说，上海合作组织在实际经济层面的区域经济一体化相对全球化发展是退步的。”① 中国商务部主管欧亚地区经济贸易合作的官员也指出：“随着上海合作组织区域经济合作的深入，其难度也在不断增大。比如，目前区域经济合作缺少制度性安排，经济技术合作项目的实施主要以双边为主，各国共同参与的项目还比较少。各方对区域经济合作的模式、优先方向和利益基础还存在不同的看法。”② 这些问题，后面还要加以分析。

第二节 经济合作的层次不高和领域不广

从整体看，目前上海合作组织框架内的主要经济交往仍处于贸易层次，主要经济合作项目则集中于资源开发领域和基础设施建设，技术含量较高的合作项目和创新型的高层次合作不多。有专家指出，上海合作组织框架内的经济政策在很大程度上取决于成员国以上海合作组织多边经济合作代替双边经济合作的政治意愿。③ 然而，目前上海合作组织在某种意义上仍然主要是中国与俄罗斯双边合作机制以及中俄各自与中亚国家的双边或三边合作机制的结合，上海合作组织框架内

① 朱显平、邹向阳：“上海合作组织框架下的区域经济一体化：进展与动力”，《俄罗斯中亚东欧研究》2010 年第 3 期，第 51—52 页。

② 凌激：“中国与中亚国家经贸合作现状、问题及建议”，《国际观察》2010 年第 5 期，第 19—20 页。

③ 哈斯（Marcel de Haas）主编：《上海合作组织走向成熟的安全联盟?》（The Shanghai Cooperation Organization towards A Full-grown Security Alliance?）荷兰国际关系研究所（Netherlands Institute of International Relations），2007 年，第 30 页。http://www.clingendael.nl/sites/default/files/20071100_cscp_security-paper_3.pdf.

并没有多少真正的多边合作项目。

由于在苏联时期同属一个国家，俄罗斯和中亚国家的经济发展模式相似，经济结构较为单一，以能源、原材料出口为主，日常用品的制造业和加工业相对落后。中亚国家独立之初，俄罗斯对中亚区域的贸易依存度不到10%，而中国则不足3%。哈萨克斯坦、塔吉克斯坦和吉尔吉斯斯坦对自身所在的中亚区域（扣除俄罗斯因素）的贸易依存度分别为11.5%、25.7%和38.2%。[①] 当时，俄罗斯在对外经济联系排序中的顺序是欧盟、独联体、美国、拉美和亚太地区，对中国的经济依存度不高，而中国则将美国、日本、欧盟、韩国、澳大利亚和加拿大等发达国家作为主要的经济伙伴。

上海合作组织成立以来，成员国之间的双边贸易规模确实在不断扩大，但各国进出口贸易的商品结构并未发生实质性变化。2007年，塔吉克斯坦、吉尔吉斯斯坦、哈萨克斯坦与上海合作组织成员国之间的贸易额分别占全国进出口贸易总额的36.61%、67.15%、33.57%。其中，中亚四国对俄罗斯经济的依赖程度依然很高。2007年，中亚国家与俄罗斯之间的贸易额占本国外贸总额的比重是：哈萨克斯坦为20.23%，吉尔吉斯斯坦为34.17%，塔吉克斯坦为15.67%；俄罗斯是吉塔两国的第一大贸易伙伴，是哈国的第二大贸易伙伴。[②]

近年来，特别是国际金融危机爆发后，上海合作组织国家合作应对危机，拥有充足资金的中国采取以大笔贷款换资源、特别是石油、天然气的办法支持中亚国家，使中国与中亚国家的能源合作取得实质性突破。2006年后，连接中亚国家与中国

① 李钢、刘华芹主编：《上海合作组织——加速推进的区域经济合作》，中国海关出版社，2004年版，第71—72页。

② 肖德：《上海合作组织区域经济合作问题研究》，人民出版社，2009年版，第119页。

的石油和天然气管线相继开通运营，能源贸易极大促进了中亚国家向中国的出口。结果，出现了中国与中亚四国（包括非上海合作成员国土库曼斯坦）间贸易额大增，一体化程度上升，而俄罗斯与四国间贸易额相对下降的状况。从2010年中国海关统计看，与2009年相比，中国对哈出口仅增加了19%，而进口则增加了76.1%；中国对吉出口减少了21.8%，进口则增加了46.2%；中国对土库曼斯坦出口减少了42.8%，进口则增加了2596.8%；中国对乌出口减少了24.8%，进口则增加了270%。

但是，中国与俄罗斯、中亚国家贸易的结构性矛盾仍然十分突出，一是俄罗斯和中亚国家在中国总体对外贸易中的地位还是偏低，二是尽管中亚国家对中国输出的油气大增，但中国对俄罗斯、中亚国家的贸易中出口仍大大超过进口。目前，俄罗斯与中国的贸易只占中国贸易总额的2%左右，而中亚国家与中国的贸易在中国贸易总额中所占比例也很低。中国对俄罗斯、中亚国家的出口以服装、鞋类等劳动密集型的轻工业产品为主，但机电产品在迅速增加，而中国从俄罗斯、中亚国家进口的产品则以石油、天然气、有色金属等能源、资源型产品为主。据中国海关总署统计，2007年俄罗斯与中国之间的贸易总额达482亿美元，增长44.3%。其中，俄罗斯从中国进口的总额增长79.9%，达285亿美元，而同期中国从俄罗斯的进口仅增长12.1%，为197亿美元。到2008年，在俄罗斯出口到中国的商品中，石油和其他矿产品占全部出口总额的70%多，技术设备出口仅为4.4%，而中国对俄罗斯出口的电子产品和技术设备已经升至总额的54%。中国对俄销售的机械设备总额是从俄罗斯进口的同类产品的20倍。[①] 当年，俄罗斯对中国出口的机电产品仅为7.74亿美元，占3.8%左右，而中国机电产品对俄出口

① ［俄］亚历山大·卢金："俄罗斯与日益强大的中国"，《国际政治研究》，2010年第2期，第82—104页。

超过160亿美元。到2010年，俄罗斯经济发展部长纳比乌林娜表示，俄出口增长主要来自于石油、木材、化肥、镍和纸浆等初级产品，而中国对俄出口机电产品近半，达46.2%，鞋帽、服装、玩具为15.9%，车辆及附件为5.2%。[①]

需要指出，上海合作组织框架内大多数国家的经济发展仍处在发展中国家水平，经济实力差距过大导致区域内相互投资能力不足，造成投资来源单一化，严重制约投资项目的实施和区域经济合作的推进。中国在俄罗斯的直接投资，2005年为2.03亿美元，2006年为4.7亿美元，2007年为4.38亿美元。截止2009年3月，中国在俄投资总额才17亿美元，主要集中在机械制造、能源和矿业。同期，俄罗斯对中国的投资主要集中在化工、创新和高科技方面，仅7.2亿美元。[②] 专家指出："从投资强度指数可以看出，上海合作组织的区域经济一体化，在贸易这一较低层次表现出市场主导特点，而在直接投资这一较高层次则表现出制度主导特点。"[③] 他们认为：从区域贸易安排的国际经验看，"实行贸易便利化往往对于贸易额较大的国家有利，而贸易额较小的国家则更关心经济合作问题"。[④] 可见，上海合作组织经济合作的低水平发展状况，制约了上海合作组织经济合作的进一步发展。

---

① 李自国："金融危机背景下的中俄经贸形势"，《国际问题研究》2010年第1期，第48、51页。

② ［俄］亚历山大·卢金："俄罗斯与日益强大的中国"，《国际政治研究》，2010年第2期，第82—104页。

③ 朱显平、邹向阳："上海合作组织框架下的区域经济一体化：进展与动力"，《俄罗斯中亚东欧研究》2010年第3期，第53—54页。

④ 李钢、刘华芹主编：《上海合作组织——加速推进的区域经济合作》，中国海关出版社，2004年版，第117页。

第三节　经济合作的软环境欠缺和基础性障碍

上海合作组织的经济合作一直面临软环境欠缺和基础性障碍这两个互相关联的问题。如：中国、俄罗斯、中亚国家的经济发展水平不一，在产业结构、经济规模、贸易体系、资本市场、制度建设等方面存在很大差异；一些国家的金融体系不够健全，缺乏有效的监管模式，融资模式比较单一，融资渠道亟需拓宽；若干国家的信息、咨询和研究服务水平较低，跟不上海合作作进程，严重影响了开展经济与金融合作的便利性和及时性；有些国家的口岸建设、道路建设、通关设施建设、仓储、货运代理等物流设施建设远远跟不上区域内贸易投资的发展速度，造成了运力不足、通行效率低下等一系列问题；一些国家经济环境不够宽松自由，贸易和投资壁垒较多；还有国家形成家族垄断经营，导致腐败问题突出，但又缺乏监管和法制。

专家们认为，中亚国家丰富的自然资源和国民经济严重依赖资源出口的发展模式，使“拥有自然资源的政府往往无需新公司的进入或国内经济的发展，就可以从世界市场中获得相当可观的收入”。[①] 结果，在威权统治下的政治精英们往往将这些很容易染指的收入变为他们个人的财富。[②] 有学者认为，这种状况会挫伤国内外私营企业主进行长期投资和提供信息的积极性，最终会窒息市场的繁荣和阻碍经济发展。[③] 根据 2002 年美国传

---

① A·利布曼，Д·乌什卡洛娃：“全球与地区制度竞争中的后苏联国家：以哈萨克斯坦为例”，《俄罗斯研究》，2009 年第 1 期，第 49 页。

② M·斯达克：“作为中亚转型国家参考模式的发展型政权”，《俄罗斯研究》2009 年第 1 期，第 41 页。

③ ［德］J·阿伦斯：“中亚国家经济转型的政治——制度基础：来自中国的经验”，《俄罗斯研究》2009 年第 1 期，第 20 页。

统基金会的全球“经济自由化指数”，在全球156个国家中哈萨克斯坦排名122位，俄罗斯排名136位，乌兹别克斯坦则位于最后10名之内。[①] 尽管西方的统计可能带有偏见，但也具有一定的参考价值。吉尔吉斯斯坦早在1998年就成为世界贸易组织成员，也是最早被西方承认为市场经济的国家，其经济开放程度、自由度和市场化程度较高，经济和贸易政策比其他独联体国家宽松，非关税贸易壁垒也相对较少。即便如此，吉尔吉斯斯坦的经济发展环境也不容乐观。2006年11月，依据国家税收体制对企业经营的干预程度、税率、税种数量、税收体系的透明度等因素，世界银行推出了对175个国家和地区的税收体系排名，吉尔吉斯斯坦排名第150位。有学者指出，吉尔吉斯斯坦投资法中规定的对外国投资实行国民待遇的优惠政策实际上基本没有实施。[②]

2011年3月30日，时任俄罗斯总统梅德韦杰夫在俄罗斯经济现代化委员会会议上表示，俄罗斯投资情况依然“很糟”，其主因是官员贪腐和企业税负过重。据悉，俄罗斯许多中小企业公司的经营状况并未得到改善，甚至更加恶化，原因是企业强制性保险费额居高不下，大部分地区电费提高，以及其他一些成本价格上涨等。同时，腐败现象成为影响总体经济形势的重要因素，贪赃受贿、营私舞弊不仅没有得到遏制，反而扼住了整个经济发展的咽喉，导致资金外流。[③] 俄罗斯学者直率地指出：“阻碍俄中经贸扩大，并使之朝着有利于俄罗斯方向发展的因素不是缺乏双边动议（实际上有些动议已被采纳），而是俄罗

① 李钢、刘华芹主编：《上海合作组织——加速推进的区域经济合作》，中国海关出版社，2004年版，第109页。

② 王海燕：“吉尔吉斯斯坦经济发展模式选择与策略”，《俄罗斯中亚东欧市场》2008年第4期，第33页。

③ “俄投资情况很糟，腐败税费过重是主因”，http://news.xinhuanet.com/world/2011-03/31/c_121251174.htm

斯总体的经济和投资环境。只有最强大的企业才能够在俄罗斯目前高度腐败和低效的商业环境中运行。”① 在俄罗斯与中亚国家的经贸关系中，也存在同样的问题。

还需指出，中亚国家经济上还存在对外依赖程度过高的隐患。迄今为止，中亚各国均未建立起独立自主的、具有一定抵御风险能力的经济发展体系。吉尔吉斯斯坦外债高居不下，2010 年大幅飙升至 26 亿美元，占 GDP 的比例高达 60%，国家财政赤字近 5 亿美元，占整个财政预算的近一半，基本靠借债和输出劳务度日。哈萨克斯坦、土库曼斯坦、乌兹别克斯坦主要靠出口能源保持经济发展，属于典型的资源性开发经济，国内发展基本受外部因素制约。2009 年，哈萨克斯坦能源出口 262 亿美元，占出口总额的 60% 和 GDP 的 1/4，整个石油产值在 GDP 中所占比高达 78.1%。哈萨克斯坦经济严重依赖外部投资，截止 2009 年，共吸引外资 1080.5 亿美元，占哈固定资产投资总额的 1/3。哈萨克斯坦外债高达 1117.29 亿美元，大大高于国际警戒线。②

由于中亚国家大多属于资源开采型国家，石油、天然气、矿业和金属业在其经济结构中尤为重要，因此在区域经济合作方面往往处于竞争关系，而非互补关系，由此加大了区域经济合作的难度。同时，上海合作组织与本地区其他区域经济合作机制，如独联体、亚行中亚区域经济合作机制、欧亚经济共同体、中亚经济共同体、欧亚运输走廊等既有互相补充的作用，又形成了一定的竞争关系。近年来，由于上述合作机制大多已先于上海合作组织在其成员国间推进了贸易投资便利化，因此

① ［俄］亚历山大·卢金：“俄罗斯与日益强大的中国”，《国际政治研究》，2010 年第 2 期，第 82—104 页。

② 邓浩：“从吉尔吉斯斯坦剧变看中亚地区形势走向”，《新疆师范大学学报》，2011 年第 1 期，第 32 页。

对上海合作组织经济合作也构成了一定的压力。

第四节　经济合作主导权上的利益博弈

尽管上海合作组织成员国共同应对国际金融危机，推动上海合作组织经济合作取得重大进展，使俄罗斯和一些中亚国家对上海合作组织经济合作的态度趋向积极，但某些上海合作成员国、特别是俄罗斯对上海合作组织经济合作的疑虑仍然存在，其实质就是经济合作主导权问题上的利益博弈。

有学者认为，上海合作组织经济合作受到的内部挑战主要是因为“俄罗斯并非一心一意地真心推动上海合作组织区域经济一体化的进程，与之相反，它实际要推动的是建立独联体统一经济空间，特别是有俄、白、哈、吉、塔参加的欧亚经济共同体的进程。它至少将上海合作组织区域经济合作放在次要位置或辅助位置，让其起补充作用”。[①] 因此，俄罗斯与中国在上海合作组织经济合作发展路径问题上的立场明显不一致。中国认为上海合作组织目前应将反恐合作和经济合作置于同等重要地位，但经济合作将逐渐在上海合作组织中占主导地位，所以现在就应该为在上海合作组织框架内建立一体化空间努力。俄罗斯则相反，认为目前应主要应对恐怖主义、极端主义和分裂主义，经济一体化是一个较为长期的任务，现在只能在经济实力相当的两国或三国之间进行次地区的一体化。[②] 俄罗斯媒体一针见血地指出：俄的目的是“在中亚遏制中国影响力的增长势头，防止上海合作组织变成中国的‘独联体’”。[③]

---

① 李钢、刘华芹主编：《上海合作组织——加速推进的区域经济合作》，中国海关出版社，2004 年版，第 226 页。

② 崔颖：《上海合作组织区域经济合作——共同发展的新实践》，经济科学出版社，2007 年版，第 115 页。

③ 俄罗斯《权力》周刊（*Еженедельник*《*Власть*》），2012 年 6 月 12 日。

同时，夹在中俄之间的中亚成员国之所以支持上海合作组织的集体行动，是因为可以从中获得一定的利益，并在中俄两国之间的“牵制平衡”中最大限度地扩大自己的影响力。[①]

具体而言，中俄在上海合作组织经济合作的定位、优先方向和发展战略上的分歧和博弈主要围绕以下这些方面。

其一，中国主张首先按照市场经济规律推动上海合作经济合作，在此基础上逐步推进经济增长方式转变和经贸合作模式转型，而俄罗斯担心过于强调市场经济作用可能将上海合作组织区域经济合作发展成为一种单纯的资源与市场的关系，使俄罗斯和中亚国家沦为中国的原料供应者。

其二，中国积极推动贸易投资便利化，希望实现商品、投资、服务、技术自由流动，向建立上海合作组织自由贸易区的方向努力，而俄罗斯认为这将导致自己被排挤出中亚市场，因此反对在现阶段建立上海合作组织统一经济空间，而极力主张目前主要进行基础设施项目建设。

其三，中国提出要加强协调，有步骤有重点地稳步推进合作，避免摊子铺得太大，切忌重复建设，而俄罗斯则提出了完善地面基础设施、建设洲际道路、启动上海合作组织能源俱乐部、扩大使用现代信息技术等一系列宏大构想。

其四，中国主张建立上海合作组织专门账户和建立上海合作开发银行，推动上海合作组织同国际金融机构开展合作，为深化经济合作创造融资的平台，并在组织框架内扩大本币结算，而俄罗斯对此一直不太积极，直到国际金融危机爆发后态度才有所改变。目前俄罗斯的主张是在俄、哈建立的欧亚开发银行的基础上建立上海合作银行，因为担心另外成立一个新的银行

---

① 罗（Bobo Lo）：《方便的轴心：莫斯科，北京和新地缘政治》（Axis of Convenience：Moscow，Beijing，and the New Geopolitics），英国皇家国际事务研究院/布鲁金斯学会（Brookings Institution Press and Chatham House），2008 年版。

会使“中国占据主导地位”。[1]

其五，中国一直要求抓紧推进中亚区域内交通、能源、通信基础设施互联互通，而俄罗斯担心这会削弱其在中亚的传统影响，使中国大举进入中亚，因此对此态度消极。

由于中俄在上述这些问题上的分歧和博弈，当中国在全心全意地推动上海合作组织经济合作的同时，俄罗斯一直将对外经济贸易合作的重点放在推进前苏联范围内经济一体化上面。除了欧亚经济共同体和俄白哈关税同盟之外，俄罗斯还在努力推动独联体区域内的自由贸易区，计划从2012年开始建立统一的经济空间、能源市场和金融空间，引入统一货币，实现商品和资本自由流动。这一趋势自然对上海合作组织的经济合作、特别是中国与上海合作组织其他成员国的贸易带来不利影响。[2]例如，俄白哈成立的关税同盟势必会影响中国商品进入中亚地区，对中国与哈萨克斯坦贸易的冲击更是显而易见的。该关税同盟平均关税由此前的6.2%提高到10.6%，哈萨克斯坦提高了5044种商品的进口关税，其中涉及到中方对哈出口的大宗商品，包括纺织服装类商品、轻工商品和部分机电产品等。除了平均关税税率上调之外，关税同盟在海关程序、检疫检验标准等方面都可能对中国设置新的障碍。不过，有专家认为俄白哈关税同盟对中国和上海合作组织也并非全是负面因素。比如：由于有了出口补贴，可以促进俄罗斯更加积极地将高新技术和农产品一起出口；关税同盟2013年开始实现铁路非歧视性过境，这使中国商品进入关税同盟各国的运费成本下降；中国还可以加强对关税同盟参加国的直接投资，以绕过关税壁垒。目前中国与欧盟国家经贸来往中的一些成功经验，

---

① 俄罗斯《权力》周刊（*Еженедельник*《*Власть*》），2012年6月12日。

② 李福川：“俄白哈关税同盟及对上海合作组织的影响”，载《上海合作组织发展报告2011》，社会科学文献出版社，2011年版，第135页。

可以在与关税同盟参加国的经贸关系中加以参照。还应指出，在俄罗斯正式加入世界贸易组织后，俄白哈关税同盟的某些规则也会有调整，对中国可能利大于弊。

2013 年 9 月 7 日习近平主席在纳扎尔巴耶夫大学的演讲上提出了一个新的思路："我们要以更宽的胸襟、更广的视野拓展区域合作，……欧亚经济共同体和上海合作组织成员国、观察员国地跨欧亚、南亚、西亚，通过加强上海合作组织同欧亚经济共同体合作，我们可以获得更大发展空间。"[1] 按照这种"包容性发展"的思路，经济合作主导权问题上的利益博弈这一瓶颈并非是不可突破的。

① 习近平："弘扬人民友谊共创美好未来——在纳扎尔巴耶夫大学的演讲"，2013 年 9 月 7 日，阿斯塔纳。

第七章 国际金融危机与上海合作组织经济合作的发展前景

2008 年以来，席卷全球的国际金融危机强烈冲击上海合作组织成员国，特别是中亚国家，使它们在金融、贸易和实体经济上都面临前所未有的困难，相继采取了应对危机的政策措施，形成了加强合作共渡危机的态势。正如一个报告所指出的：“国际金融危机使各国对相互依赖以及通过地区合作路径解决跨国挑战具有更加清醒的认识。”① 结果，国际经济、金融秩序和格局的动荡、调整、改革，为上海合作组织经济合作提供了宝贵的机遇，使成员国之间的多边合作取得了一系列突破，还在货币金融领域开始构建新的合作机制。这些新进展，为上海合作组织进一步深化经济合作创造了有利的条件。

第一节 国际金融危机对上海合作组织的冲击

国际金融危机对上海合作组织的冲击，主要表现为危机对

① 国家情报委员会和欧盟安全研究所（National Intelligence Council and EU Institute of Security Studies）：《全球治理 2025》（Global Governance 2025：At A Critical Juncture），2010 年 9 月，参见 http：//www. dni. gov/nic/PDF_ 2025/2025_ Global_ Governance. pdf

中亚国家的影响和冲击。从2008年下半年开始，国际金融危机对中亚国家的影响逐渐从金融领域向实体经济扩展：外国直接投资骤减、GDP增速放缓、外债比率猛升、汇率波动剧烈、失业人口大增。中亚国家的经济增长率从2008年的6.6%跌到了2009年的1.5%。这场危机对中亚国家影响这么大，是与中亚国家长期以来形成的资源出口型经济发展模式密切相关的，下面以哈萨克斯坦为例进行具体剖析。

自独立以来，以石油和天然气为主的资源产业在哈萨克斯坦经济中一直占有举足轻重的地位：石油工业占GDP的30%，原油、天然气及石油制品出口占出口额的一半；[①] 在金融危机爆发前的2007年，哈萨克斯坦资源（包括油气资源）开采业产值占全部工业产值的61.4%，出口占出口总额的69.7%。[②] 同时，哈萨克斯坦利用其相对稳定的国内经济环境，吸引了大量的外国直接投资。2008年，注入哈的直接外资已超过700亿美元，占整个中亚地区吸引直接外资的80%。[③] 其中，美国是哈最大的投资国，其投资占哈外国直接投资总额的30%。[④] 当时的美国驻哈大使霍克兰德称，美国对哈投资总额为150亿美元，其中110亿美元投向了油气开采领域。[⑤] 金融危机前，哈萨克斯坦经济一直保持高速发展势头。2001—2006年，哈萨克斯坦GDP

① 王慧卿："提价天然气哈萨克斯坦重塑能源新格局"，《第一财经日报》，2008年3月17日。

② 参见中国外交部网站，http：//chinaconsulate. khb. ru/chn/wjb/zzjg/dozys/gjlb/1716/1716x0/default. htm

③ 参见中国驻哈萨克斯坦共和国大使馆经济商务处网站，http：//kz. mofcom. gov. cn/aarticle/ddgk/zwminzu/200809/20080905804081. html

④ 费根鲍姆（Evan A. Feigenbaum）："美国—哈萨克斯坦关系"（The U. S. -Kazakhstan Relationship），美国中亚南亚事务助理国务卿帮办费根鲍姆的讲演，阿斯塔纳，2007年11月20日。见 http：//2001 - 2009. state. gov/p/sca/rls/rm/2007/95676. htm

⑤ 参见新疆日报网站，http：//www. xjdaily. com. cn/news/mpasia/281608. shtml

保持9%以上的增速，2007年仍达到8.5%。[①]

然而，正是这种依赖外资的资源出口性经济模式，使哈萨克斯坦成为中亚受国际金融危机冲击最严重的国家。哈萨克斯坦金融业首先遭受重创，2008年，哈萨克斯坦商业银行净利润总额比2007年减少了92.9%。[②] 截至2008年9月30日，哈萨克斯坦外债总额高达1054.55亿美元，已超过2007年的GDP（1041.47亿美元），达到2008年GDP（1350亿美元）的77%。[③] 2008年8月以后，哈萨克斯坦外汇储备持续下降。到2009年1月末，哈萨克斯坦央行和国家基金的黄金外汇储备总额仅462.444亿美元。[④] 随着金融危机的发展，哈萨克斯坦的实体经济由于外部投资急剧减弱而陷入疲软。2008年9月以后，世界原油和矿产原料价格因需求锐减而暴跌，使哈萨克斯坦的资源出口收入剧减，严重影响了哈的整体经济形势。哈萨克斯坦2008年工业产值仅增长2.1%，远低于2000—2007年的增长速度，同年哈萨克斯坦年均通胀率却比2007年上涨了17%。[⑤] 同时，失业人口不断攀升。据哈政府的统计，2008年四季度哈萨克斯坦失业率为6.6%，失业人口为55.93万人，比三季度增加了1.87万人（增长3.5%）。[⑥]

哈萨克斯坦经济发展面临的困景是金融危机时期中亚国家

---

① 参见中国外交部网站，http://chinaconsulate.khb.ru/chn/wjb/zzjg/dozys/gjlb/1716/1716x0/default.htm

② 参见中国驻哈萨克斯坦共和国大使馆经济商务处网站，http://kz.mofcom.gov.cn/aarticle/jmxw/200902/20090206026444.html

③ 参见中国驻哈萨克斯坦共和国大使馆经济商务网站，http://kz.mofcom.gov.cn/aarticle/jmxw/200901/20090106000732.html

④ 参见中国驻哈萨克斯坦共和国大使馆经济商务处网站，http://kz.mofcom.gov.cn/aarticle/jmxw/200902/20090206032354.html

⑤ 参见中国驻哈萨克斯坦共和国大使馆经济商务处网站，http://kz.mofcom.gov.cn/aarticle/jmxw/200901/20090105990370.html

⑥ 参见中国驻哈萨克斯坦共和国大使馆经济商务处网站，http://kz.mofcom.gov.cn/aarticle/ddgk/zwminzu/200902/20090206050628.html

经济形势的一个缩影，集中反映了危机对中亚国家的冲击。与哈萨克斯坦相比，中亚的吉尔吉斯斯坦、乌兹别克斯坦、塔吉克斯坦和土库曼斯坦等国与世界经济的接规程度较低，受国际金融危机的直接冲击相对较小。但是，由于这些国家与哈萨克斯坦、俄罗斯等国经济联系密切，因此金融危机导致哈、俄经济疲软使它们的外部经济环境恶化。国际金融危机对中亚国家的经济影响有所区别，一些国家主要表现在能源领域，另一些国家则主要表现在劳务层面。总体来看，国际金融危机对中亚国家的冲击表现在以下几个方面。

首先，国际金融危机冲击中亚国家金融体系的稳定。由于中亚国家外汇储备低，抗金融风险能力弱，因此国际金融危机对中亚国家的金融体系形成剧烈冲击，进而导致中亚国家的宏观经济形势恶化，哈萨克斯坦首当其冲。由于哈萨克斯坦银行从国外贷款的规模几乎与其外汇储备相当，因此外资的大批撤离导致哈银行出现融资困难及借贷资金风险。哈萨克斯坦国家银行公布的数据显示，到2008年底，哈萨克斯坦国家银行对外已偿付了170亿美元债务，但还有450亿美元欠款需偿还，而哈萨克斯坦各大企业集团和公司的债务总额则高达900亿美元。国外债权方纷纷要求哈政府和企业立即偿还所有债务，哈萨克斯坦银行系统由此可能出现信贷违约，甚至会因若干家公司违约而牵连整个金融系统。[①] 2009年2月4日，哈萨克斯坦国家银行行长马尔琴科宣布，“国家银行不支持原来（坚挺）的坚戈”，哈货币坚戈随即贬值25%，美元兑换坚戈的汇率由1∶120变为1∶150。哈萨克斯坦的金融问题不可避免地波及中亚其他国家。2月5日，吉尔吉斯斯坦货币索姆也大幅贬值，美元兑换索姆的汇率一度达到1∶42以上。接着，塔吉克斯坦货币索莫尼

① 张健荣：“全球金融危机对中亚的影响”，上海社会科学院上海合作组织研究中心《上海合作组织研究简报》，2009年第1期。

也出现贬值趋势。[1]

其次，国际金融危机加剧了国际市场资源需求和价格的下降趋势。国际金融危机客观上排除了投机操作的机会，以石油天然气和有色金属为代表的国际资源价格急剧下跌，国际原油期货价格从2008年7月底的每桶147美元猛跌至每桶40美元左右，有色金属价格也持续在低位徘徊。更为严重的是，世界实体经济的疲软导致国际资源市场需求量迅速缩减。2009年3月2日，俄罗斯《独立报》发表的文章称，欧佩克在2月中旬调低了对2009年全球石油需求的预测。全球的石油需求将每天减少58万桶，平均每天为8513万桶。国际能源署的预测更加悲观，认为2009年全球每天的石油需求为8470万桶。欧佩克秘书长巴德里说，在国际石油价格下跌后，开发新油田的130个大型项目中有35个被冻结了。国际能源署的资料显示，在全球800个大型油田中，有580个油田的开采量在逐渐下降。[2] 国际市场上资源性商品尤其是石油天然气和有色金属等大宗商品的需求和价格持续走低，对以资源出口为主导产业的中亚国家造成严重影响。从2008年第三季度末开始，中亚地区的石油天然气出口量明显减少，主要依靠石油天然气创汇的哈萨克斯坦、乌兹别克斯坦和土库曼斯坦等中亚国家的能源出口收入锐减，直接影响哈、乌、土三国的财政运转。

再次，国际金融危机导致中亚国家的外国投资急剧缩减。联合国贸易和发展会议发布的《2008年世界投资报告》说，由于金融危机和经济下滑等因素的影响，2008年全球外国直接投

---

① 孙长栋："金融危机后果显现中亚经历货币贬值恐慌"，《文汇报》，2009年2月9日。

② 参见新华网，http://news.xinhuanet.com/world/2009-03/11/content_10991506.htm

资在1.6万亿美元左右，比2007年下降约10%。[①] 冷战后，美国和欧洲国家一直是中亚的重要投资来源，投资主要集中在能源领域和基础设施上。美国次贷危机爆发并演变为国际金融危机后，美欧金融机构深陷危机泥潭，实体经济逐渐走向衰退，成为此次金融危机的重灾区。在这种情况下，美欧在中亚的投资力度大减。同时，受金融危机和能源价格下跌的冲击，作为中亚国家主要贸易伙伴和重要投资国的俄罗斯也出现了金融风险和经济疲软，对中亚的投资下降。由于国外投资的减少，哈萨克斯坦和乌兹别克斯坦等中亚国家新的油气勘探和开采工作随即陷于停滞状态，一些工程建筑和工业项目被冻结，已投资项目也进展困难。由于俄罗斯与哈萨克斯坦经济疲软，乌兹别克斯坦、塔吉克斯坦、土库曼斯坦和吉尔吉斯斯坦等中亚国家的其他出口贸易也迅速下降。国外市场对塔吉克斯坦的原料，特别是棉花的需求急剧减少。2008年1—8月，吉尔吉斯斯坦玻璃、水泥等主要出口商品同比分别下降13%和1.8%，2009年其商品出口进一步萎缩。[②]

最后，国际金融危机导致中亚国家的境外劳务收入剧减。乌兹别克斯坦、吉尔吉斯斯坦和塔吉克斯坦是中亚主要的劳务输出国，劳务输出已成为塔、吉国民经济的重要组成部分，境外劳务收入是两国外汇收入的重要来源，输出对象国主要是俄罗斯和哈萨克斯坦。在国际金融危机背景下，俄罗斯、哈萨克斯坦的工程建筑业遭遇严重困难。2009年3月2日，俄罗斯副总理兼财长库德林承认，严重的经济危机已使俄罗斯经济倒退了5年，俄罗斯2009年的预算赤字将达8%，为

① 段秀杰："联合国报告称金融危机使外国投资减少"，《上海证券报》，2008年9月25日。

② 参见中国商务部网站，http://www.mofcom.gov.cn/aarticle/i/jyjl/m/200811/20081105906570.html

调整财政支出计划，俄罗斯不得不停止一些新的项目计划，削减对部分非重点项目的投入。[①] 因此，俄、哈两国接收外来劳务能力也大幅度下降。同时，俄罗斯和哈萨克斯坦也通过法律手段减少输入外国劳动力的配额。2008 年 12 月 4 日，俄罗斯总理普京表示，2009 年俄罗斯外国劳动力配额减少 50% 是“合理的”，12 月 8 日他批准了有关法令。[②] 12 月 22 日，哈萨克斯坦总理马西莫夫签署了 2009 年哈萨克斯坦外国人劳务配额的政府令，劳务配额比例为全国就业人口的 0.75%，比 2008 年（1.6%）下降了一半多。[③] 在这种背景下，塔吉克斯坦、吉尔吉斯斯坦、乌兹别克斯坦等国境外劳务收入急剧下降。2009 年 2 月，世界银行报告预测，全球金融危机对塔、吉、乌等中亚国家的境外劳务收入造成不利影响。根据该报告，2008 年塔、吉、乌三国的境外劳务收入分别为 13 亿、10 亿和 18 亿美元，而 2009 年三国的劳务收入将减少 40%—50%。[④] 境外劳务收入的减少对三国，尤其是塔、吉两国造成严重冲击，使外汇收入和财政收入减少，影响居民的购买力和本国消费市场的发展，进而影响社会的稳定。

总而言之，中亚国家独立后通过贸易和经济合作逐步融入全球经济，并形成了以资源出口和外国投资为基础的国民经济体系。尽管中亚国家的资源性经济发展模式存在严重的结构性缺陷，但冷战后全球经济的总体繁荣态势为新独立的中亚国家提供了相对有利的外部经济环境，在很大程度上弥补了中亚国

① 参见新华网，“俄罗斯经济倒退 5 年　乌克兰濒临国家破产”，http://news.xinhuanet.com/world/2009-03/04/content_10938044.htm

② 参见新华网，http://news.xinhuanet.com/world/2008-12/06/content_10465841.htm

③ 参见中国驻哈萨克斯坦共和国大使馆经济商务处网站，http://kz.mofcom.gov.cn/aarticle/jmxw/200812/20081205977780.html

④ 参见中国商务部网站，http://www.mofcom.gov.cn/aarticle/i/jyjl/m/200902/20090206041921.html

家经济发展内在动力的缺失，使其得以维持经济上的发展。国际金融危机爆发后，美欧金融业本身遭受打击，全球实体经济又在危机冲击下衰退，导致推动中亚国家经济发展的外部资金骤减，已投资项目也陷入停滞状态。更为严重的是，石油和有色金属等大宗原料产品价格急剧下跌，这对严重依赖资源出口的中亚国家来说是一场灾难。由于中亚国家经济面临内外交困的双重压力，再加上俄罗斯和中国也遭受金融危机的冲击，这无疑对上海合作组织形成了严峻挑战。

第二节　上海合作组织各国合作应对金融危机

面对国际金融危机的冲击，中亚各国相继采取应对措施，首先是立足于国内的自救措施，同时也形成了一些区域性的联合应对方案。在此基础上，中亚国家、中国、俄罗斯又在上海合作组织框架内采取更大范围、更高层次的联合应对行动。

哈萨克斯坦是受国际金融危机影响最大的中亚国家，但也是中亚经济基础最好的国家，抵御金融危机的能力相对较高。2008 年 10 月，哈萨克斯坦政府从国家基金中拨付 100 亿美元来实施 2009—2010 年稳定经济计划，这是哈萨克斯坦首次动用国家基金的资金。这笔钱中有 50 亿美元用于支持中小企业、农业和建筑业发展，其中中小企业 10 亿美元，农业 10 亿美元，建筑业 30 亿美元。[①] 2008 年 11 月，哈萨克斯坦政府出台了未来三年“反危机计划。”该计划的核心内容是政府、中央银行和金融机构联手向经济领域注资 2. 2 万亿坚戈（约合 183. 3 亿美元），以稳定金融市场，支持实体经济。哈萨克斯坦政府总理马西莫

① 参见中国商务部网站，http://www.mofcom.gov.cn/aarticle/i/jyjl/m/200811/20081105912256.html

夫指示经济和预算规划部在两周内制定出具体的分步实施方案。[①] 到2008年年底，哈萨克斯坦政府向经济领域注入总额高达150亿美元的资金，约占国内生产总值的15%，其中有50亿美元用来拯救因沉重外债而备受压力的地方银行。[②] 2009年，哈萨克斯坦政府根据“30家领军企业”规划完成总额约为25亿美元的9个项目，将总额为8380亿坚戈（约合69亿美元）的194个项目交付给地方政府执行完成，以创造20356个工作岗位。[③] 此外，国家还通过降税、降低小企业注册资金等措施扶持实体经济。在各项综合措施的作用下，哈萨克斯坦经济下降态势趋缓，工农业指标趋稳，投资规模扩大，财政收入增加，房地产市场开始解冻，通胀压力减小。

中亚其他国家也采取了一些应对危机的措施。吉尔吉斯斯坦政府采取了巩固银行体系、加强央行监管与融资力度、改善企业经营环境、推动外贸发展、多方拉动内需、稳定电力供应以减缓缺电危机、增加农业投入以确保粮食供应等多项措施。政府设立了总额为40亿索姆（约合9700万美元）的商业银行救助基金，该基金向商业银行提供资金的条件是：银行必须向涉及国计民生的重点经济领域提供贷款，首先是向农业部门提供信贷。[④] 塔吉克斯坦政府大幅削减公共支出，将商业贷款利率由18%降至14%，并全力保证农业拨款，巩固棉花产业，极力将金融危机的冲击减少到最低程度。乌兹别克斯坦政府及时采

① 参见中国驻哈萨克斯坦共和国大使馆经济商务处网站，http://kz.mofcom.gov.cn/accessory/200812/1228739458834.pdf

② “中亚和金融危机”（Central Asia and the financial crisis: After the boom），《经济学人》（*The Economist*），2008年10月30日。http://www.economist.com/world/asia/displaystory.cfm?story_id=12523888

③ 参见中国驻哈萨克斯坦共和国大使馆经济商务处网站，http://kz.mofcom.gov.cn/aarticle/ddgk/zwminzu/200902/20090206026447.html

④ 参见新华网，“吉国家银行将设立商业银行救助基金”，http://news.xinhuanet.com/world/2009-03/05/content_10944762.htm

取了降低企业赋税、向国有商业银行注资、支持实体经济和出口企业、提高股份公司注册资本要求、提高天然气出口价格等措施，也减缓了金融危机的冲击。土库曼斯坦通过增加天然气出口量和大幅度减免关税来减少国际金融危机对土经济和国民生活的影响，取得了显著成效。

中亚国家还采取联合行动，并加强与中俄等国的合作，以有效应对国际金融危机的冲击。2008 年 12 月，俄罗斯、哈萨克斯坦、吉尔吉斯斯坦、塔吉克斯坦和亚美尼亚五国决定成立 100 亿美元的共同基金抵御全球经济危机。[①] 2009 年 2 月，欧亚经济共同体五个成员国俄罗斯、白俄罗斯、哈萨克斯坦、吉尔吉斯斯坦和塔吉克斯坦一致同意建立规模为 100 亿美元的反危机基金，用于抵御各成员国面临的经济和金融危机。同时，俄罗斯分别向哈、塔两国投资 30 亿美元和 8000 万美元，向吉尔吉斯斯坦提供 20 亿美元优惠贷款。外汇储备充裕的中国以“贷款换石油”方式分别向俄、哈两国提供贷款 250 亿美元和 100 亿美元，并以“贷款换合作”形式向塔吉克斯坦提供贷款 10 亿美元，向吉尔吉斯斯坦提供 2 亿美元优惠贷款和 8000 万元人民币无偿援助。中国政府还决定向上海合作框架内多边和双边经济技术合作项目提供 100 亿美元的信贷支持，以便使成员国尽快摆脱危机影响，此后各成员国先后提出了 56 个项目，所需金额超过 160 亿美元。[②] 2012 年 6 月 7 日，胡锦涛主席宣布，中方决定向其他成员国再提供 100 亿美元贷款。[③]

---

① “独联体设基金共抗经济危机”，《人民日报》海外版，2008 年 12 月 24 日。

② 凌激：“中国与中亚国家经贸合作现状、问题及建议”，《国际观察》2010 年第 5 期，第 20 页。

③ 胡锦涛：“维护持久和平　促进共同繁荣——在上海合作组织成员国元首理事会第十二次会议上的讲话”，2012 年 6 月 7 日，北京。

对中亚国家而言，此次危机实际上是它们融入国际经济体系过程中经历的“阵痛”，这种痛苦有其对外经济联系的背景，但更多的还在于中亚国家经济发展模式中内在的缺陷。从长远看，中亚国家必须转变其资源出口产业为主导的经济体系，否则中亚经济始终无法摆脱国际资源投机操作和国际经济发展周期冲击的命运。国际金融危机给中亚地区带来的重要启示是：在经济全球化、区域化迅猛发展的当今世界，推进上海合作组织这样的多边经济合作机制十分必要，开展上海合作成员国之间金融合作更显迫切，这正是下一节要详细分析的。

第三节　国际金融危机形势下上海合作组织经济合作的新发展

国际金融、经济危机使上海合作组织成员国遭受冲击，但也使上海合作组织面临一个突破经济合作发展瓶颈的大好机遇。总体来看，上海合作组织抓住了这个机遇，并在经济合作的若干“瓶颈”问题上取得了突破性进展。

1. 促进上海合作组织框架内货币结算机制的改革

在金融危机形势下，上海合作组织成员国之间以美元为结算货币的贸易结算机制面临空前的风险，这就为成员国和观察员国之间构建新的双边贸易货币结算机制提供了有利的条件。俄罗斯总理普京最早提出了以人民币和卢布作为中俄双边贸易结算货币的主张，其他成员国和观察员国也有类似主张。在上海合作组织各国领导人的支持下，主张很快化为了实际行动。2010 年 12 月 15 日，人民币对卢布交易在莫斯科银行间外汇交易所挂牌上市，俄罗斯成为首个在中国境外实现人民币直接挂牌交易的国家，是人民币在莫斯科银行间结算货币试点以来取得的一个具有战略意义的成果。[①] 2011 年 6 月 13 日，中国人民银行与哈萨克斯坦共和国国家银行在哈首都阿斯塔纳签署了金额为 70 亿元人民币的双边本币互换协议，有效期三年，经双方同意可以展期。[②] 目前，上海合作组织其他成员国之间也在酝酿类似的本币互换协议，还有些成员国签署了局部范围内的本币互换协议，如中国与俄、吉、哈三国先后签署了边境贸易本币结算协议。[③] 总体来看，上海合作组织框架内贸易结算机制的改革正在稳步推进。这一趋势，不仅有助于促进上海合作组织各国之间贸易的稳定发展，而且也有利于推动国际金融体系的改革。

2. 建立上海合作组织反危机基金、专门账户和开发银行

上海合作组织一些重大合作项目之所以难以进行，一个重要原因就是缺乏资金。早在 2004 年，中国等一些上海合作组织成员国就提出了建立上海合作组织发展基金和发展银行的建议，但俄罗斯等另一些成员国对此态度消极。结果，作为一种妥协，各方同意建立上海合作组织银行联合体。到 2008 年后，在国际金融危机冲击下，上海合作组织各国许多重要项目均因资金不到位而陷于停顿，一些骨干企业也因资金短缺而陷于困境，这个融资问题更显突出。为了应对危机，各大经济体和合作机制如美国、欧盟、东盟加中日韩等都建立了应对危机的基金，地区层面的欧洲银行、美洲银行、亚洲开发银行和全球层面的世界银行等也都在应对危机中发挥重要融资作用。在这样的形势下，上海合作组织实业家委员会和银行联合体商定为上海合作

---

① 刘恺："首次'境外挂牌'凸显人民币大战略"，《参考消息》2010 年 12 月 23 日。

② "我国央行与哈萨克斯坦央行签署双边本币互换协议"，参见 http://news.xinhuanet.com/world/2011-06/13/c_121530666.htm

③ 凌激："中国与中亚国家经贸合作现状、问题及建议"，《国际观察》2010 年第 5 期，第 17—19 页。

框架内投资项目提供统一支持平台，包括向总金额达60亿美元的近35个项目融资，努力缓解成员国的严峻金融形势。[①] 同时，经过耐心细致的商讨，上海合作组织各国在建立反危机基金、专门账户和开发银行等问题上逐渐形成了共识，俄罗斯对这些金融合作务实举措的态度有所改变。2012年6月6—7日召开的上海合作组织北京峰会发表的新闻公报宣布："元首们强调应继续采取实际措施发展本地区多边经济金融合作，指出成员国财长和央行（国家银行）行长会议机制对于本组织国家间交流保障经济金融稳定的经验、促进财金合作具有重要作用。元首们积极评价为研究成立上海合作组织发展基金（专门账户）、开发银行问题所做的工作，责成继续开展上述工作并尽快完成。"[②] 这样，在上海合作组织区域层面上，逐步形成了宏观的多边金融合作，中观的双边金融合作和微观的机构合作三个层次。

3. 推动上海合作组织框架内的双边合作向多边合作拓展

上海合作组织成员国之间的经济合作项目一直是双边很多，多边很少。因此有人调侃：既然都是双边合作项目，还要上海合作组织干吗！值得注意的是，金融危机爆发后，由于外来资金骤减和共渡危机意识的加强，上海合作组织框架内的双边合作正加快向多边合作拓展。例如，中国—哈萨克斯坦石油管道于2006年底投入运营，2007年输油477万吨，2008年输油量突破600万吨，2009年则达到773万吨。[③] 令人高兴的是，俄罗斯从2008年开始通过中哈石油管道向中国输送石油，逐步达到每年输油500万吨，使这个双边合作项目变为三边合作项目，

---

① 赵鸣文："上海合作组织在金融危机中前行"，《国际问题研究》2010年第2期，第52页。

② 《上海合作组织成员国元首理事会会议新闻公报》，2012年6月7日，北京。

③ 王树春、王洪波："独立体对中国的多元战略价值——兼论中国对独立体应采取的政策"，《战略决策研究》2010年第4期，第5—6页。

将来还可向四边、五边等多边合作项目拓展。又如，中亚天然气管道西起土库曼斯坦的阿姆河之滨，穿越乌兹别克斯坦中部和哈萨克斯坦南部地区，在新疆霍尔果斯进入中国，全长1833公里，总设计输气能力为300—400亿立方米/年，于2009年12月实现单线通气，2010年10月又实现双线通气。[①] 该管道如果满量输送，每年可为中国提供的天然气高达700亿立方米，几乎等同于2008年中国天然气的消费总量。这不仅是中、乌、哈这三个上海合作成员国与非上海合作成员国土库曼斯坦的多边合作，将来还可为俄罗斯、伊朗等其他上海合作成员国、观察员国提供服务。有专家建议：上海合作组织应该以此为基础建立全球和地区层面自给自足的能源体系。[②] 除多边能源合作项目外，中国—吉尔吉斯斯坦—乌兹别克斯坦公路等一批交通等其他领域的多边合作项目也在稳步推进。

4. 提升和充实上海合作组织经济合作的层次和内涵

金融危机爆发以来，由于依靠自身合作推动区域发展的努力大大加强，上海合作组织经济合作的层次和内涵进一步得到提升和充实，在地区经济合作中的地位和功能日益加强。这主要体现在以下这些方面：实施了一批上海合作组织框架内的交通、能源、通信等领域的示范性项目，新一批多方参与、共同受益的示范性项目也即将付诸实施；启动了上海合作组织框架内的农业、科技、环保、救灾等领域的合作，已取得初步成果；稳步推进上海合作组织贸易投资便利化进程，特别是在国际道

---

① 中国商务部：《互利共赢，共同发展——上海合作组织区域经济合作回顾与展望》，2012年，北京，第44页。

② 莫福克巴耶娃（Мовкебаева Галия Ахметвалиевна）："哈萨克斯坦，俄罗斯和中国在上海合作组织框架内的能源合作"（Энергетическая безопасность Казахстана，России и Китая в рамках ШОС），该文以英文标题"Energy Cooperation among Kazakhstan，Russia and China within the Shanghai Cooperation Organization"发表于纽约M. E. Sharpe出版社出版的英文杂志《俄罗斯政治与法律》（*Russia Politics and Law*），51卷第1期，2013年1—2月号，第86—87页。

路运输便利化问题上取得基本共识；致力于实施上海合作组织框架内的民生项目，如扶贫项目、再就业培训项目、希望学校、环保项目等，使各成员国的老百姓能获得实实在在的利益；加强上海合作组织各成员国与联合国、亚洲开发银行、世界银行、国际货币基金组织等国际组织和金融机构的合作。

上述这些发展表明，坏事可以变好事，上海合作组织抓住应对金融危机这一契机，已经、或者正在突破一些长期制约经济合作深化的瓶颈，正逐步将应对金融危机的应急性合作项目、临时措施、反危机计划等发展为常态性合作机制，这必将进一步推动上海合作组织的经济合作稳健、全面、可持续地发展。

第四节　后金融危机时期上海合作组织经济合作面临的几大课题

目前，走出危机的上海合作组织国家进入了调整恢复期。在上海合作组织进一步深化经济合作的道路上，面临着几个重大课题。

其一，促进贸易投资便利化，构建“丝绸之路经济带”，是上海合作组织经济合作的战略目标。目前，上海合作组织在经济层面的首要任务就是围绕上述目标加强务实合作，如习近平主席所指出的，“务实合作是上海合作组织发展的物质基础和原动力”。[①] 当然，务实合作必须抓住重点，不能面面俱到。近期的重点是：（1）加强各个领域的基础设施建设；（2）重视能源安全和新能源开发；（3）促进互联互通，建设连接中国—欧洲的运输走廊；（4）构建统一电力供应合作机制，将水资源问题与电力供应结合起来解决；（5）确保粮食安全，特别要解决某

① 习近平：“弘扬‘上海精神’，促进共同发展——在上海合作组织成员国元首理事会第十三次会议上的讲话”，2013 年 9 月 13 日，比什凯克。

些上海合作组织成员国的粮食短缺问题；（6）加强成员国之间的本币兑换和货币流通，降低流通成本，增强抵御外部金融风险的能力。

其二，实现经济增长方式转变、经贸合作模式转型和对外合作方向多元化，是上海合作组织经济合作的重要任务。目前，中亚国家和俄罗斯对严重依赖资源出口的现状极为不满，正努力实现经济发展模式的转型，这其中具有巨大的合作潜力和商机，上海合作组织应不失时机地发挥促进作用。上海合作组织经贸合作本身也面临着转型的任务。现在这一合作基本是政府主导型的，存在较大的政治和经济风险，必须努力推动其向以市场为导向、以企业为主体的合作模式转型。同时，与俄罗斯有传统联系的中亚国家也迫切希望加强与亚太经济体系的联系，实现对外合作的多元化。中亚—中国油气管道的成功运作证明，中国可以成为中亚国家走向亚太的桥梁，而上海合作组织可在其中发挥重要的协调作用。

其三，调整能源合作的模式和路径，对上海合作组织经济、能源合作来说具有紧迫性。近年来，中国与俄罗斯、中亚国家的能源合作取得了实质性突破和长足发展，使能源产出国、过境国和消费国的利益趋于平衡，上海合作组织的能源合作逐渐从双边层面向多边框架发展。同时，必须清醒地认识到，国际能源市场正在从卖方市场向买方市场转变。西方国家提出的碳关税、新能源、绿色经济等，对中国、中亚国家和俄罗斯都是挑战和压力。上海合作组织各国作为世界主要能源生产国与消费国，必须根据形势的变化调整能源合作的模式和路径，以应对这一新挑战。

其四，建立本组织的开发性金融合作机制，是上海合作组织经济合作进一步发展的必要条件。上海合作组织经济合作的重要内容是基础设施建设和能源开发输送，而这些项目需要大量资金投入。从长远看，来自中国、俄罗斯、上海合作组织以外的金融机构，或某些西方国家的贷款等均不可能完全解决上海合作组织的融资需求，只有在上海合作组织银联体的基础上建立上海合作组织自己的实体化开发银行，才能真正解决这个问题。目前，欧亚地区还有另一个金融框架——欧亚开发银行。然而，欧亚开发银行和拟议中的上海合作银行完全可以在协调与合作中共同发展。目前，各成员国越来越认识到，应采取互相体谅，包容发展的态度，才能使上海合作开发银行尽快建立起来。

第五节　“丝绸之路经济带”：以创新转型打造上海合作组织经济合作的升级版

2013 年 9 月 13 日，上海合作组织成员国元首理事会第十三次会议在吉尔吉斯斯坦比什凯克举行。习近平主席在会议前后多次阐述的“丝绸之路经济带”倡议，引起国际社会的高度关注，得到有关各方的积极回应，成为比什凯克峰会的一大热点。

首先，“丝绸之路经济带”倡议适应世界和地区经济发展变化的新形势。如前所述，当前国际金融危机的深层次影响正在不断显现，世界经济出现了以总需求增长放缓和经济结构深度调整为主要特征的新变化，正处在深度转型的调整期。全球经济的疲软低迷及其复苏进程的不确定性，导致上海合作组织各国经济发展外部环境出现不同程度的恶化。外部需求的急剧下降深刻影响了中国、印度、俄罗斯等新兴经济体的发展动力；全球资源需求和价格逐步回落，正由卖方市场向买方市场转变，对中亚国家和俄罗斯等资源出口型经济模式造成严重冲击。同时，全球化的内涵与条件发生明显变化，中国、俄罗斯、印度等新兴经济体和中亚国家在世界经济和全球产业链和价值链中的地位出现波动。在这种情况下，有关各国对上海合作组织框架内经济合作寄予厚望，借助上海合作组织重振本国经济的愿望和要求空前强烈。习近平主席提出，要把上海合作组织打造为成员国的“命运共同体和利益共同体”，使其成为成员国共谋稳定、共同发展的可靠保障和战略依托。[①]“丝绸之路经济带”的倡议适逢其时，适应世界和地区经济发展变化的新形势，顺应有关国家的人心民意，有助于上海合作组织务实合作抓住机遇实现突破。

其次，“丝绸之路经济带”倡议符合上海合作组织经济合作转型升级的内在要求。自2001年成立以来，上海合作组织在经济合作上不断把握发展机遇，取得了有目共睹的成就。同时，上海合作组织经济合作中仍存在实体经济合作薄弱、资源合作比重过大、贸易结构失衡等深层次问题。以资源合作为代表的粗放模式严重制约上海合作组织经济合作进一步发展的空间，很难为上海合作组织长远发展提供强有力的经济支撑。在新的形势和条件下，上海合作组织在经济合作上存在转型升级的内在要求。要挖掘上海合作组织经济合作的空间和潜力，必须根据世界经济发展环境和有关各国经济发展状况的新变化，创新经济合作的思路和模式，才能推动上海合作组织经济合作进一步向纵深发展。经济增长方式的转变是上海合作组织有关国家普遍面临的任务，这些国家的经济转型进程实际上蕴含着广阔的发展空间和合作机遇。上海合作组织框架内的经济合作必须立足于有关各国经济转型发展的现实和机遇，从而实现上海合作组织经济合作与各国经济转型之间的良性互动。这不仅是有关国家经济转型发展的需要，也是推动上海合作组织经济合作转型升级的要求。“丝绸之路经济带”是在经济全球化进入新一

① 引自“外交部长王毅谈习近平主席访问中亚四国并出席上海合作组织比什凯克峰会”，新华社，2013年9月14日。

轮发展的条件下，根据区域经济合作已有基础提出的合作新模式，符合上海合作组织经济合作转型升级的内在要求。它的主要内涵不仅仅是传统意义上的贸易通道经济带，更重要的在于其实体经济层面上的产业带、产业链和价值链。“丝绸之路经济带”强调以点带面，从线到片，逐步形成区域大合作，提出了深化上海合作组织经济合作的新思路与新模式，为上海合作组织框架内开展多领域务实合作创造了新契机和新抓手。

第三，“丝绸之路经济带”倡议兼顾上海合作组织各方的利益关切与合作诉求。毋庸置疑，上海合作组织各国的经济实力和发展状况有所不同，对上海合作组织经济合作的利益诉求不尽一致，不同国家在经济合作中的相对收益也有所差别。这些客观存在的差异是上海合作组织经济合作发展过程中必须重视的因素，必须兼顾各方的关切和期待，否则难以形成有效的合作共识。上海合作组织有关国家对上海合作框架内经济合作的预期很高，尤其是中亚国家和俄罗斯转变经济发展模式的要求极其强烈，希望通过上海合作组织经济合作推动其国内经济转型的进程。目前，上海合作组织经济合作模式显然还没有达到这样的效果，在一定程度上影响它们参与上海合作组织经济合作的主动性和积极性，也是有关国家同时参与多个区域经济合作组织的深层次原因。“丝绸之路经济带”倡议，就是中国正面回应有关国家对上海合作组织经济合作的利益关切与合作诉求，将上海合作组织国家的政治关系优势、地缘毗邻优势、经济互补优势转化为务实合作优势、持续增长优势，以打造互利共赢的利益共同体，集中反映了中国深化上海合作组织经济合作的战略思路。未来 5 年中国进口将达 10 万亿美元，对外投资达 5000 亿美元，中国经济的转型升级必将对上海合作组织经济合作以及相关国家经济繁荣和发展做出更大贡献。

第八章　上海合作组织近期深化经济合作的具体思路

综上所述，在今后很长一段时期里，上海合作组织应努力排除制约经济合作的基础性障碍和心理性障碍，抓紧推进域内交通、能源、通信基础设施互联互通和贸易投资便利化，构筑“丝绸之路经济带”，在组织框架内扩大本币结算，建立上海合作组织专门账户和开发银行，构建上海合作组织能源和粮食安全合作机制，特别要加强非资源和民生领域合作，改善整个地区的经济环境。深入发掘应对危机和促进发展的内生动力，实现较长时段的可持续发展，提高上海合作组织各国人民的民生和福祉，是上海合作组织经济合作的最重要目标。

在前几章阐述上海合作组织经济合作的成果、面临的挑战、需要突破的瓶颈、国际金融危机的影响等问题的过程中，已经提到了诸多深化上海合作组织经济合作的思路、想法和建议。在本篇最后这一章中，将它们提纲挈领地归纳为十个方面的具体思路。

1. 坚持贯彻、实施《上海合作组织成员国多边经贸合作纲要》及其落实措施计划，并对其执行情况进行定期监测。本着平等互利、市场经济、相互开放、多边与双边相结合、政府和企业相结合等原则，充分发挥上海合作国家经济互补性强和资源丰富等优势，积极开展各种形式的合作，促进成员国经济共同发展。

2. 努力促进贸易和投资便利化，推进域内交通、能源、通信基础设施互联互通。为加快贸易投资便利化进程，可研究设立上海合作组织“贸易发展处”和“投资促进委员会”，其主要任务和职能是研究解决成员国之间贸易投资便利化的相关问题。如：促成项目实施，协调解决经贸合作的制约因素，解决成员国、观察员国人员相互来往的落地签证问题，促进便利通航等。

3. 注意苏联范围内一体化进程对上海合作组织经济合作的影响。要认真研究苏联范围内经济一体化进程，特别是俄白哈关税同盟、欧亚经济共同体和独联体区域内自由贸易区对上海合作组织经济合作的影响，也要研究俄罗斯等上海合作组织国家加入世贸组织对上海合作组织贸易投资便利化进程的影响。要努力减少这些发展对上海合作组织经济合作可能产生的负面作用，同时尽可能利用其对上海合作组织经济合作的正面效应，使上海合作组织经济合作进程能与这些进程互相促进。

4. 积极推动组织框架内的多边经济合作和民生领域合作项目。要努力推动双边合作项目向多边合作项目发展，特别要加强非资源领域的合作，深入发掘应对危机和促进可持续发展的内生动力。要注意实施组织框架内的民生领域合作项目，如扶贫项目、再就业培训项目、希望学校、环保项目等，使广大民众从中受益。由于拥有雄厚的资金，中国可以在这方面发挥重要的推动作用。

5. 积极筹组、建立上海合作组织“能源俱乐部”（或使用其他名称）。“能源俱乐部”可成为组织框架内的半官方能源政策协调与合作平台，并逐步发展为地区能源治理与能源安全维护的合作机制。上海合作组织成员国、观察员国、对话伙伴可按照自愿原则参加俱乐部，上海合作组织以外的国家可以“特邀国家”的身份参与俱乐部的会议和活动。“能源俱乐部”的主要目标是在中亚地区构筑稳定的能源生产、销售、运输链，并使石油、天然气方面的合作向矿产、电力等其他资源开发领域的合作延伸。

6. 积极筹组、建立上海合作组织种子库、粮食生产基地、粮食战略储备库和农业示范推广基地，在此基础上逐步构建上海合作组织粮食安全合作机制。上述机构应实行企业化管理。上海合作组织成员国、观察员国、对话伙伴可按照自愿原则参加，上海合作组织以外的国家可以“特邀国家”的身份参与。在一般情况下，种子库和粮食生产基地应以低于国际市场价格的优惠价格向参与国出售种子和粮食。在参与国粮食紧缺的特殊情况下，粮食战略储备库应满足参与国的应急需求，包括向参与国提供无偿的粮食援助。种子库应为参与国培育优良的农作物种子。农业示范推广基地应向参与国示范、推广先进的农作物品种和农业生产技术。

7. 进一步加强上海合作组织的金融合作。在继续克服全球金融危机和部分国家主权债务危机影响的基础上，进一步加强上海合作组织的金融合作。以下几方面可以作为优先的合作方向：加大投融资合作力度，加快建立融资保障机制，特别要加强能源和资源开发方面的金融合作，使更多资金投入能源和资源开发，可采取以建设换能源和资源，以信贷换能源和资源，权益投资等方式；进一步开展出资方可以有效规避金融风险的融资租赁业务，以投入更多资金更新中亚地区比较老化的基础设施；把供应链金融引入到上海合作组织框架内，努力解决中小企业融资难的问题。在中亚国家急需资金的情况下，中国可将雄厚外汇储备中的一部分投入上述合作领域，以增强中国参与中亚、俄罗斯能源、矿藏开发和基础设施建设的财力依托，促成双赢、共赢的局面。

8. 联手建立“合作投资基金”和“联合开发银行”。在促进银行联合体务实发展、建立基金和账户的基础上，由成员国中资金较为雄厚的若干国家先联手建立“合作投资基金”和“联合开发银行”，然后以此为依托逐步发展，建立“上海合作组织联合开发银行”。在这样一个稳步发展的金融合作框架下，可设立“反危机基金”和“发展基金”，同时加强上海合作各国主权财富基金的合作，对组织框架内各国摆脱经济困境与克服发展瓶颈实施援助。在未来十年里，应使近年来应对金融危机的一些行之有效的应急措施逐渐常态化，并进一步得到完善。中国可凭借资金雄厚的优势，在上述金融合作机制内发挥重要作用。

9. 构建新的区域性贸易结算支付体系。在上海合作组织框架内稳步推进贸易结算机制的改革，构建新的双边或多边贸易货币结算机制，在妥善协调成员国货币政策的基础上，逐步建设新的区域性贸易结算支付体系，以实际行动促进国际金融体系改革。中国积极推进这一改革的重点应是逐步实现人民币的“上海合作化”。

10. 加强在防灾、减灾、救灾方面的合作。上海合作组织各国应该加强在防灾、减灾、救灾方面的合作，特别要在防止自然灾害和技术灾害及消除其后果方面相互提供援助和帮助。要努力发展环境保护领域的合作，以确保生态安全和合理利用自然资源，为减少包括与水有关的自然灾害做出积极贡献。要重视气象领域的合作，提高预测气候变化的质量，以改善农业管理和自然资源的利用。各国救灾部门还应加强合作，研究建立上海合作救灾中心的具体事宜。中国应充分利用上海合作组织救灾合作发展的有利条件，努力改进和完善新疆和西北地区的防灾、救灾体系。

人文合作篇

中亚地区多种文明在历史上的相互交融促成了该地区广泛、深厚的文化相通性，这是上海合作组织进程得以形成和发展的精神文化基础。上海合作组织框架内的人文合作使这一区域内多种文明的对话和交流提升到一个全新的高度，这在中亚文明交往的历史上是未曾有过的。

尽管取得了显著成绩，在进入其第二个十年之后，上海合作组织的人文合作仍然面临着严峻的挑战和一系列需要解决的问题。同时，上海合作组织的人文合作也有着进一步发展的良好机遇和继续深化的巨大潜力。总体来看，上海合作组织人文合作的发展前景是十分光明的。

第九章　上海合作组织进程的文化底蕴

上海合作组织的文化底蕴扎根于中华文化、俄罗斯文化和中亚各民族文化之间上千年的交流和融合，而贯穿亚欧的“丝绸之路”在其中发挥着至关重要的作用。由于两国幅员辽阔，中国与俄罗斯（苏联）的文化交往更超越了“丝绸之路”的地域范畴，因此还需另辟一节进行专门研究。

第一节　丝绸之路——文明交汇的桥梁

据史家研究，早在距今约3000年前的中国西周时代，在中国和希腊之间辽阔的草原、半沙漠和山区地带，就散居着许多游牧部落。希腊人称他们为斯基泰人（Scythians，——译“西徐亚人”），中国人则将分布在河西走廊西端和天山南北的部落称为塞人。正是这些生活在亚欧大陆腹地的游牧部落建立了穿越中亚地区的最古老的贸易联系。英国著名的东西方关系史研究权威G. F. 赫德逊在其名著《欧洲与中国》中具体描述了由塞人等草原民族充当中介的从欧洲到亚洲的商路，它从亚速海启程，经顿河、伏尔加河、乌拉尔河，穿过中亚大沙漠，到达高峻险要的阿尔泰山。公元前6或前7世纪，一位古希腊商人亚里斯特亚士（Aristeas）曾随斯基泰人到达天山山脉，他的见闻录《阿里马斯比亚》不但记述了在中亚草原间往来的塞人部落，还提到在戈壁沙漠那一边，“有一片富饶的土地，人民定居务农，海水永不结冰”。[①] 这可能是欧洲人对亚洲东部最早的朦胧记录。尔后西方“历史之父”希罗多德等人也对欧亚草原的各民族作了详细描述，一直谈到天山附近的伊赛顿人。[②] 当时色彩艳丽的中国丝绸已进入希腊诸城邦，成为上层显贵的奢侈品。通过这些舶来品，古希腊知道东方有一个生产丝的国家，以“赛里斯”（Seres）称呼它，便是根据汉语“丝”的译音而取。

公元前334—323年亚历山大大帝率军东征，横扫亚洲西部和中部，几乎叩到了中国的西大门。亚历山大建立了庞大帝国，将巴尔干半岛、地中海东岸、两河流域、伊朗和印度西北部合为一个经济文化交互圈，用剑与血开创了古代东西方文明交融和商贸大发展的新时期。亚历山大在所征服地区建立的一系列“亚历山大城”，后来都发展为东西方贸易商路上的重要经济中心。如果说亚历山大帝国的出现曾在客观上有利于保障古代亚欧交往通道西半段的畅通，那么随后东方汉帝国的昌盛则有助于这一通道东半段的开通，从而为举世闻名的“丝绸之路”的开辟创造了条件。汉朝的中国是亚洲东部最大的王权国家，其控制力达到天山脚下，中亚不少游牧民族纷纷向汉朝称臣纳贡。公元前138和公元前119年，汉武帝派遣其侍从官张骞两度出使西域，了解了中西亚的风土人情，开拓了中国人的视野，还实地勘察了东西交通要道的东半段，开始了内地与西域、印度、中亚和西亚的直接交往。由此，加之此前业已存在的中西亚与欧洲联系通道，一条贯穿亚欧大陆东西的交通线便逐渐形成。由于汉王朝国力强盛，穿过该地域的商路安全畅通，以中国丝绸为主要商品的东西方贸易开始有了一条比较固定的陆上路线，

① 赫德逊：《欧洲与中国》，中华书局1995年版，第23页。

② 希罗多德：《历史》，商务印书馆1985年版，第4章。

即从中国渭水流域起，通过河西走廊由昆仑山脉的北麓或天山南麓向西穿越葱岭（帕米尔），经中亚再沿西亚的幼发拉底河到地中海东岸的安条克城，最后通向罗马。这就是著名的陆上“丝绸之路”。尽管这条通道途径许多浩瀚无际的沙漠，然而沙漠里的天然绿洲却为过往行旅提供休憩、栖身之地，故被称作“绿洲之路”。至于“丝绸之路”这一术语，最早出现于德国地理学家李希霍芬（F. von Richthofen）1877 年出版的《中国》一书。[①] 除了“绿洲之路”，也有学者将前面提到的由塞人等游牧部落自先秦时代就已开辟的商路称为“草原之路”。近来还有学者提出，在张骞通西域以前还存在一条“南方丝绸之路”，从今成都出发，经云南出横断山，经缅甸抵印度，而后向西北入中亚、中东，抵地中海沿岸。

无论怎样定义“丝绸之路”的走向，中亚地区都是“丝绸之路”的中段和主干，是丝绸之路的必经之地。“丝绸之路”对中亚地区的影响，不仅在于贸易对中亚经济、社会发展的促进，更重要的是与贸易紧密相连的文化交流使多种文明在中亚交汇、融合。从古至今，古埃及文化、古波斯文化、佛教文化、印度教文化、古罗马文化、古希腊文化、汉儒文化、突厥文化、蒙古文化、斯拉夫文化、阿拉伯文化、伊斯兰文化、俄罗斯东正教文化、苏联文化、西方资本主义文化、新中国文化等等都通过“丝绸之路”对中亚产生过或还在产生着影响。因此，著名历史学家汤因比认为中亚在历史上是各种文明交汇、碰撞的舞台和桥梁。我们在这里不打算写一部中亚文明交往史，仅对此做一些案例研究。

案例之一，中亚“胡”文化对中国文化的影响。“胡”，有的地方指“北方的游牧人”，即“北胡”；有的地方指葱岭东西

---

① 朱学勤、王丽娜：《中国与欧洲文化交流志》，上海人民出版社，1998 年版，第 9 页。

两侧地区（今新疆及乌姆河——锡尔河流域）的民族，即“西胡”。[①] 从赵武灵王引进胡服骑射以增强军队战力开始，胡文化在中国内地逐渐开始传播，至东汉繁荣，于唐代鼎盛。“胡服、胡饭、胡床、胡骑、胡笛、胡舞、胡音、胡乐、胡姬”这些胡文化的具体内容涉及衣、食、住、行、乐等方方面面。这一时期，中亚胡文化对中华文明的影响可谓无微不至且深入人心。《本草纲目》中提到，由张骞从西域引入中原的植物有：红蓝华、胡麻、蚕豆、苜蓿、胡瓜（即黄瓜）、安石榴、葡萄等。其中苜蓿的原产地为伊朗，传入中原很可能是通过大宛国（今费尔干纳草原区域）。安石榴的原产国也在伊朗。

案例之二，佛教、伊斯兰教、基督教、犹太教和摩尼教从中亚传入中国。大月氏国于公元一世纪称雄中亚，其国王笃信佛教且大力支持佛教传播。据载，汉明帝时代从大月氏国来的迦叶摩腾、竺法兰等人在洛阳白马寺译出《四十二章经》，将佛教传入中国，此后不断有中亚地区的高僧通过“丝绸之路”进入中国布道。中国唐朝时，阿拉伯势力进入中亚。到十世纪末，伊斯兰教在中亚迅速传播。元朝时，蒙古统战者推行宗教宽容政策，伊斯兰教便逐渐进入中国，在中国西北地区流行、普及。初入中国的基督教派是“聂斯脱利教”，即景教。该教派在美索不达米亚较为活跃，后传至中亚地区，再逐渐进入中国西北边区。当时中国境内的景教徒，不少来自中亚。到唐太宗时，景教甚至得到了官方承认。来自中东、中亚的犹太人于七至八世纪通过“丝绸之路”进入中国，起先定居长安，后移居开封，人数最多时超过5千。中亚的粟特人将摩尼教传入中国，大约在武则天时代之前。摩尼教进入中国后迅速汉化，与中国固有文化传统相结合，逐渐在博大精深的中华文化中消融。

---

① 王国维：《西胡考上》、《西胡考下》及《西胡续考》，中华书局，1959年版。

案例之三，中华文明也对中亚产生了重要影响，并通过中亚传播到西方世界。其中最有名的当属以丝绸为代表的纺织、服装文化，以及与此密切相关的缫丝术。玄奘高僧在《大唐西域记》中就生动地描绘了中国内地的蚕桑技术是如何传入中亚地区的。“丝绸之路”即以此命名，这里不再详述。同样，对人类文明发展起了重要推动作用的造纸术和印刷术都是从中国通过“丝绸之路”进入中亚，再传播到西亚、欧洲的，而中国的儒家文化和道教文化也通过“丝绸之路”对中亚和西方产生了一定的影响。

当然，随着世界科学技术的发达和全球交通网络的拓展，“丝绸之路”在交通意义上的作用在相对下降。今天，在“丝绸之路”上往来的主要已不是骆驼和马匹，而成了汽车和火车。但是，“丝绸之路”这一名词仍然被广泛使用，如人们把贯通亚欧的大铁路称为铁道“丝绸之路”，把从中亚通往中国的油气管道称为能源“丝绸之路”等等。最为重要的是，“丝绸之路”已成为不同文明沟通、对话、交流的象征。习近平主席指出：“千百年来，在这条古老的丝绸之路上，各国人民共同谱写出千古传诵的友好篇章。两千多年的交往历史证明，只要坚持团结互信、平等互利、包容互鉴、合作共赢，不同种族、不同信仰、不同文化背景的国家完全可以共享和平，共同发展。这是古丝绸之路留给我们的宝贵启示。”[①] 正因为此，上海合作组织从其前身“上海五国”进程启动之时便强调要从文明对话的角度弘扬“丝绸之路”精神，构建新的文化“丝绸之路”，将“丝绸之路”这一历史留下的宝贵财产视为各项合作发展的文化底蕴和文明基础。

---

① 习近平：“弘扬人民友谊　共创美好未来——在纳扎尔巴耶夫大学的演讲”，2013年9月7日，阿斯塔纳。

第二节　中国与俄罗斯（苏联）的文化交流

中国与俄罗斯（苏联）文化交流的历史大约可分为三个阶段：第一阶段从13世纪初至16世纪。1236年，成吉思汗之孙拔都入侵罗斯，一直远征至东欧，建立了横跨欧亚的“金帐汗国”，统治着俄罗斯和西伯利亚西部的广大地域。不久后，蒙古大汗忽必烈称帝，建立了中国历史上的元朝。这样，中俄便都处于蒙古人统治之下，使中俄文化在蒙古帝国范围内开始交流。第二阶段从16世纪至20世纪初。这一时期俄罗斯建立起统一的专制国家，中俄之间开始了正式的官方交往。俄罗斯文化也在这一时期完成了向近代文化的过渡，呈现出空前繁荣的局面。中俄两大文化圈遥相呼应，双方之间的交流贯穿文学、艺术、宗教、教育等各个领域。第三阶段从苏联建国至苏联解体。由于世界上第一个社会主义国家的发展壮大，中国先进分子寻求救国真理的重点从关注欧美列强转向学习苏俄，找到了马克思列宁主义，开辟了中国革命的胜利之路。新中国建立后，具有相同的意识形态的中苏两大国之间的文化交流更加活跃，此后虽有若干次曲折，但中俄之间的文化亲近感已深入两国人们心中。

大多数学者认为，中俄人民之间的交往始于蒙古统治时期。在《元史》中记载，当时有相当数量的俄罗斯士兵来华并驻守元大都（今北京）。[①] 几乎在这同时，也有众多汉族工匠、艺人和书吏随蒙古大军来到了俄罗斯。[②] 据记载，当时随他们传入俄

---

① 宋濂等撰：《元史》，卷三十四，文宗本纪三；卷三十五，文宗本纪四。

② 阎国栋：“遥远的记忆与诱人的传闻—17世纪中期前俄国的中国形象”，《俄罗斯研究》，2013年第3期，第67页。

罗斯的中国茶叶、器物和服饰均受到上层人士的喜爱。[①] 然而，直到1567年，中国封建王朝与俄罗斯帝国之间才有了正式交往。当年哥萨克首领雅雷舍夫到访北京，回去后向伊凡雷帝报告了在中国的见闻。1618年（明朝万历年间），托木斯克的哥萨克伊凡·裴特林于当年5月9日出发，途经大青山、呼和浩特、张家口，抵达北京。他在次年春季返回托木斯克，后至莫斯科向沙皇呈交了万历皇帝的国书和一幅中国地图。及至清初，沙皇于1654年派遣以费奥多尔·巴伊科夫为首的使团来华，于顺治十三年（1656年）抵达北京。四年后，沙皇又派遣使臣伊凡·别尔菲利耶夫到达北京。两次访问都带回顺治皇帝的文书。康熙在位期间，俄国使臣频繁来华。康熙十四年（1675年），尼古拉·米列斯库率团来华，受康熙四次接见。康熙五十八年（1719年），伊兹迈罗夫受命来华，受到康熙六次接见。同时，中国官员也多次访问俄罗斯。当时中俄使臣来往频繁的主要原因是俄哥萨克不断向东扩张，严重威胁中国边陲的安全。康熙二十八年（1689年），中俄两国通过谈判签订了第一个官方条约《尼布楚条约》，划定了疆界并确定了相关通商事务。此后，双方统治者都意识到了解对方的重要性，开始积极推动两国的文化交往，努力学习对方的语言和研究对方的历史、政治、经济、文化。[②]

康熙五十一年（1712年），使臣内阁侍读图理琛出使俄国，三年后回国。他撰写了《异域录》一书，是中国历史上第一部旅俄游记，记载了俄国山川地理和风土人情，全书约三万五千字，内容丰富，描述生动，后编入《四库全书》，对中国人了解俄罗斯发挥了重要作用。清雍正五年（1727年），中俄签订

---

① 黄定天：《中俄关系通史》，黑龙江人民出版社，2007年版，第2页。

② 以上诸多史料可参见苏联科学院远东研究所等编：《十七世纪俄中关系》，商务印书馆，1978年版。

《恰克图条约》，该条约为双方的文化交流奠定了基础。在此前后，俄政府日益重视培养对华交流的人才，派留学生前往中国学习，并积极支持对中国进行全面研究。[①] 同时，清政府也设立了俄罗斯馆和俄罗斯文馆，接受俄国东正教传教士和留学生来华学习汉、满文，并培养中国的俄语人才。19 世纪中叶，已有中国人自费前往俄国留学。到 1896 年，清政府向俄国送出了第一批“官派”留学生，此后赴俄的官费和自费留学生日益增加。[②] 通过互相学习对方语言，了解对方国情，俄罗斯的“汉学”（或“中国学”）研究和中国的俄罗斯研究开始起步。从 18 世纪中期开始，俄国学者便开始翻译中国文学名著和哲学、历史典籍，如《赵氏孤儿》等。俄罗斯各地建立了一批“汉学”（“中国学”）研究机构，研究范围涵盖哲学、历史、宗教、民族、文学、民间风俗、中医、考古、工艺美术、音乐等方方面面，出现了一批“汉学”专家，推出了一批专著。相对而言，中国的俄罗斯文化研究起步比较晚，到 20 世纪初才开始形成势头，其直接的动因便是俄国的革命高潮和苏联的建立。

1905 年后俄国革命高潮迭起，到 1917 年，“十月革命一声炮响，给我们送来了马克思列宁主义”。[③]“五四”运动爆发后，中国先进知识分子积极引进、宣传并推广俄苏文化和马克思列宁主义思想。李大钊欢呼：“俄国革命之成功，即俄国青年之胜利！亦即俄国社会的诗人灵魂之胜利也！”[④] 瞿秋白宣称：“苏联是世界无产阶级革命运动的中心，是民族解放运动、殖民地

---

① 余子侠、刘振宇、张纯：《中俄“苏”教育交流的演变》，山东教育出版社，2010 年版，第 12—27 页。

② 刘振宇：“清末明初中国人留学俄（苏）活动的历史考察”，《俄罗斯研究》，2013 年第 1 期，第 188—199 页。

③ 毛泽东：《论人民民主专政》，《毛泽东选集》第四卷，人民出版社，1991 年版 1471 页。

④ 《李大钊全集》，河北教育出版社，1999 年版，第 118—119 页。

反帝起义和反帝战争的中心。”[①] 鲁迅将俄罗斯文化称为“伟大肥沃的‘黑土’”，从中孕育出了“变革”、“战斗”和“成功”。[②] 从20世纪20年代到新中国成立，中国左翼知识分子翻译了大量马列主义的文章、书籍。据不完全统计，从1921年中国共产党成立至1927年第一次国内革命结束，中国国内翻译出版了列宁著作三十多部。第二次国内革命时期，中央苏区和国民党统治区又翻译出版了列宁著作四十余部。[③] 抗战时期，延安的马列学院组织翻译出版了《马克思恩格斯丛书》、《列宁选集》和《斯大林选集》。“到莫斯科去”，成为当时中国共产党人和左翼知识分子向往的目标。中国共产党的许多领导人都在这一时期到苏联学习和工作，如刘少奇、周恩来、朱德、邓小平、张闻天、杨尚昆、任弼时等。一些左翼文化工作者也纷纷造访苏联，如戈公振、邹韬奋、戈宝权、郭沫若、茅盾、胡愈之等。同时，苏联方面也派出许多专家来中国帮助中国共产党和指导中国革命，如越飞、马林、鲍罗廷、加拉罕、加伦、米夫、罗明那兹等。中苏两国的文化界名流在推动双方文化交流中发挥了重要作用，如鲁迅、瞿秋白、周作人、曹靖华、耿济之、特列季亚科夫、A. A. 伊凡诺夫、王希礼、卡尔曼等。

1949年新中国成立后，与外交上的“一边倒”政策相适应，和苏联的文化交流一度成为中国对外文化交往的重点。在20世纪50年代，无论是苏联的政治理论和文学作品，还是苏联的音乐、美术、舞蹈、戏剧、电影等，中国均加以引进和吸收，以致中国文化中的苏联元素处处可见，有学者认为当时形成了

---

① 《瞿秋白文集》（政治理论编第6卷），人民出版社，1996年版，第102—103页。

② 《鲁迅全集》第4卷，人民文学出版社，1981年版，第461页。

③ 臧仲伦：《中国翻译史话》，山东教育出版社，1991年版，第73—79页。

“唯俄国文化是从的大势”。[1] 大批中国留学生去苏联学习和大批苏联专家来华帮助中国的社会主义建设，进一步促进了中苏之间的文化交流。虽然这一时期中国的苏联—俄罗斯文化热有着深刻的政治背景，但也因其大范围的推广而具有普及性和群众性，如当时出现在中国出版界的“俄罗斯作品翻译热”、在文学界的“苏维埃英雄情结”、在中国老百姓中的“苏联歌曲热”等等。同时，与以前汉学—中国学研究局限于学者圈内不同，当时苏联也出现了中国文化热，并对一般民众产生了影响。此后，虽然经历了中苏关系恶化和“文革”的冲击，但两国文化交流曾取得的这些丰硕成果始终深深扎根于人民心中，因为“文化就像一个绵延不断的河流，……潜移默化，润物无声”。[2] 正因为有着如此深厚的渊源，苏联解体后中国与俄罗斯及前苏联国家的文化交流能够迅速恢复并进一步发展，成为上海五国—上海合作组织进程文化底蕴的重要组成部分。

---

① 林精华：“俄罗斯问题的中国表述——关于20世纪中国对苏俄认知的研究”，《俄罗斯研究》，2009年第5期，第133页。

② 引自习近平主席会见俄罗斯汉学家、学习汉语的学生和媒体代表时的讲话，新华社莫斯科电，2013年3月23日。

第十章　上海合作组织人文合作的稳步发展

基于深厚的文化底蕴，上海合作组织框架内开展的人文合作取得了显著成果，具有深远的意义。

第一节　上海合作组织人文合作的显著成果

上海合作组织成立后，一直遵循“尊重多样文明、谋求共同发展”的精神，充分尊重上海合作组织各国人民文化的多样性与差异性，提倡各种文明和平共处、平等交流、互相学习、互相借鉴、共同发展，通过推动组织框架内丰富多彩的人文合作，促进不同国家、民族、宗教人民的心灵沟通，取得了丰硕成果。

上海合作组织建立了文化、教育、卫生、科技等部长会晤机制，以规划、设计、组织、实施各类合作项目。上海合作组织成员国签署的《上海合作组织成员国政府间文化合作协定》、《上海合作组织成员国教育合作协定》、《上海合作组织成员国政府间卫生合作协定》、《上海合作组织政府间救灾互助协定》、《关于加强在上海合作组织框架下的国立科研机构科技合作宣言》、《上海合作组织成员国政府间科技合作协定》等文件，为各成员国开展多边人文合作奠定了重要的法律基础，使相关合作不断深入发展，呈现绚丽多彩的繁荣景象。

上海合作组织建立了自己的上海合作组织艺术节，通常在上海合作组织峰会期间演出体现上海合作各国特色的精彩节目，展示欧亚大陆历史悠久又丰富多样的文化与风情。上海合作组织创建了上海合作组织论坛，促进成员国学术机构和专家学者之间的相互协作，就上海合作组织面临的迫切问题开展共同课题研究，为组织的发展提供智力支持，成为上海合作组织的“第二轨道”智库。俄罗斯总统普京高度评价论坛的意义，认为“论坛的作用同样不可小视，该论坛将把专家、学者的代表联合在一起，成为一个独特的非政府专家机制。”[①] 按照上海合作组织成员国教育合作协定的精神，上海合作各国积极推动交换留学生和学者、相互学习对方语言，还办起了上海合作组织大学，使之成为上海合作组织各国教育体系多边协作的创新机构。遵循上海合作组织成员国政府间卫生合作协定，上海合作组织研究开展传染病防治等方面合作事宜，以提高合作应对公共卫生突发事件的能力。按照上海合作组织成员国科技合作协定，上海合作组织各国努力促进组织框架内多边科技合作的发展，首先开展水资源、农业发展、纳米技术、信息和电信系统，能源和能源储备等领域的合作研究和开发。上海合作组织救灾合作稳步发展，制订了一系列行动方案，就各国救灾联络机制、信息交流机制、边境区域救灾合作、人员培训和技术交流等具体事项达成共识。中国四川汶川特大地震发生后，上海合作组织各成员国通过组织内的救灾合作机制积极向中国提供救助。上海合作组织还积极推动旅游合作，努力开发“丝绸之路”沿线的丰富旅游资源，通过对各民族、宗教的历史、文化遗产及风俗习惯的相互了解来促进各国人民之间的友谊和信任。

---

① 普京总统谈上海合作组织论坛，见网站：www. chinamil. com. cn/sitel/zt-pd/2006 - 06/14/content_ 499700. htm

在当今国际舞台上，人文合作迅速发展，呈现绚丽多彩的态势，而上海合作组织的人文合作在其中独树一帜，具有不少令人瞩目的创新特色。

例如，上海合作组织在国际上最早提出了在网络时代维护信息安全与文化安全的问题，高度重视打击网络犯罪活动，特别要阻止利用网络宣扬极端主义思潮、煽动“颜色革命”、传授恐怖暴力手段。同时，上海合作各国均注意在民众中采取预防性措施和进行相应解释工作以抵制错误引导社会舆论的企图，在大众传媒领域建立应对新威胁的有效机制，并推动国际社会在保障信息安全方面达成共同行为准则。在 2013 年 9 月 13 日于比什凯克举行的上海合作组织峰会上，成员国领导人再次重申：“成员国致力于以尊重国家主权、不干涉别国内政原则为基础，构建和平、安全、公正和开放的信息空间，反对将信息通信技术用于危害成员国政治、经济和公共安全的目的，阻止利用国际互联网宣传恐怖主义、分裂主义和极端主义思想，主张制定统一的信息空间国家行为准则。”①

又如，上海合作组织特别重视青少年之间的文化交流，将其视为具有战略意义的举措，专门为他们组织丰富多彩，形式多样的人文交流活动。自 2005 年以来，在胡锦涛主席的直接指导下，中国拨出专项资金，在上海合作组织框架内为其他成员国培训了数千名不同领域的管理和专业人才，其中大多数是青年。习近平主席说，为促进上海合作组织框架内青年交流，中国将在未来 10 年向上海合作组织成员国提供 3 万个政府奖学金名额，并邀请 1 万名孔子学院师生赴华研修。② 前已提到，2004

① 《上海合作组织成员国元首比什凯克宣言》，比什凯克，2013 年 9 月 13 日。（供稿）（供稿）

② 习近平：“弘扬人民友谊　共创美好未来——在纳扎尔巴耶夫大学的演讲”，2013 年 9 月 7 日，阿斯塔纳。

年俄罗斯别斯兰中学遭受恐怖袭击后，中国领导人邀请受到伤害的俄罗斯学生来华疗养。2008 年中国四川大地震后，俄罗斯领导人也邀请在地震中失去亲人的中国青少年去俄疗养。上海合作组织还举办了成员国儿童绘画展——“孩子画笔下的童话”、“和平玫瑰”青年专业艺术节、青年学生交流营等活动，增进了上海合作各国青少年的友谊，为上海合作组织的可持续发展注入了强劲动力。

第二节　上海合作组织人文合作的深远意义

上海合作组织人文合作的深远意义主要体现在以下三个方面。

首先，上海合作组织人文合作增进了不同文明、国家、民族、宗教之间的沟通和互信，有利于构建和谐地区。

如前所述，中亚自古以来就是各大文明的交汇地。到了近现代，伴随着民族国家的形成，特别是俄罗斯帝国和苏联的兴衰，中亚地区文明、国家、民族、宗教之间的关系更趋复杂，历史遗留下来的民族矛盾、宗教隔阂、边界问题时时导致纷争，分裂主义、极端主义和恐怖主义势力则乘机制造仇恨，挑起动乱。阿富汗塔里班当局悍然下令摧毁阿富汗古代佛教文化的象征—巴米扬大佛，就是一个十分恶劣的事例。上海合作组织的领导人对此有充分的认识，组织成立后不久就指出：“要尊重和促进人类文明的多样性。各种文明应该求同存异、取长补短、共同发展。”① 十年多来，上海合作组织在弘扬“丝绸之路”精神，促进不同文明、各国、各民族、各种宗教之间相互理解，加强中国—中亚—俄罗斯人民之间的感情纽带方面取得了巨大

① 外交部欧亚司编：《上海合作组织文件选编》，世界知识出版社，2006 年版，第 130 页。

成就。如前所述，正是在这样的沟通和互信的基础上，经中国、俄罗斯、哈萨克斯坦、吉尔吉斯斯坦、塔吉克斯坦五国的共同努力，原中苏边界西段长达3000多公里的历史遗留问题已全部得到顺利解决。几个世纪以来导致动乱不宁、乃至爆发战争的边界争端，居然在短短几年里获得了解决，这在国际关系史上也是罕见的。胡锦涛主席说：上海合作组织正努力把中亚“建设成为持久和平、共同繁荣的和谐地区。”① 显然，没有上海合作组织的人文合作，这样的和谐地区是无法构建的。

其次，上海合作组织人文合作为上海合作安全合作和经济合作奠定了坚实的基础，增强了上海合作可持续发展的动力。

胡锦涛主席指出：“上海合作组织成员国各自拥有独特的人文资源，合作潜力巨大。要努力扩大文化、教育、科技、旅游、新闻等领域的合作，增进成员国人民的相互了解和友谊，巩固上海合作组织发展的社会基础。”② 习近平主席也指出：“必须加强人民友好往来，增进相互了解和传统友谊，为开展区域合作奠定坚实民意基础和社会基础。”③ 这里提出了一个重要问题：只有推动人文合作，才能为上海合作组织的经济、安全等方面合作，也即上海合作组织的全面的、可持续的发展奠定“社会基础”。确实，要确保安全与经济合作长期稳步发展，并解决这些合作逐步深化所导致的利益差异和局部矛盾，广大民众的理解和支持是必不可少的，而人文合作的加深，能够促进不同国家、民族、宗教人民的心灵沟通，使他们的相互理解与合作努力持久，并且心平气和地解决各类纷争。从这个意义上看，上

① 胡锦涛：“共创上海合作组织更加美好的明天——在上海合作组织成员国元首理事会第六次会议上的讲话”，2006年6月15日，上海。

② 上海社会科学院上海合作组织研究中心编：《上海合作组织资料汇编第二辑（2003.9—2005.8）》，2005年，第12页。

③ 习近平：“弘扬人民友谊　共创美好未来——在纳扎尔巴耶夫大学的演讲”，2013年9月7日，阿斯塔纳。

海合作人文合作的发展实则上加强了上海合作组织的“软实力”和“文化魅力”，从而提升了上海合作组织各领域合作的层次，使其更为深入人心。从长远来看，上海合作组织的人文合作会对上海合作各国人民的思想、观念和情感产生深刻的影响，特别会加强上海合作各国青少年之间的文化共通性，使上海合作组织的稳步发展具有强劲的可持续动力。近期对上海合作成员国官、产、学各界的调查显示，超过60%的被调查人对上海合作组织持正面看法和支持态度，这说明上海合作组织是具有民意基础的。进一步推动文化合作，促进民心相通，将为上海合作组织的深入发展奠定更加坚实的文化基础、民意基础和社会基础。

再次，从更深的层次看，上海合作组织人文合作不但对中亚地区的发展具有深远的意义，而且对全球的和平与发展也具有重要的示范意义。

当前国际形势的主流虽然是和平与发展，但历史遗留的宗教、民族、领土等争端与现实权益之争互相交错，导致各类冲突频频发生。国际恐怖主义的恶性膨胀，对各国人民的安全和发展形成严重威胁。一些人鼓吹“文明冲突”论，坚持冷战思维，热衷于强化和扩大军事联盟，动辄对别国动用武力，结果严重恶化了国际气氛，使宗教、民族、领土等方面矛盾进一步激化。在伊拉克，在阿富汗，近来又在利比亚和叙利亚，这种现象屡屡出现。在这样的形势下，上海合作组织却反其道而行之，倡导不同于冷战思维的“上海精神”——“互信、互利、平等、协商、尊重多样文明、谋求共同发展”，适应了和平与发展的需要。上海合作组织积极倡导各种文明和谐共处、交融互补的新“丝绸之路”精神，使中亚地区得以抑制中东出现的那类动乱、冲突四处蔓延的恶性循环，在冷战后很不太平的国际舞台上树立了成功的典范。在上海合作组织进程中展现的以大小国共同倡导、安全先行、互利协作、文化互补为特征的新型区域合作模式，不但坚持在经济上互利协作，而且强调文化上要交流互补，为世界各国加强区域和跨区域合作、促进文化交流和文明对话提供了成功实践和新鲜经验。

第十一章　上海合作组织人文合作面临的挑战和问题

上海合作组织的人文合作在取得显著成就的同时也面临着严峻挑战，其进一步发展还面临着一系列需要解决的问题。

第一节　上海合作组织人文合作面临的严峻挑战

在进入第二个十年之后，上海合作组织的人文合作主要面临着以下三方面的严峻挑战。

其一，宗教、民族极端主义的冲击和泛滥。

本·拉丹被击毙后，阿富汗和巴基斯坦的恐怖暴力攻击急剧升级，同时中东剧变所产生的扩散效应持续发酵。与中东动荡地区一样，中亚也不同程度地存在专权、腐败、贫困、通胀、失业等现象。在费尔干纳等地，金融危机导致大批出外务工者失去工作，失业率高达80%。在这样的形势下，宗教、民族极端主义在中亚的影响急剧回升，国际恐怖团伙出现了向中亚回流的趋势。有证据显示，在吉尔吉斯斯坦发生动乱时，基地等恐怖组织都在其中煽风点火。[①] 中亚国家与阿富汗的边境地区防

① 参见英国《每日电讯报》2010年6月20日报道，吉尔吉斯斯坦当局对此已掌握充分证据。

务松懈，也使恐怖、极端势力有可乘之机。经过前苏联70多年的世俗教育，宗教、民族极端主义本来在中亚并无多大市场。然而，目前情况正在发生变化：在中亚许多地方，近来青年留长胡子，妇女戴面纱，将俄文名字改为伊斯兰名字等形成潮流，其背后却有原教旨主义组织在鼓动和推介。宗教、民族极端组织和恐怖团伙还通过互联网大范围传播他们的“圣战”主张，直接冲击上海合作组织大力弘扬的“丝绸之路”精神，并对上海合作组织框架内教育、卫生、文艺、科技、体育、学术等领域的人文交流与合作形成重大挑战。

其二，西方意识形态和“颜色革命”思潮的渗透。

长期以来，特别是在苏联解体后，以美国为首的西方国家大举进入中亚地区，极力推销自己的价值观与意识形态，宣传西方制度和模式的“优越性”。“9·11”事件后，随着美国、北约、欧盟等在中亚的政治军事存在不断加强，西方通过官方或非政府组织对中亚的文化渗透也进一步加强。“美国和平队”、乔治·索罗斯基金会及其开放社会研究所、欧亚基金会、美国政府支持的国家民主协会和国际共和研究所、美国政府资助的美国国际交流研究理事会（IREX）等纷纷进入中亚，积极教授英语和西方文化，向年轻人提供去欧美留学的高额奖学金，资助“人权”和“民主化”研究，特别是通过脸谱、推特等互联网络明里暗里地支持“颜色革命”和“政权更迭”。如“美国和平队”在20世纪90年代就开始在中亚各国活动。2004年，该组织派出67名志愿者来到吉尔吉斯斯坦，在2005年该国发生“颜色革命”时，这些志愿者十分活跃。目前，西方的文化渗透使崇美、亲西方思潮在中亚国家的中产阶级、知识分子、特别是年轻人中间颇有市场，对中—俄—中亚之间的以“丝绸之路”为桥梁的文化纽带和上海合作组织成员国之间的人文合作形成巨大冲击。

其三，文化上的偏见和政治体制的差异。

文化上的偏见仍然对上海合作组织的人文合作产生负面影响。如：中亚有些人盲目宣传“中国威胁论”，指责中国为“新殖民主义”，担心中国会通过“人海战术”控制中亚地区；俄罗斯有些人对中国在俄远东和中亚影响力的提升心存疑虑，还不时搬出早已过时的“黄祸论”，对上海合作组织各项合作的态度时冷时热；中国有人对俄罗斯颇有微词，认为在俄罗斯前苏联范围内积极推进一体化，还要建“欧亚联盟”，从长远看对中国是“威胁”；在中国与俄罗斯，也有人用有色眼睛看中亚，宣传“伊斯兰威胁论”。同时，由于苏联解体后俄罗斯、中国与中亚国家走上了不同的发展道路，三者的政治体制存在着明显的差异，也导致文化体制的差异，因此会在人文交流方面造成一些误解和猜疑。

所有这些，都对上海合作组织框架内的人文合作形成挑战。

第二节　上海合作组织人文合作进一步发展需要解决的问题

就实际进展而言，上海合作组织人文化合作的步伐与成果显著的政治、安全合作仍有差距。原因何在？有几个问题是需要认真研究和尽快解决的。

首先，要细致化解深层次的文明、价值观、政治等方面差异导致的猜疑和误解。

上海合作组织成员国所代表的汉儒、伊斯兰、斯拉夫等文明毕竟具有极大的差异，苏联解体后俄罗斯、中亚国家和中国之间又产生了政治体制差异，这些差异与历史遗留问题和现实权益之争互相纠缠，再受到国际冲突的影响，导致了不少猜疑和误解。如前面提到的“中国威胁论”、“俄罗斯威胁论”、“伊斯兰威胁论”等。要进一步推进、深化上海合作组织的人文合作，不认真化解这些深层次的文明、价值观、政治差异是不行的。然而，所有这些差异和误解，都不是一朝一夕可以消除的，必须做长期的、艰苦的、细致的工作，特别是文化、教育、学术和媒体可以发挥重要作用，而上海合作组织这一多边合作机制，则应在统筹和协调方面发挥主导作用。例如，要纠正中国人中间存在的对俄罗斯的片面看法，至少要说清楚如下一些道理：其一，不能将历史上沙俄对中国的侵略和苏联对中国搞的霸权主义归咎于俄罗斯人民，解决了边界问题后，中俄之间已经建立起崭新的平等的战略伙伴关系，两国人民应该和谐相处，时代友好；其二，苏联解体后俄罗斯一度出现的动乱、腐败、黑社会等现象，是剧烈转型过程出现的一些暂时的问题，在普京总统领导下，俄罗斯正在认真解决这些问题，逐步走上正规；其三，俄罗斯有关部门在修建管道、油气价格、对待在俄华人和华商等问题上的政策并非只是针对中国人，而且主要是一个贸易、经济问题，不要将其政治化，而应由两国相关部门通过平等协商解决。又如，要改变中国和俄罗斯存在的对伊斯兰教的误解和偏见，就必须说明：把恐怖主义与伊斯兰这一特定宗教直接联系在一起是错误的，要警惕“9·11”事件后美国和西方将伊斯兰魔鬼化的倾向；同时，要用通俗易懂的语言教育广大人民群众，使他们了解什么是真正的伊斯兰教义。

其次，要努力使双边文化合作发展为多边文化合作。

实际上，上海合作组织各成员国之间的双边文化合作还是比较成功的。如近年来中俄之间的文化合作就发展迅速。仅以上海合作组织成立后不久的 2003 年为例，中俄教文卫体合作委员会召开了第四次会议，就教文卫体领域内的一系列重大合作项目及其具体实施措施深入交换意见并达成了广泛共识。这年 8 月 20 日，“中国的世界遗产”大型图片展在圣彼得堡开幕，正式拉开了以文化交流为主的圣彼得堡“中国周”活动的帷幕。胡锦涛主席和普京总统都给“中国周”发来了贺信。两国元首一致认为,“中国周”是两国间的文化友好交流的具体体现,它用文化架起了中俄友好的桥梁。[①] 此后几年,中俄还在对方互相举办国家年、文化年、语言年、旅游年等,如在俄举办“中国年”、“中国文化年”、“中国旅游年”等,在华举办“俄罗斯年”,“俄语年”等。中国与中亚国家的双边文化合作也在发展,如中哈两国就在对方互办过文化节。现在的问题是,上海合作多边合作在整个上海合作人文合作中所占的比例还非常小。如何将这些丰富多彩的双边人文合作进一步拓展为上海合作组织框架里的多边文化合作,是上海合作人文合作进一步深化必须要解决的关键问题。从上海合作组织艺术节、上海合作组织论坛等多边人文合作的成功范例看,组织协调工作是非常重要的。上海合作组织秘书处、上海合作组织文化部长会晤、上海合作组织教育部长会议等机制完全应该发挥这样的组织协调作用,但目前它们发挥作用还是不够的,必须大大加强。

第三,要确定人文合作的重点项目和优先方向。

上海合作组织人文合作是一个综合工程,其中内容千头万绪。因此,要推进人文合作,不能战线太长,面面俱到,必须确定重点项目和优先方向。对此虽然仍有一些不同意见,但大多数人认为,近期人文合作优先方向应该是抓紧落实上海合作组织文化部长会议的相关精神,特别要落实已谈论很久的一些具体的文化交流项目。同时,应尽快落实上海合作组织教育部长签署的《上海合作组织成员国政府间教育合作协定》的相关精神。从长远看,上海合作组织人文合作的重点始终是弘扬丝绸之路精神,积极促进不同文明之间的沟通和各国、各民族人民之间的相互理解,以加强上海合作组织框架内中国—中亚—

① 新华网莫斯科2003年8月22日电。

俄罗斯之间的感情纽带。但是，在不同时期，也可根据情况确定一些一定时段内的重点。例如，通过网络进行文化交流与合作是一个新问题，上海合作组织就可以将网络人文合作确定为一个新的人文合作增长点。据报道，中俄两国企业正在商讨为上海合作组织建立一个通讯卫星系统①，这将大大促进上海合作组织的网络人文合作。在人文合作方面，专业筹划是非常重要的，目前无论是在成员国内，还是在国际上均不缺少进行这项工作的优秀人才。根据上海合作组织文化部长会议的决定，已经建立了人文合作专家工作组，就可以发挥这一作用。通过专家们的精心策划，确定一些有影响的重点项目，并且真正落到实处，上海合作组织框架里的多边文化合作一定会不断取得成就。

第四，要改变人文合作看重美、欧、日，轻视中、俄、中亚的旧观念。

在上海合作国家内，普遍存在人文合作看重美、欧、日，轻视中、俄、中亚的旧观念。以中国为例，这种观念就十分明显。从整体看，经过前苏联70多年的世俗教育，俄罗斯和中亚国家的文化、艺术、科技、教育水平还是比较高的，在不少方面高于包括新疆在内的中国西北地区，在某些领域甚至处于世界领先地位。但是，改革开放以来，中国西北地区对外文化、艺术、科技、教育交流的重点基本上是欧美和日本，与最为靠近的俄罗斯、中亚在这方面的交流则十分薄弱，在一定程度上还比不上与阿拉伯国家、土耳其、伊朗、韩国、新加坡等及港台地区的交流。造成这种状况自然有当年中苏关系不正常状态和苏联解体后中亚不稳定状态这些客观原因，但也有其主观原因，即认为俄罗斯文化比较“传统”和“保守”，中亚文化则比较“落后”，而且它们又比较“穷”，因此对与俄、中亚进行

---

① 《东方早报》，2011年8月11日，上海。

文化交流缺乏积极性。在俄罗斯和中亚国家，也存在此类对中国的错误观念。不过，目睹中国、俄罗斯、中亚国家近年来的迅速发展和上海合作组织人文合作的进展，这种情况正在发生变化。如中亚国家年轻人以前都渴望去美欧留学，但现在越来越多的人来到中国求学。中国教育部在哈萨克斯坦、吉尔吉斯斯坦等国多次举办留学中国教育展，吸引了大批中亚学子，许多人都表达了希望到中国留学的强烈愿望。[①] 特别是这几年来，一座接一座孔子学院在中亚建立起来，“汉语桥”中文比赛吸引着越来越多的中亚学子，来中国留学的中亚学生大幅度增加。仅哈萨克斯坦一国，在华留学生已超过8000人，许多赴华留学归国人才在哈政府和企业中成为业务骨干和行业精英。[②] 例如，哈萨克斯坦前总理马西莫夫（现任总统办公厅主任）就毕业于武汉大学。当然，要彻底改变前面提到的那些旧观念，恐怕还要做大量增信释疑的工作。

① 《文汇报》，2004年11月4日，上海。
② 《文汇报》，2013年5月18日，上海。

第十二章　上海合作组织近期深化人文合作的具体思路

综上所述，“尊重多样文明、谋求共同发展”，是上海合作组织进程的基础和动力。今后，上海合作组织应坚持不懈地扩大人文交流，加强人文合作，推动各国人民和谐相处，世代友好。具体而言，上海合作组织应该继续拓宽各国之间在人文方面的民间和社会交流渠道，努力构建组织框架内的教育、文艺、医疗卫生、科技创新、学术研究、防灾救灾等各领域的跨国服务网络，进一步开展旅游和体育合作，促进不同文明的对话和各国、各民族人民的相互了解，为上海合作组织未来发展奠定更加坚实的文化基础和社会基础。

在前几章阐述上海合作组织人文合作的成果，面临的挑战，需要解决的问题过程中，已经提到了诸多深化上海合作组织人文合作的思路、想法和建议。在本篇最后这一章中，将它们提纲挈领地归纳为十二个方面的具体思路。

1. 遵循“上海精神”，充分尊重上海合作组织各国人民文化的多样性与差异性，提倡各种文明和平共处、平等交流、互相学习、互相借鉴、共同发展，通过推动组织框架内丰富多彩的人文合作，促进不同国家、民族、宗教人民的心灵沟通和不同文化间的对话。

2. 继续加强本组织文化、教育、卫生、科技部长或部门领导人会晤机制，必要时还可举行组织框架内旅游、体育、艺术、图书馆、博物馆、电影、电视、广播、出版、文化遗产保护等其他相关部门或领域的领导人会议，以规划、设计、组织、实施各类合作项目，推动本组织框架下的人文合作不断深入发展。

3. 根据《上海合作组织成立宣言》所确定的共同打击恐怖主义、分裂主义和极端主义的宗旨和任务，应共同努力，反对和制止一切打着文化和宗教的旗号从事宣扬国际恐怖主义、民族分裂主义和宗教极端主义的行为，并确定这方面的具体任务及切实可行的实施途径。上海合作各国可根据本国实际制定相应的措施。如中国可相应地制定在新疆遏制恐怖主义、分裂主义和极端主义宣传的具体细则和实施办法。

4. 继续办好上海合作组织艺术节，并根据条件举办组织框架内的电影节、音乐节、美术展、摄影展等。支持上海合作组织各国在组织框架内的其他国家举办体现其文化特色的文化日、文化周、文化月、文化年等双边或多边的综合性文化活动。鼓励本组织各国的艺术团体、艺术家互相访问，参加在组织框架内的其它国家举办的文化艺术领域的演出和比赛，加强文化艺术信息及创作经验的交流。支持上海合作组织各国的地方之间、民间机构之间和各类组织之间的文化交流。要重视青少年之间的文化交流，专门为他们组织丰富多彩，形式多样的人文交流活动。上海合作各国可根据本国实际制定相应的措施。如中国应将更多的文化精品介绍给中亚国家，并邀请更多的中亚国家青少年来华进行文化交流活动。

5. 支持上海合作组织各国博物馆、图书馆、档案馆间的交流与合作，共享各类馆藏资源，特别要加强在文物和遗产保护领域的合作。合作举办各种有关重要历史事件和人物的展览和纪念活动，建立具有重要意义的历史纪念碑。在上海合作组织网站创建人文合作网页，发布文化领域重大活动信息。举办上海合作组织文化产业研讨会，促进各国文化工作者就文化产业化进行交流。继续办好上海合作组织论坛，促进成员国学术机构之间的相互协作，就上海合作组织面临的迫切问题开展共同课题研究，宣传组织的宗旨、原则和任务，加强上海合作组织与学术及社会各界的互动，为组织的发展提供智力支持。上海合作各国可根据本国实际制定相应的措施。如中国应努力开发中国与上海合作组织国家友好关系的丰厚历史资源，弘扬“丝绸之路”精神。上海合作组织论坛应成为中国与上海合作各国学者进行非官方、开放式交流的重要平台，为中国制定相关政策奠定坚实的理论和学术基础。

6. 按照《上海合作组织成员国教育合作协定》的精神，推动上海合作组织各国教育领域的交流与合作，特别要促进联合培养人才、交换留学生和学者、相互学习对方语言等方面的交流与合作。努力办好上海合作组织大学，使之成为上海合作组织各国教育体系多边协作的创新机构，为上海合作组织实施重大项目培养合格专家。积极支持教育领域合作常设专家工作组的工作，继续就成员国政府间学历证书及学制互认问题进行研究。上海合作各国可根据本国实际制定相应的措施。如中国应通过教育交流这一渠道，吸引更多的中亚、俄罗斯留学生来华学习，特别要为中亚国家培养更多友华、知华的中青年专业人才。同时，要努力提高中亚地区孔子学院的办学质量，并在那里创办更多的孔子学院。

7. 遵循《上海合作组织成员国政府间卫生合作协定》和《上海合作组织地区防治传染病联合声明》的精神，加强上海合作组织卫生部长会议机制，积极推动上海合作组织各国在卫生领域的合作，探讨建立组织框架内的卫生合作体系，研究开展传染病防治等方面合作事宜，共同努力完善地区卫生基础设施，以提高合作应对公共卫生突发事件的能力。上海合作组织各国可根据本国实际制定相应的措施。如中国可考虑在上海合作框架内向中亚落后地区派出医疗队，并为中亚国家培养医疗卫生人才、特别是中医方面的人才。

8. 遵循《上海合作组织成员国政府间科技合作协定》，继续加强已启动的上海合作组织各国科技部门领导人定期会议机制，支持成员国科技常设工作组的组建和启动工作，并建立各国重要科研机构定期研讨会机制，以促进上海合作组织框架内多边科技合作的发展。上海合作组织框架内的科技合作可采取联合研究，组织和举办各种联合研讨会和展览，联合培训专家，合作建立创新机构、实验室和科研中心等形式。在上海合作组织多边科技合作的初级阶段，应首先开展保护和合理利用水资源、生活领域、农业发展、纳米技术、信息和电信系统，能源和能源储备等方面的合作研究和开发。上海合作各国可根据本国实际制定相应的措施。如中国应力争通过科技交流跻身地区产业链条高端，并推广中国的技术标准，同时努力引进俄罗斯、中亚国家的先进技术、设备和人才。

9. 旅游是文化产业的重要内容之一，推动上海合作组织旅游领域的合作是进一步加强人文合作的重要因素。上海合作组织旅游合作应努力开发“丝绸之路”沿线的丰富旅游资源，通过对历史、文化遗产及风俗习惯的相互了解来促进各国人民的相互尊重和信任。要积极培养上海合作组织各国、特别是中亚国家的旅游人才，努力改善上海合作组织各国、特别是中亚国家的旅游硬件设施，探索制订上海合作组织区域内的团体旅游免签证政策，并就旅游领域投资、开发等问题交流经验，讨论和实施发展旅游事业的新建议和新思想。在条件成熟时，应建立本组织各国旅游部长会晤机制。上海合作各国可根据本国实际制定相应的措施。如中国可通过上海合作组织旅游合作进一步拓展新疆、乃至全国旅游事业的运作空间，大大加强其可持续发展的基础和动力。

10. 上海合作组织各国应该加强在防灾、减灾、救灾方面的合作，特别要在防止自然灾害和技术灾害及消除其后果方面相互提供援助和帮助。要努力发展环境保护领域的合作，以确保生态安全和合理利用自然资源，为减少包括与水有关的自然灾害做出积极贡献。要重视气象领域的合作，提高预测气候变化的质量，以改善农业管理和自然资源的利用。各国救灾部门还应加强合作，研究建立上海合作组织救灾中心的具体事宜，力争在2015年使该中心正式启动。上海合作各国可根据本国实际制定相应的措施。如中国应充分利用上海合作组织救灾合作发展的有利条件，努力改进和完善新疆和西北地区的防灾、救灾体系。

11. 努力发展上海合作组织框架内的体育合作，尽快建立上海合作组织的多边体育合作机制，促进各国之间的体育交流活动，合作主办各层次的多边邀请赛和锦标塞，特别要重视青少年之间的体育交流。可考虑将已举办了多届的伊塞克湖运动会列入上海合作组织体育合作计划，并在此基础上筹办首届“上海合作组织运动会”。在条件成熟时，举行上海合作组织国家体育部长或体育部门领导人会议。

12. 为解决上海合作组织人文合作面临的资金短缺问题，应研究建立上海合作组织人文合作专项基金，以支持组织框架内的各类人文合作项目，特别是文化遗产保护、“丝绸之路”开发和青少年人文合作方面的项目。为监督基金的运作和收益情况，可成立基金理事会和基金管理委员会。上海合作各国可根据本国实际制定相应的措施。如中国经济实力较强，可以积极状态投入适量资金，并逐步增加，以增强中国在上海合作组织人文合作方面的发言权和影响力。

扩容与对外交往篇

上海合作组织的发展既是一个不断拓展合作领域、完善合作机制和丰富合作功能的过程，也是一个稳步扩大组织和增强自身、持续拓展对外影响和对外联系的进程。作为一个开放的区域合作组织，上海合作组织全方位地发展与各国、各国际组织之间富有成果的友好合作关系，特别是推进与联合国、东盟、独联体、集体安全条约组织、欧亚经济共同体等组织的合作伙伴关系。近期，如何与美国、欧盟、日本这些具有重要合作潜力的西方国家、国家联盟建立一种对话机制，以避免误解，增进互信，也是上海合作组织对外交往中的重要问题。

第十三章　上海合作组织的扩容问题

上海合作组织作为一个具有开放性特征的区域性国际组织，扩容问题自成立之日起就是影响和显示其生命力的一个重要议程。随着上海合作组织的发展与壮大，越来越多的区域性问题被纳入到合作议程之中，从而强化了许多国家，特别是周边国家寻求参与上海合作组织进程以加强合作、共享收益的需求，同时也推动上海合作组织努力构建和完善扩容机制，为吸收观察员、对话伙伴和新成员创造制度基础和政治氛围。

第一节　上海合作组织的吸引力和影响力

国际关系理论中的新功能主义派学者认为，由解决特定功能领域的共同问题所激发的合作需求，会随着合作收益的增加而不断推动参与进程的行为体将合作扩展到其他的相关领域和部门，即产生了“外溢”效应。在发生功能外溢的同时，合作性安排所产生的收益也会吸引其他国家寻求参与这一进程以满足自身的利益诉求，由此带来的合作成员的增加可以被视为一种地理范围上的“外溢”。[1] 基于这样的理论，著名学者约瑟夫·奈将地理性外溢视为“外部行为体参与”（involvement of external actors in the process）进程的结果，认为已参与进程的成员之外的行为体在进程发展过程中发挥着催化剂的作用。[2]

“上海五国”升格为上海合作组织就体现了“外部行为体参与”在区域合作中的重要影响。“上海五国”最初是中国与俄罗斯、哈萨克斯坦、吉尔吉斯斯坦和塔吉克斯坦五国两方之间为解决历史遗留的边境争端而启动的谈判协商进程。在达成解决边界问题的两个原则性协定后，边界问题进入双边谈判轨道，“上海五国”开始将打击“三股势力”作为合作重点。这一转向立即引起了在地区安全问题上存在同样关切的乌兹别克斯坦的高度关注。一方面，乌兹别克斯坦与哈萨克斯坦、吉尔吉斯斯坦、塔吉克斯坦均有共同边界，同样存在着复杂的领土争端；另一方面，以“乌伊运”为代表的伊斯兰极端势力在该国境内频频实施爆炸、绑架、凶杀的恐怖行为，并将乌、吉、塔三国交界的费尔干纳盆地作为其策动暴力活动的基地。为此，2000年乌兹别克斯坦总统卡里莫夫首次以观察员身份参加了在杜尚别举行的“上海五国”元首会晤，并正式提出了加入该进程的要求。2001年6月14日，“上海五国”与乌兹别克斯坦领导人在上海签署联合声明，宣布接收乌兹别克斯坦加入该进程，并与五国一起共同作为上海合作组织创始国。次日，上海合作组织正式成立。由此可见，“上海五国”升格为上海合作组织是区域合作进程在功能拓展和规模扩大两个发展向度上实现同步推进的结果，但这两个向度之间存在的张力并未就此消失，反而

① 哈斯（Ernst Haas）：《欧洲联合的政治、社会和经济力量 1950—1957》（The Uniting of Europe：Political，Social，and Economic Forces 1950—1957），斯坦福大学出版社，1968 年版。

② 詹姆斯·多尔蒂、小罗伯特·普法尔茨格拉夫：《争论中的国际关系理论》，世界知识出版社，2003 年版，第 555—556 页。

随着上海合作组织的发展而日益凸显出来，蒙古、巴基斯坦、印度和伊朗先后申请成为上海合作组织观察员国就体现了这一点。

上海合作组织成立前夕，地处俄罗斯和中国两国之间的蒙古就有意参与这一区域合作进程。作为生存在两大国夹缝之间的内陆型国家，蒙古把维持与俄、中两国的友好关系视为对外政策的首要任务。与此同时，蒙古也寻求通过开放的对外政策尽可能地广交朋友并以此来平衡俄、中的影响。这不仅需要同其他国家发展关系和参与区域或国际组织，也意味着让其他国家和国际组织尤其是主要的经济大国和集团在蒙古有现实的利益。① 在这一思想指导下，蒙古将参与上海合作组织视为实施其“全方位”、“多支点”外交战略的一个重要举措。一方面，上海合作组织为蒙古巩固和推进与中、俄的双边睦邻友好关系提供了多边渠道，因为上海合作组织是在成功解决前中苏边界争端的基础上建立的，为巩固中俄战略伙伴关系提供了制度保障，使得蒙古不介入中俄争端的政策获得了有力的支撑，并能够在多边平台上协调其与中、俄之间的“对等交往”。另一方面，上海合作组织也有助于蒙古加强对外经济联系，特别是吸收中、俄等国的资金和技术来推进其经济转轨和增长，并与相同发展水平的中亚国家发展平等互利的经贸关系，在面向亚太的同时获得一条经中亚到欧洲的重要通道。正是在这样的背景下，2000 年俄罗斯总统普京访问蒙古时发表的《乌兰巴托宣言》肯定了“上海五国”进程，释放了欢迎蒙古参与该进程的积极信号。2001 年上海合作组织成立后，蒙古就开始在官方层面着手研究和评估加入这一组织的可行性。

---

① 蒙古驻欧安组织代表扎尔嘎勒赛哈努·恩赫赛汗大使（Ambassador J. Enkhsaikhan）演讲：“蒙古在区域安全中的作用”（Mongolia's Role in Regional Security），乌兰巴托，2009 年 4 月 21 日。

上海合作组织的影响力也外溢到了邻近中亚的南亚地区。印度与巴基斯坦同时向新成立的上海合作组织表示亲近，因为“印度和巴基斯坦都认识到了中亚在其对外政策中发挥着关键性作用”。[①] 在印巴对抗中处于弱势的巴基斯坦一直寻求借助外力来制衡印度。中亚国家一独立，巴基斯坦就希冀与之建立亲密关系以建立“从土耳其一直延伸到巴基斯坦并以中亚为带扣的穆斯林安全带，能够为其应对阿富汗和克什米尔问题提供战略纵深和不可或缺的盟友”。[②] 然而，巴基斯坦进入中亚的诸多努力却因其支持阿富汗塔利班政权而收效甚微。苏联撤离阿富汗后，许多接受过巴基斯坦三军情报局训练的“圣战者”将矛头转向了新独立的中亚国家，企图通过暴力手段推翻世俗政府并建立伊斯兰教权国家。深受其害的中亚国家由此认为巴向其境内的宗教极端势力提供了或明或暗的支持，乌兹别克斯坦曾公开指责巴三军情报局培训“乌伊运”人员。“9·11”事件后，巴基斯坦政府断绝了与塔利班政权的关系，转而支持美国的反恐战争，但印巴对峙并未有所缓和，而塔利班和基地组织又蛰伏在巴阿边境伺机而动，使巴重新陷入了在西北—东南两线同时应敌的困境，因而更加需要在中亚打开局面。同时，印度非常担心缺乏治理经验的中亚国家会倒向具有地缘优势且同属伊斯兰世界的巴基斯坦，使印度“沦为穆斯林海洋中的一座孤岛”。[③] 印度还担心中亚和阿富汗日益猖獗的宗教极端主义势力会蔓延到印控克什米尔地区。为此，印度一面向反塔利班的阿

---

① 特纳（Jefferson Turner）：“印度和巴基斯坦加入上海合作组织的利益驱动是什么？”（What is Driving India's and Pakistan's Interest in Joining the Shanghai Cooperation Organization?），《战略洞见》（*Strategic Insight*），2005 年第 4 卷第 8 期。

② 同上。

③ 辛格（Ania Inder Singh）：“印度与俄罗斯/中亚的关系”（India's Relations with Russia and Central Asia），《国际事务》（*International Affairs*），1995 年 1 月，第 78 页。

富汗北方联盟提供资金和外交支持，一面寻求中亚国家的帮助以形成“一个既能应对恐怖主义又可以有效控制该地区极端主义复杂性的政策”。[①] 印度把与阿富汗接壤且靠近克什米尔的塔吉克斯坦视为战略据点，在塔境内建立了军事医院和空军基地。除了安全考虑，在中亚的军事存在也有助于印度“获得来自中亚的能源供应”。[②] 显然，上海合作组织对于印巴双方来说都是一个既可实现自身利益又能制约对方的平台。对巴基斯坦而言，加入上海合作组织有助于与中亚国家增信释疑，还可以增强与中国的传统友谊，并推进与俄罗斯的关系。在印度看来，参与上海合作组织进程不仅可以巩固与俄罗斯的关系，也有助于同中国建立稳定关系，并形成中、俄、印战略三角来推动国际格局多极化。正是在这样的形势下，2001 年 8 月，印度向来访的哈萨克斯坦总统纳扎尔巴耶夫表达了加入上海合作组织的愿望。次年 6 月，在上海合作组织圣彼得堡峰会期间，印度驻俄大使拉赫胡纳再次表示印度希望加入上海合作组织。[③] 与此同时，巴基斯坦也多次提出了加入上海合作组织的请求。

上海合作组织的影响力还外溢到了中东，对长期徘徊在国际体系边缘的伊朗产生了巨大的吸引力。伊朗自 1979 年后推行输出伊斯兰革命的政策而在中东地区和世界范围内遭到孤立，不得不在两伊战争后转向灵活务实的外交路线以争取更多的支

① 潘达（Jagannath P. Panda）：“印度接近中亚：战略意图和地缘政治计算”（India's Approach to Central Asia：Strategic Intents and Geo-political Calculus），《中国与欧亚论坛季刊》（*China and Eurasia Forum Quarterly*）2009 年第 7 卷第 3 期，第 104 页。

② 潘达（Jagannath P. Panda）：《印度接近中亚：战略意图和地缘政治计算》（India's Approach to Central Asia：Strategic Intents and Geo-political Calculus），《中国与欧亚论坛季刊》（*China and Eurasia Forum Quarterly*）2009 年第 7 卷第 3 期，第 108 页。

③ 参见邢广程主编：《上海合作组织发展报告（2009）》。社会科学文献出版社，2009 年版，第 303 页。

持来打破西方的封锁。苏联解体后，伊朗获得了与中亚新邻国发展关系的历史机遇。起初，伊朗试图利用与中亚的传统联系来建立一个区域性伊斯兰国家联盟，以打破美国、西方的封锁。然而，伊朗的反西方立场和政教合一模式使急于融入国际社会的中亚世俗政权不得不与之保持距离。“9·11”事件后，美国相继打垮了长期与伊朗为敌的塔利班政权和萨达姆政权，反而加强了伊朗在中东和伊斯兰世界的影响力。同时，美国在伊朗周边的军事存在又对它形成了更严密的战略包围之势。在这样的背景下，伊朗的中亚政策更加注重推进反遏制战略，努力发展与中亚国家的友好合作关系，同时在欧亚大陆极力削弱西方的军事、政治、经济存在，以维护其在各种区域性安排中的战略利益。[①] 为此目的，伊朗不仅要在双边层面上加强与中亚各国的政治和经济关系，还要努力参与非西方的区域性多边组织，而加入到没有美国参与的上海合作组织无疑为其实施这一战略目标获得了有力的外部依托。除了政治和安全意义外，加入上海合作组织进程对伊朗还有重要的经济和文化价值。在经济上，由于拥有进入印度洋和海湾地区门户的地缘优势和油气生产大国的自然禀赋，伊朗可以在上海合作组织的经济合作中发挥重要作用，并由此获得中国、俄罗斯等国的投资以打破西方制裁对其经济发展的制约作用。在文化上，伊朗则可以借助上海合作组织这一平台恢复和拓展其对中亚波斯语民众的传统影响。[②] 所有这些因素，使伊朗在上海合作组织成立不久后就表达了加

---

① 巴列维（Pierre Pahlavi）、霍贾提（Afshin Hojati）：“伊朗与中亚：审慎实用主义者的巧政治”（Iran and Central Asia：The Smart Politics of Prudent Pragmatism）。载卡娃斯基（Emilian Kavalski）主编：《新中亚：国际行为体的区域影响》（The New Central Asia：the Regional Impact of International Actors），新加坡：世界科学出版社，2010 年版，第 225—226 页。

② 参见皮加耶夫（Александр А. Пикаев）：“扩大上海合作组织：伊朗是个可行的成员吗？”（Расширение ШОС：является ли надежным членом Иран?）。俄罗斯科学院世界经济与国际关系研究所（ИМЭМО），莫斯科，2008 年 8 月。

入该组织的愿望。

第二节　上海合作组织扩容机制的形成：《观察员条例》

上海合作组织成立之初就引起周边国家的广泛关注预示着其具有巨大的发展潜力。但是，它在“上海五国”阶段就已表现出了内聚型合作的特征，即致力于以多边合作来应对和解决根植于本地区内部的矛盾和冲突所导致的区域性问题。这样的合作机制派生出来的对外吸引力，加上被吸引的周边国家各有侧重的利益诉求，是否能够聚焦到上海合作组织的核心议程上并转化为深化合作的动力，对于刚起步的上海合作组织是一个充满疑问的挑战。因此，上海合作组织从成立起就在不断探索如何通过构建、完善其扩容机制来吸收“外部行为体参与”上海合作进程所产生的积极效应，同时避免其带来的负面效应。

2001 年 6 月 15 日通过的《上海合作组织成立宣言》和 2002 年 6 月 7 日在圣彼得堡峰会上签署的《上海合作组织宪章》确立了该组织对外交往的基本原则和规范。《成立宣言》第七条明确宣示“上海合作组织奉行不结盟、不针对其他国家和地区及对外开放的原则，愿与其他国家及有关国际和地区组织开展各种形式的对话、交流与合作，在协商一致的基础上吸收认同该组织框架内合作宗旨和任务、本宣言第六条阐述的原则及其他各项条款，其加入能促进实现这一合作的国家为该组织新成员。”[①] 此条不仅将吸收新成员确立为上海合作组织作为开放性区域组织的一项基本任务，而且也规定了吸收新成员的两个基本条件：其一，对组织而言，是否需要扩大组织规模、

① 外交部欧亚司编：《上海合作组织文件选编》。世界知识出版社，2006 年版，第 34—35 页。

如何扩大以及增加哪些新成员都是以现有成员依照是否有利于推进合作为准则进行平等协商并达成共识为前提的；其二，对外部行为体而言，能否参与合作是以是否接受并遵循组织所确立的行为规范和规则为前提的。《宪章》不仅在第二条中将开放性确立为上海合作组织的基本原则之一，而且在第十四条中确定了该组织对外交往的职能和权限："本组织可与其他国家和国际组织建立协作与对话关系，包括在某些合作方向。本组织可向感兴趣的国家或国际组织提供对话伙伴国或观察员地位。提供该地位的条例和程序由成员国间的专门协定规定。本宪章不影响各成员国参加的其他国际条约所规定的权利和义务。"① 这一条文首先明确了上海合作组织对外交往的对象可以是国家行为体，也可以是国际组织这样的跨国家行为体；其次，对外交往的目的是建立协作与对话关系以开展合作；第三，对外交往的形式是向外部行为体提供对话伙伴国或观察员地位，并明确这一地位的产生需要依照专门的条例和程序；第四，上海合作组织不具有排他性，其对成员的约束不排斥也不替代成员对其他国际条约承受的权利和义务。

由于蒙古、印度和巴基斯坦等国在《宪章》签署前后纷纷向上海合作组织表示了加入意愿，上海合作组织需要以恰当形式及时响应外部行为体参与合作的积极性，并为日后的扩大组织做好铺垫。基于这样的考虑，2002 年 11 月 23 日举行的上海合作组织六国外长会议通过了《上海合作组织与其他国际组织及国家相互关系临时方案》。依照《临时方案》，上海合作组织外长会议和成员国国家协调员理事会是履行本组织对外交往职能的主要机构，外长会议现任主席、或根据其授权由本组织成员国国家协调员理事会主席可以对外代表本组织参加其他国际

① 外交部欧亚司编：《上海合作组织文件选编》。世界知识出版社，2006 年版，第 81—82 页。

组织的活动；根据协商一致原则，在事先征得全体成员同意的前提下，可以邀请其他国家和国际组织以客人身份参加本组织外交部长会议全体会议和本组织成员国外交部举行的政治问题多边磋商；应邀参加外长会议和政治磋商的客人代表级别应与本组织成员国的与会代表级别相同；客人可以在政治磋商中参与讨论，无权签署、修改和补充外长会议和政治磋商达成的文件，但可以获得磋商总结性文件的复本；客人身份的效力是一次性的，而且一次至多邀请两个国家和（或）国际组织的代表参加会议和磋商。[①]《临时方案》是上海合作组织在初创阶段能力和资源都有限的情况下，为履行对外交往职能所设计的一种灵活策略，并没有对外部行为体参与该组织的活动做出正式化的制度安排。

2004 年 1 月 15 日上海合作组织秘书处在北京成立，承担起组织日常工作的重任，也为其提升对外交往能力创造了有利条件。2004 年 6 月 17 日举行的上海合作组织塔什干元首会议上通过了《上海合作组织观察员条例》，并根据该条例批准蒙古为该组织的观察员国。在会后发表的《塔什干宣言》中强调了该条例是“本组织与其他国际组织和国家——无论其地理位置如何——建立和扩大联系的新的重要步骤”，同时还表明“本组织将继续制定文件，规范《上海合作组织宪章》规定的本组织开展国际合作的其他形式”。[②] 此后，印度、巴基斯坦和伊朗在 2005 年上海合作组织阿斯塔纳峰会上也成为上海合作组织观察员。2012 年 6 月召开的上海合作组织北京峰会，又正式接纳阿富汗为上海合作组织观察员。

上海合作组织之所以在《宪章》所规定的对话伙伴国和观

① 外交部欧亚司编：《上海合作组织文件选编》，世界知识出版社，2006 年版，第 1 页。

② 同上书，第 213—215 页。

察员地位两种对外交往形式中首先就后者做出专门的制度性安排，是当时组织的发展现状所决定的，也有长远的战略考虑。在国际法上，按照地位及权利义务的不同，国际组织的参与者在成员资格上有五种类型：完全成员、准成员、部分成员、联系成员和观察员。[①] 一般而言，观察员在国际组织中享有的权利和义务要比完全成员受到更多的限制，如有权派遣代表出席国际组织的会议但没有表决权，也不向国际组织缴纳会费，但同时观察员地位的获得和丧失与完全成员一样都是以其行为和言论是否符合国际组织的宗旨、原则和职能为依据的，因此可以将观察员视为非成员和完全成员之间的一种过渡形态。如前所述，周边国家寻求加入上海合作组织既有共同应对挑战、谋求共同发展的合作诉求，也不乏相互竞争、彼此牵制的考虑，通过向其提供观察员地位，上海合作组织就可主动地选择和限定这些国家参与组织活动的范围和程度，从而能够避免它们之间的矛盾干扰组织的合作议程，同时也为日后的正式扩容奠定了坚实的基础。为此，上海合作组织的《观察员条例》对观察员参与组织活动的细节做了具体规定：第一，可以应邀参加和列席上海合作组织元首理事会、政府首脑（总理）理事会、外长理事会和各部门领导人会议的公开会议；第二，经会议主席同意，可以参加组织各机构职能范围内问题的讨论，但无表决权；第三，可以通过上海合作组织秘书长以本组织的工作语言就其感兴趣的问题散发书面声明；第四，可以获得宪章第四条规定的本组织各机构的相关文件和决议。[②]

此后这些年的实践证明，从主流趋势看，上海合作组织观察员国的参与丰富了上海合作组织进程的内涵，提升了上海合

① 王铁崖主编：《国际法》，法律出版社，1995年版，第529页。

② 外交部欧亚司编：《上海合作组织文件选编》，世界知识出版社，2006年版，第213—215页。

作组织进程的国际影响力，从而增强了上海合作组织可持续发展的动力。

蒙古成为观察员后多次表达了希望上海合作组织加强经济合作的立场。2005 年，蒙古总统恩赫巴亚尔在上海合作组织阿斯塔纳峰会上发言表示蒙古与该组织的合作以贸易、经济为主，其中最重要的是探讨基础设施建设合作的共同方案。在 2006 年的上海合作组织上海峰会上，他再次表示了加强上海合作组织与观察员国经济贸易合作的愿望，并且提出应当使观察员国获得信息的范围扩大并更加及时。为了凸显蒙古的东北亚—中亚纽带作用，恩赫巴亚尔在 2007 年的上海合作组织比什凯克峰会上建议上海合作组织吸纳日本为观察员国，或以“上海合作组织 + 日本”的形式进行合作。[①] 在蒙古的倡议下，2010 年 12 月 23 日在乌兰巴托召开了上海合作组织实业家委员会论坛。来自上海合作组织成员国以及首次与会的蒙古和伊朗两个观察员国的实业家委员会领导和企业家出席了会议。在会议上，蒙古对外关系与贸易部长赞丹沙塔尔表示希望借助这一平台进一步加强成员国与观察员国的合作，共同促进本地区经贸、科技、能源、交通等领域的合作与发展。这次会议使蒙古获得了许多有益于推动其经济发展的信息，因而十分积极地提出 2012 年在蒙古举办上海合作组织论坛的倡议。[②]

2005 年，刚成为观察员国的印度派外长纳特瓦尔·辛格参加了上海合作组织阿斯塔纳峰会，并表示印度对在反恐和经济领域加强与上海合作组织的合作有浓厚的兴趣。此后，印度一直派石油天然气部长迪奥拉出席上海合作组织上海峰会、比什

① 邢广程主编：《上海合作组织发展报告（2009）》，社会科学文献出版社，2009 年版，第 259 页。

② 吴恩远、吴宏伟主编：《上海合作组织发展报告（2011）》，社会科学文献出版社，2011 年版，第 267 页。

凯克峰会和杜尚别峰会，表明其优先考虑是参与能源合作。也有专家指出，印度只派部长级官员出席政府首脑会议，是刻意与上海合作组织保持距离。从印度历次与会的发言中可以看出，尽管印度在反恐问题上与上海合作组织持相同立场，但更加重视上海合作组织成员国之间的发展差距对地区安全的挑战，其重点关注的是如何将经济增长和发展惠及整个地区以促进地区的和平与稳定，希望在贸易、银行与金融服务、运输网络建设以及能源安全等领域展开更深层次的合作。在2008年的杜尚别峰会上，印度还特别强调了对成立“上海合作组织能源俱乐部”以及“南北走廊项目”的兴趣与关注，并希望上海合作组织进一步密切与观察员的关系，让观察员在组织内发挥更加明确与实质的作用。[①] 2009年印度总理辛格亲自出席了上海合作组织叶卡捷琳堡峰会，被外界认为印度对上海合作组织立场发生了微妙调整，但很可能他的出席主要是为了参加同时举行的“金砖国家”首脑会晤。此后，印度仍派外长克里希纳出席了2010—2012年上海合作组织的峰会。

巴基斯坦多年来持续呼吁扩大上海合作组织，并希望成为加强中亚—南亚合作的桥梁。在2006年的上海合作组织上海峰会上，巴基斯坦总统穆沙拉夫阐明了巴的独特作用：“从地缘政治和经济方面来看，巴基斯坦所处的地位使它完全有能力促进上海合作组织的利益，巴基斯坦是上海合作组织成员国连接欧亚大陆腹地和阿拉伯海以及南亚的天然纽带，也为互利贸易和能源交易提供陆路通道。”[②] 他还明确表示，希望将巴基斯坦建设成为连接中亚、西亚、南亚的经济枢纽，为推动上海合作组

① 吴恩远、吴宏伟主编：《上海合作组织发展报告（2011）》，社会科学文献出版社，2011年版，第311页。

② 泽布（Rizwan Zeb）：“巴基斯坦与上海合作组织”（Pakistan and the Shanghai Cooperation Organization），《中国与欧亚论坛季刊》（*China and Eurasia Forum Quarterly*）2006年第4卷第4期，第56—57页。

织进程做出更大贡献。与此同时，巴基斯坦还积极寻求参与上海合作组织框架下的打击恐怖主义和毒品走私的多边合作，以实际行动打消中亚国家的疑虑。2008 年 7 月，巴基斯坦与上海合作组织签署了向上海合作组织地区反恐怖机构提交有关在本国境内活动的极端主义分子资料的协定。有关资料信息将收入上海合作组织地区反恐怖机构共同的资料库中，以打击“三股势力”和贩毒活动，并将用于拘捕那些试图从他国逃逸到上海合作组织成员国和观察员国境内的犯罪分子。[①] 在上海合作组织叶卡捷琳堡峰会期间，举行了俄罗斯、阿富汗和巴基斯坦三国外长会议，讨论三方在“打击恐怖主义，打击非法生产和贩运毒品，以及促进睦邻友好关系，维护地区稳定和可持续发展等方面加强合作”，“就边境管制，恐怖分子和恐怖组织的活动信息交流，警官培训，打击恐怖主义和贩毒，促进文明对话和人文交流探讨了三方合作的潜力。”[②] 2011 年 5 月美军在巴基斯坦境内击毙本·拉丹后，貌合神离的美巴关系跌至冰点，巴基斯坦更加寄希望于上海合作组织能够为其提供安全支撑。为此，巴基斯坦积极游说上海合作组织成员国接纳其为正式成员。2011 年 5 月 12 日，巴基斯坦总统扎尔达里访问俄罗斯期间两国元首签署了联合声明，俄罗斯首次明确表态支持巴基斯坦加入上海合作组织。[③]

伊朗一直将加入上海合作组织视为在外交上抗衡美国、打破国际孤立的一个重点突破方向，而在寻求正式成员地位上也采取了和巴基斯坦相同的策略，以推进与上海合作组织在经济

① 邢广程主编：《上海合作组织发展报告（2009）》，社会科学文献出版社，2009 年版，第 304 页。

② 吴恩远、吴宏伟主编：《上海合作组织发展报告（2010）》，社会科学文献出版社，2010 年版，第 213 页。

③ 吴恩远、吴宏伟主编：《上海合作组织发展报告（2011）》，社会科学文献出版社，2011 年版，第 280 页。

贸易领域尤其是能源领域的合作来提高成员国对它的接纳度。2006年，伊朗总统内贾德首次以观察员国代表身份参加了上海合作组织上海峰会。内贾德在峰会的发言中明确表示，在加强文化、政治、安全合作的同时，深化经济贸易合作对维护地区和平和世界安全有着重要的作用，伊朗希望将上海合作组织建设为在地区和全球政治、经济、贸易领域有影响的强大机构，从而阻止对世界各国的威胁和非法的强权干涉。在此基础上，伊朗提出了上海合作组织应加强关注的四个领域：第一，发展和加强经济和贸易合作；第二，探讨在勘探、开发、运输和能源转化方面进行更好合作的可能；第三，加强教育、科研、文化合作；第四，努力研究增加就业，控制贫困和失业等问题。自2006年以来，除了2010年因受到联合国安理会制裁缺席上海合作组织峰会之外，伊朗总统内贾德和鲁哈尼一直亲自在上海合作组织峰会上亮相以借助这一平台向外界阐述伊朗的外交立场，并多次表达希望成为上海合作组织正式成员的愿望，而上海合作组织坚持以政治外交手段解决伊朗核问题的立场也为伊朗免于遭到美国、以色列的军事打击提供了更大的外交回旋空间。

关于第五个观察员国阿富汗参与上海合作组织进程的情况，后面将有专节阐述。

显然，上海合作组织吸收四个观察员之后，地区经贸合作成为各方的最大利益汇合点。目前上海合作组织负责协调区域经济合作的主要机构是经贸部长会议和交通部长会议，并在经贸部长会议机制下设有高官委员会和海关、质检、电子商务、投资促进、发展过境潜力、能源以及信息和电信七个专业工作组，同时还有实业家委员会和银行间联合体两个非政府专业协调机构。目前，大量有关多边合作协议的实施细则和落实合作项目的具体措施是在高官委员会和专业工作组层面进行讨论的。

但是，目前观察员国只有权列席元首、政府首脑和部长级的高层次会议，因此不得不通过其与成员国之间的双边渠道逐一谈判来拟定开展合作的操作性方案，这在很大程度限制了观察员国通过上海合作组织多边协调机制推进实质性合作的积极性。有专家指出，在上海合作组织缺乏常设性机构专门协调经济政策的情况下，只能借助“在峰会的多边会晤之余通过双边渠道来解决贸易、能源和经济问题，而往往忽视了地区层面的协调”。[①] 近年来，情况正在逐渐改善。2008 年，上海合作组织首次邀请四个观察员国列席第七次经贸部长会议。2009 年的第八次经贸部长会议强调，吸引观察员国和邻国参与上海合作组织在经济领域的活动有助于加强区域经济合作，为发展各领域平等互利关系创造良好的条件，并认为上海合作组织观察员国和邻国代表有必要进一步参与经贸部长会议、实业家委员会和银行间联合体举办的活动。同年举行的上海合作组织第四次交通部长会议也邀请了观察员国代表列席，并希望充分听取观察员国在交通基础设施的规划制订与建设方面的意见，促进成员国与观察员国在交通领域的共同发展。[②] 由此可见，上海合作组织要将成员国和观察员国之间的经济互补性转化为推进地区一体化的合作动力，就必须将多边合作的协调机制和常设机构从安全领域拓展到经济、文化等其他领域，从而使上海合作组织与观察员国及其他周边国家日益加深的相互依赖和互利共赢关系逐步制度化、常态化，这也是进一步完善扩容机制的重要组成部分。

---

① 诺林（Nicklas Norling）、斯万斯乔姆（Niklas Swanstrom）：“上海合作组织、贸易以及伊朗、印度和巴基斯坦的作用”（The Shanghai Cooperation Organization, trade, and the roles of Iran, India and Pakistan），《中亚纵览》（*Central Asia Survey*）2007 年第 3 期，第 434 页。

② 参见邢广程主编：《上海合作组织发展报告（2009）》，社会科学文献出版社，2009 年版。

第三节　上海合作组织扩容机制的发展：《新成员条例》

国际组织的扩大是“一个组织的规则和规范在水平方向上的渐进而且正式的制度化过程”，即组织同有加入意愿的外部行为体建立以遵循其规范和规则为条件的制度性联系，通过签订条约或协议给予其正式成员身份来拓展组织的规则和规范的适用范围。① 从这一定义看，《观察员条例》只是上海合作组织扩容机制的一个中间环节，仅仅提供了允许外部行为体局部参与该组织部分活动的一般原则，而没有明确遴选新成员的具体标准和程序。这就导致上海合作组织在是否吸收外部行为体的决策上缺乏法律依据，以致其拒绝某个申请就会被视为一种政治举动。如果上海合作组织在规模扩大向度上的机制滞后于功能拓展，就会严重削弱它主导地区合作进程的能力并降低其外部吸引力。因此，当2008年初上海合作组织收到巴基斯坦和伊朗要求成为正式成员的申请时，制定接收新成员法律文本一事终于进入了操作性阶段。当年8月举行的上海合作组织杜尚别峰会决定在考虑观察员国愿望的基础上提升双方合作水平，并成立特别专家组综合研究组织的扩员问题。在历经两年十余次磋商之后，2010年的杜尚别峰会通过了《上海合作组织接收新成员条例》，从而正式确立了接收新成员的框架性文件，为扩大组织规模奠定了必要的法律基础。《新成员条例》在《宪章》第十四条的基础上对扩容对象做了更加严格的限定：新

① 施梅尔芬宁（Frank Schimmelfennig）和斯代尔梅耶（Ulrich Sedelmeier）："欧盟扩大理论化：研究焦点、假设和研究的国家"（Theorizing EU Enlargement: research focus, hypotheses, and the state of research），《欧洲公共政策期刊》（*Journal of European Public Policy*）2002年8月，第503页。

成员应当是来自于欧亚地区的国家行为体，必须同所有成员国有外交关系并且拥有观察员国或对话伙伴国地位，还应赞同与各成员国开展积极的经贸和人文合作，而且不处在联合国的制裁之下，同其他国家没有武装冲突。①

上海合作组织是在充分估量了扩容的收益与成本后提出上述标准的。

一方面，扩容对提升上海合作组织的战略影响和国际地位有显著的促进作用。第一，扩容将使上海合作组织成为人口最多、地理面积最大的区域性组织。目前上海合作组织成员国与观察员国人口总和已达到28亿，占世界人口总数的42.5%，领土总面积达3716万平方公里，囊括了欧亚大陆上74%的地理空间。第二，扩容将使上海合作组织在欧亚大陆地缘政治格局中发挥中流砥柱作用。扩容后的上海合作组织将形成以中亚地区为枢纽、东临东亚地区和太平洋、南接南亚次大陆、西连中东海湾地区的四大板块相互衔接的地缘结构。第三，扩容有助于强化上海合作组织的安全治理能力。上海合作组织将多边安全合作机制覆盖到观察员国不仅能进一步组成打击中亚“三股势力”和南亚、中东恐怖、极端势力的跨国安全反恐合作网络，而且也有助于落实在阿富汗周边构筑“反毒带”的倡议。第四，扩容有利于推动上海合作组织框架下的多边能源合作进而带动整个地区的经济发展。观察员国的加入不仅可以进一步增加上海合作组织在世界能源生产和消费格局中的比重，而且可以在欧亚大陆腹地形成一个东西向的中东—中亚—东亚和南北向的俄罗斯—中亚—南亚能源运输网络，从而使组织内部的能源生产国、能源消费国和能源管道过境国实现互利共赢。最后，扩容有助于扩大上海合作组织在全球治理中的影响力。上海合作

① 参见孙壮志：“上海合作组织塔什干峰会的特殊意义”，《当代世界》2010年第7期。

组织成员国和观察员国中有两个联合国安理会常任理事国、三个“金砖国家”成员、四个“有核国家”，在打击恐怖主义、防止核扩散、推进国际经济秩序改革和国际政治民主化等重大问题上都有不可忽视的话语权。

另一方面，扩容也会带来一些负面效应，特别是新成员会将新的矛盾和分歧带进组织内部，增加在现有框架下推进合作的难度。首先，扩容会增加组织的政策协调成本。上海合作组织是在平等互利的前提下以协商一致原则来推进合作议程的，成员数量的增加及其合作偏好差异的扩大必然需要各方经过更长时间、更多次数的沟通才能达成共识，从而使组织不得不投入更多的人力、物力和财力来提高现有决策机制的工作效率。其次，扩容还有可能削弱已有合作成果的效力。上海合作组织自成立之日起就确立了相互尊重主权和领土完整、互不侵犯、互不干涉内政以及和平解决成员国间的分歧等一系列基本原则，并在其指导下签署了《上海合作组织成员国长期睦邻友好合作条约》。但是某些观察员国如巴基斯坦和印度目前仍处于军事对峙状态，如它们成为成员必然将冲突带进组织，从而冲击上海合作组织创始成员国长期遵循的原则和已签署的条约。再次，扩容也有可能对组织的国际声誉产生不利影响。上海合作组织致力于维护地区和平与稳定，并且遵照《联合国宪章》努力维护世界和平，包括防止大规模毁灭性武器及其运载工具的扩散。联合国安理会自2006年以来已因核扩散问题对上海合作观察员国伊朗进行了四轮制裁，上海合作成员国俄罗斯和中国也投了赞成票。因此，如目前接纳伊朗为正式成员，显然与国际社会的防止核扩散努力相抵触，难免引起外界对上海合作组织的质疑。

综上所述，专家们普遍认为，上海合作组织应对现有观察员国和对话伙伴国的不同情况进行具体分析，对它们在组织今后扩容中的优先顺序加以区分，并明确这两类国家提出正式申请的具体条件和程序。为此，可考虑建立考察申请国接受组织规则和承担组织义务的意愿和能力的评价标准。正是为了解决这些问题，2011 年 6 月，上海合作组织在阿斯塔纳峰会上通过了《关于申请国加入上海合作组织义务的备忘录范本》，进一步完善了扩容的具体标准和法律基础，并且责成国家协调员理事会和专家工作组继续研究接受新成员所必须的法律、行政和财务条件。2013 年 9 月，上海合作组织比什凯克峰会再次强调："元首们指出，成员国专家为制定《给予上海合作组织成员国地位的程序（规则）》和《关于申请国加入上海合作组织义务的备忘录范本》修订案草案做了相关工作，责成国家协调员理事会继续商谈上述文件以尽快完成这项工作。"[①] 可以相信，上海合作组织的扩容进程将在相关规则指导下更加稳健地向前推进。

---

① 《上海合作组织成员国元首理事会会议新闻公报》，2013 年 9 月 13 日，比什凯克。

第十四章　上海合作组织的周边合作及其与国际组织的交往

上海合作组织是为应对冷战后欧亚大陆腹地凸显的一系列安全威胁而成立的新型区域合作组织。欧亚大陆枢纽地带不同文明、国家、民族、宗教间盘根错节的关系，使上海合作组织必须与其他国家、国际组织形成良性互动的关系，才能维护安全、促进发展。为此，上海合作组织基于开放性原则积极开展对外交往，同周边国家和相关区域组织、国际组织建立起了多层次的对话与合作关系，为其稳步发展创造了良好的周边和国际环境。

第一节　上海合作组织与阿富汗的联络机制

自1979年苏联武装入侵之后，阿富汗这个地处欧亚大陆腹地的内陆山国就一直处于冲突和动荡之中。1996年塔利班夺取政权后，致力于建立“世界上最纯粹的伊斯兰国家”，在阿富汗境内全面推行伊斯兰法，实行极端宗教统治，反而导致经济每况愈下、毒品泛滥、疾病流行，而其对“基地”组织的庇护也使阿富汗沦为国际恐怖主义的滥觞之地。同时，1996年启动的“上海五国”机制在解决边界问题取得进展之时，开始越来越关切阿富汗的混乱局势及其对地区安全的威胁。1998年7月，"上海五国"在《阿拉木图声明》中明确表示"各方对阿富汗的紧张局势表示不安，呼吁在联合国主持下并吸收有关国家参与，加紧努力，促进和平解决阿富汗内部冲突。"[①] 此后，"上海五国"又相继在1999年8月发表的《比什凯克声明》和2000年7月发表的《杜尚别声明》中强调对阿富汗局势"深表忧虑"，呼吁交战各方早日进行谈判以实现民族和解，主张联合国在和平解决阿富汗冲突中发挥核心作用，反对任何外部势力利用阿富汗及其领土从事危害本地区安全的活动。[②] 2001年6月，就在上海合作组织成立之际，上海合作组织国防部长首次会晤发表的《联合公报》再次重申了对阿富汗问题的严重关切，坚决支持联合国及中亚有关国家为解决阿富汗问题所做的努力。

"9·11"事件爆发后美国发动阿富汗战争，使上海合作组织面临严峻挑战，而阿富汗问题成为其应对挑战不可回避的关键议题。2002年1月举行的上海合作组织外长会议首次系统地阐述了上海合作组织对阿富汗问题的三项政策：（1）上海合作组织及其成员国长期受到来自阿富汗的恐怖主义和毒品的威胁，完全支持联合国安理会通过的相关决议，谴责并坚决打击一切形式的恐怖主义，主张联合国及其安理会在国际反恐斗争中发挥主导作用；（2）欢迎阿富汗摆脱与国际恐怖主义沆瀣一气的塔利班制度并支持阿富汗临时政府，希望阿富汗成为和平、中立的国家，其战后重建进程应在联合国框架内展开，国际安全援助部队应按照联合国安理会的授权行事并得到阿富汗合法政府的同意；（3）上海合作组织成员国将以提供援助和为其他国

① 外交部欧亚司编：《上海合作组织文件选编》，世界知识出版社，2006年版，第2页。

② 参见《"上海五国"比什凯克声明》（1999年8月25日）和《"上海五国"杜尚别声明》（2000年7月4日）。

家及国际组织的援助物资提供运输通道的形式向阿富汗提供国际人道主义援助，将单独或在联合国框架下参与阿富汗经济重建项目，愿同阿富汗临时政府以及未来阿富汗权力机构开展建设性对话与合作。[①] 然而，此时上海合作组织还没有建立常设机构，难以作为一个整体介入阿富汗问题，只能通过各成员国的双边渠道参与国际反恐合作以及向阿富汗提供人道主义援助。

2004 年，上海合作组织秘书处和地区反恐怖机构相继开始运作，具备了进行对外交往并在地区事务上发挥影响的条件。与此同时，阿富汗战后重建进程中暴露出来的重重矛盾也让国际社会意识到无法通过单纯的军事行动实现“毕其功于一役”。更加严重的是，阿富汗的毒品走私活动并未随着塔利班政权倒台而减少，塔利班残余势力和“基地”组织继续制毒贩毒，并从中获得资金支持而伺机东山再起，北约主导的国际安全援助部队难以从根本上改善阿富汗的安全形势，同时高度依赖毒品贸易的畸形经济结构也极大地增加了阿富汗战后重建的难度，与之相伴而生的腐败问题和暴力事件削弱了临时政府的威信和国际援助的成效。鉴于此，上海合作组织在推进区域反恐合作机制建设的同时，将应对阿富汗毒品威胁问题提上了议事日程。2003 年 5 月，上海合作组织在圣彼得堡峰会后发表的元首宣言中明确指出：“阿富汗毒品威胁已具有全球的性质。加强多边合作予以应对已成为当前的迫切任务。本组织成员国认为，应在联合国的领导下，及时制定综合应对阿富汗毒品威胁的国际战略，重申决心在联合国毒品控制计划的框架内与联合国及其他国际组织开展密切合作。”[②] 在 2004 年 6

① 马振岗主编：《稳步向前的上海合作组织》，世界知识出版社，2006 年版，第 219 页。

② 外交部欧亚司编：《上海合作组织文件选编》，世界知识出版社，2006 年版，第 131 页。

月举行的上海合作组织塔什干峰会上，上海合作组织就合作应对阿富汗毒品问题做出了实质性努力：一方面，这次峰会签署了《上海合作组织成员国关于合作打击非法贩运麻醉药品、精神药物及其前体的协议》，为成员国开展具体的反毒合作提供了法律依据；另一方面，峰会首次邀请阿富汗领导人卡尔扎伊出席，并决定建立上海合作组织—阿富汗联络小组。2005 年 7 月举行的上海合作组织阿斯塔纳峰会上，上海合作组织明确表示愿与阿富汗在共同感兴趣的领域开展交流与合作，并积极参与在阿富汗周边构筑“反毒带”的国际努力。

2005 年 11 月 4 日，上海合作组织与阿富汗在北京正式签署了建立联络小组的议定书。依照议定书，联络小组由上海合作组织成员国常驻秘书处代表、秘书处官员和阿富汗驻中国大使馆外交官组成。联络小组会议必要时可吸收上海合作组织其他机构的代表、上海合作组织成员国和阿富汗的专家参加。联络小组的主要职能是通过工作磋商就双方共同感兴趣的问题开展合作并提出建议。[①] 同时，上海合作组织代表在第六十届联合国大会阿富汗问题会议上向国际社会阐述了其政策主张：第一，全面、彻底地解决阿富汗问题的首要任务是抓稳定、促发展，民族和解至关重要；第二，营造阿富汗与相邻国家的友好关系，开展广泛合作，寻求互利共赢；第三，继续寻求在联合国主导下的国际社会的支持和援助，尊重阿富汗的主权，不干涉其内政。此外，上海合作组织还特别强调了打击毒品生产及扩散是稳定阿富汗局势的关键因素之一，通过加强和建立反毒品“安全带”，严密控制阿富汗与邻国的边界地区是最有效的战略。[②]

---

① 《上海合作组织与阿富汗伊斯兰共和国关于建立上海合作组织—阿富汗联络小组议定书》（2005 年 11 月 4 日）。参见 http：//www. sectsco. org/CN/show. asp? id = 171。

② 邢广程主编：《上海合作组织发展报告（2009）》，社会科学出版社，2009 年版，第 66 页。

自2006年以来，阿富汗总统出席了历次上海合作组织峰会。2009年3月27日，俄罗斯以上海合作组织主席国的身份在莫斯科召开首次上海合作组织阿富汗问题特别国际会议，出席会议的除上海合作组织成员国、观察员国代表之外，还有阿富汗、土库曼斯坦、土耳其、美国、英国、法国、德国、意大利、加拿大、日本以及联合国、独联体、集体安全条约组织、北约、欧盟、欧安组织、伊斯兰会议组织、亚信组织等30多个国家和国际组织的代表。上海合作组织会上发表了《上海合作组织成员国和阿富汗关于打击恐怖主义、毒品走私和有组织犯罪的声明》、《上海合作组织成员国和阿富汗打击恐怖主义、毒品走私和有组织犯罪行动计划》，会后还通过了《上海合作组织阿富汗问题特别会议宣言》。无论从会议的规模、与会者的代表性，还是从会议发表的文件来看，都反映出上海合作组织以一种更加积极、主动、开放的姿态参与阿富汗重建进程并寻求在这个问题上发挥更大影响。其主要成果有：将打击恐怖主义、毒品走私和有组织犯罪确立为上海合作组织与阿富汗开展合作的重点领域并明确了具体的合作形式及任务；提出了近期内上海合作组织与阿富汗以及相关国际组织加强双边合作机制的具体措施；上海合作组织作为讨论阿富汗问题的多边对话平台的功能获得了国际社会的认可，美国首次派官员参加了会议。2012年4月5日，俄罗斯联邦麻醉药品与精神药物监管总局局长称，北约准备接受上海合作组织成员国禁毒部门领导人会议制定的打击阿富汗毒品威胁的措施，上海合作组织国家将集中精力截获本国境内毒品，而北约则主要负责取缔阿富汗的毒品生产。

需要指出是，上海合作组织在阿富汗问题上具有诸多优势和有利条件。首先，上海合作组织的地利优势无可取代。除土库曼斯坦外，与阿富汗直接接壤的五个邻国均是上海合作组织的成员国和观察员国。对于阿富汗来说，无论是出于短期内改善安全形势的需要，还是着眼于长远的经济发展，都离不开周边国家的支持和帮助，因此上海合作组织是阿富汗寻求安全与稳定的天然合作伙伴。其次，上海合作组织具有独特的人和优势。专家认为："任何稳定阿富汗的方案都应当提供一个更好的治理和包容性国家建设的政治路线图。"① 作为上海合作组织成员国、观察员国的塔吉克斯坦、乌兹别克斯坦、伊朗、中国和巴基斯坦均与阿富汗有着共同的跨界民族，千百年来通过"丝绸之路"形成了千丝万缕的联系，上海合作组织可以利用这一传统的人文纽带帮助阿富汗政府推进国内民族和解的进程，以实现"包容性国家建设"。最后，上海合作组织也具备天时之机。目前，美国和北约已公布了从阿富汗撤军的具体时间表，其将安全责任逐渐转向阿富汗政府及其安全力量，特别需要上海合作组织给予支持和配合，这为上海合作组织参与阿富汗重建进程提供了有利时机。

2012 年 6 月举行的上海合作组织北京峰会决定吸收阿富汗成为上海合作组织观察员国。② 这一举措不仅有助于上海合作组织将阿富汗纳入其合作框架，加强对阿富汗战后重建进程的影响，而且也为增进上海合作组织与其他国际力量的对话和互信增添了动力。可以期待，阿富汗问题将是今后上海合作组织与西方进行合作的重要切入点。

---

① 汗（Simbal Khan）："阿富汗的稳定：美国—北约的地区战略与上海合作组织的作用"（Stabilization of Afghanistan：U. S. —NATO Regional Strategy and the Role of the SCO），《中国与欧亚论坛季刊》（*China and Eurasia Forum Quarterly*），2009 年第 7 卷第 3 期，第 15—16 页。

② 上海合作组织成员国元首理事会会议新闻公报，2012 年 6 月 7 日，北京。

第二节　上海合作组织与周边国家和区域组织的合作关系

目前，上海合作组织与周边国家和区域组织的合作关系主要通过给予对话伙伴国地位和签订谅解备忘录两种形式展开。

《上海合作组织宪章》第十四条规定，上海合作组织可以向国家或国际组织提供对话伙伴国地位。经过长期酝酿和充分讨论，上海合作组织在2008年8月举行的杜尚别峰会上通过了《上海合作组织对话伙伴条例》，从而为该组织扩大对外交往提供了一种新的合作机制。《对话伙伴条例》拓展了上海合作组织对外建立制度性联系的范围，规定只要赞同本组织的宗旨和原则、愿与本组织建立平等互利伙伴关系以及有意与本组织在其《宪章》或其他国际条约所规定的具体领域开展合作的国家或组织都有资格获得对话伙伴地位。换言之，上海合作组织以外的国家或国际组织，只要符合上述两个条件且有意与上海合作组织建立合作关系，都可以成为组织的对话伙伴。由此，上海合作组织拓展了同那些在维护安全与稳定上有相同关切但却不能成为扩容对象的国家或国际组织建立合作关系的渠道。同时，该条例也为上海合作组织提供了灵活多样的对外交往形式。按照条例规定，对话伙伴不仅可以通过第一轨道上的正式协调机制参加组织成员国部门领导人、工作组和高管委员会等会议，同时也可以在第二轨道上以举行论坛、国际会议、研讨会、文化日、汇演、展览、竞赛、体育比赛等丰富多彩的活动进行交流。参加上述活动时，对话伙伴国有权就属于合作内容的问题发言，获得散发的文件和材料，也可经同意散发自己的文件和材料，并将其发言和文件发布在上海合作组织网站上。值得注意的是，对话伙伴并没有像观察员那样获得出席上海合作组织元首峰会的权利，双方的主要合作方式是以“上海合作组织成员国+对话伙伴”的形式举行部长级会晤或其他授权代表会晤。这表明上海合作组织更注重以对话伙伴的形式推进其与有关国家和国际组织在双方共同感兴趣的具体领域内展开务实合作。[①]

在2009年举行的上海合作组织叶卡捷琳堡峰会上，上海合作组织接纳白俄罗斯和斯里兰卡为对话伙伴国，并由上海合作组织秘书长先后与两国代表签订了给予其对话伙伴国地位的备忘录。根据备忘录达成的协议，上海合作组织与两个对话伙伴之间的合作覆盖了安全、经济、贸易、文化等领域。2010年11月，白俄罗斯和斯里兰卡两国代表首次以对话伙伴的身份参加上海合作组织的活动，出席了在中国南京举行的上海合作组织文化产业合作论坛。2012年6月举行的上海合作组织北京峰会又接纳北约成员土耳其为对话伙伴国，引起了国际舆论的普遍关注。土耳其与中亚地区有着传统的文化联系，其成为上海合作组织的对话伙伴将产生多方面积极影响：在安全上，上海合作组织打击“三股势力”的合作将在土耳其的配合下进一步深化；在经济上，土耳其从中亚获得的“住宅及基础设施建设订单源源不断”，与上海合作组织成员国的“经济关系着实强化起来”,[②] 将使“丝绸之路经济带”进一步延伸到欧洲；在政治上，土耳其与上海合作组织建立对话关系有助于促进上海合作组织与北约相互了解、增信释疑。2013年1月25日，土耳其总理埃尔多安在电视访问中声称，如果土耳其加入上海合作组织，将放弃寻求加入欧盟，因为上海合作组织比欧盟更有力量而且与土耳其有共同的价值观。1月31日，土耳其外交部宣布将寻求从上海合作组织的“对话伙伴”升格为“观察员国”，提升

① 上海社会科学院上海合作组织研究中心编：《上海合作组织资料汇编第四辑（2007.9—2009.6）》，2009年，上海，第29—31页。

② 参见《日本经济新闻》，2013年10月21日。

与上海合作组织的合作对土耳其的多边外交至关重要。[①] 尽管有人认为土耳其可能成为上海合作组织的“特洛伊木马”，[②] 但土耳其成为上海合作组织对话伙伴无疑显示该组织的吸引力正日益增强，也有利于上海合作组织进一步拓展对外交往。

上海合作组织也一直积极地寻求与其他国际组织开展交往，已先后与独联体（2005 年 4 月 12 日）、东盟（2005 年 4 月 21 日）、欧亚经济共同体（2006 年 5 月 8 日）、集体安全条约组织（2007 年 10 月 5 日）、经济合作组织（2007 年 12 月 11 日）等区域性合作机制以签订谅解备忘录的形式建立了正式关系。上海合作组织与独联体及其框架下的集体安全条约组织和欧亚经济共同体覆盖的地理范围互相交叠，在成员国的构成上又互相重合，因而有着天然的联系纽带。这里，着重介绍上海合作组织与这三个合作机制的关系。

独联体作为一个“协议离婚”的机制，使原苏联加盟共和国能保持传统联系，但其松散性又使之难以有效整合和协调成员国的资源和政策，导致“独而不联”的状况。因此，俄罗斯与中亚国家不得不将发展独联体框架下的次区域功能性组织作为合作重点。

在安全领域，俄罗斯、哈萨克斯坦、吉尔吉斯斯坦、塔吉克斯坦、乌兹别克斯坦及亚美尼亚六国于 1992 年 5 月 15 日在塔什干签订了《集体安全条约》，次年又有格鲁吉亚、阿塞拜疆和白俄罗斯加入，并于 1994 年正式生效。该条约旨在建立独联体国家集体防御空间和提高联合防御能力，防止并调解独联体国家内部及独联体地区的武力争端。根据条约，其成员国的军事基地和设施可以部署在其他成员国境内，而俄罗斯在保卫成

---

① 参见土耳其《今日时报》（Today's Zaman），2013 年 1 月 31 日。

② 俄罗斯信息分析中心（Информационно-аналитический центр）网站，2012 年 6 月 14 日。

员国安全方面负有特殊责任。在其成员国遭外敌入侵时，俄罗斯可以动用包括核武器在内的各种手段予以制止。显然，《集体安全条约》旨在建立一个具有统一军事力量的防御联盟。此后，阿塞拜疆、格鲁吉亚和乌兹别克斯坦因成员国国内部冲突和分歧退出了该条约。[①] 同时，阿富汗局势的恶化和中亚“三股势力”的泛滥促使独联体集体安全条约签约国将反恐纳入合作议程之中，于 2000 年 6 月在莫斯科成立了独联体反恐怖主义中心，并在次年 5 月决定建立中亚联合快速反应部队。这一举措意味着在独联体集体安全条约机制下设立战略联合军队集团，从而需要有常设机构对这支多国联合常备武装的调配和使用进行统一指挥。为此，签约国在 2002 年 5 月通过决议，决定将《集体安全条约》升格为集体安全条约组织，并在同年 10 月签署了《集体安全条约组织宪章》。2003 年 4 月，集安组织决定建立联合司令部和快速反应部队，联合司令部以俄罗斯武装力量总参谋部为基础，由俄总参谋长领导。

集安组织与上海合作组织在安全领域有共同关切，但在安全合作的性质、重点、方式等方面又有差异。首先，两者安全合作的性质不尽相同。集安组织的核心目标是建立起一个能有效应对任何安全威胁的集体防卫体系，其安全合作重在集体防御，主要针对外部威胁，因而具有外向性。上海合作组织则以新安全观为指导，其安全合作重在应对来自成员国内部的安全挑战。其次，两者安全合作的议题各有侧重。集安组织注重应对传统安全领域的防务合作，同时也包括反恐、反毒等非传统安全议题。上海合作组织则聚焦于非传统安全议题，并不包含防务一体化的合作内容。再次，两者安全合作的方式有所差异。在集安组织中，由俄罗斯这一核心大国向其他六国提供安全保障，其合作机制包括一系列常设机构，并在其框架内形成了俄

① 乌兹别克斯坦于 2006 年 12 月一度重返独联体集体安全条约组织。

罗斯—白俄罗斯战斗集群、俄罗斯—亚美尼亚战斗集群、哈萨克斯坦战斗集群等武装力量编制。上海合作组织的安全合作主要通过作为常设机构的地区反恐机构和成员国的定期会晤机制展开。地区反恐机构主要负责收集和分析信息、统一协调该组织成员国主管机构的协作，而并不拥有独立的安全力量。显然，集安组织和上海合作组织在安全合作领域既有共同之处，又各具优势。集安组织在军事协作程度上更为紧密，拥有自己的快速反应部队，在传统安全防御上具有组织优势。上海合作组织则在非传统安全合作上更富有经验，并且可以将安全合作的信息和成果通过观察员机制辐射到南亚和中东地区。因此，双方完全可以通过相互支持以实现优势互补。

在经济领域，独联体框架下的次区域合作则以欧亚经济共同体为主要平台。1996 年 3 月，俄罗斯、白俄罗斯、哈萨克斯坦和吉尔吉斯斯坦签署协议成立关税同盟以协调四国的经济转轨进程，加快四国一体化步伐。1999 年 2 月，四国关税同盟接受塔吉克斯坦加入，并于 2000 年 10 月决定改组为欧亚经济共同体。2001 年 5 月，欧亚经济共同体在白俄罗斯首都明斯克宣布正式成立，成员国将继续遵守以前签署的各项协议，在兼顾国家利益和共同利益的基础上，为深化经贸、社会人文以及法律领域的合作创造必要条件。2005 年 10 月欧亚经济共同体吸纳了中亚合作组织，并在 2006 年 1 月接纳乌兹别克斯坦为正式成员。① 欧亚经济共同体旨在以关税同盟为基础，建立统一货币市场和劳动力市场，进而建立统一经济空间。欧亚经济共同体的最高领导机构是跨国委员会，由成员国国家元首和政府首脑、外交部长以及拥有全权的一体化委员会代表组成。一体化委员会则是该组织的常设机构，由各成员国国副总理组成。欧亚经济共同体为推进成员国间的经贸合作，于 2001 年成立了中央银

---

① 乌兹别克斯坦于 2008 年 11 月向欧亚经济共同体申请停止其成员资格。

行行长委员会，协调各国间的外汇、金融和银行体系运作，建立多边付款结算体系，并从2004年起使用统一的商品完税证明以推进关税同盟建设。考虑到成员国间经济发展水平的巨大差异和内部贸易中的不对称性，欧亚经济共同体从2006年8月起转而推行由俄罗斯、白俄罗斯和哈萨克斯坦三国先行建立关税同盟的政策。

尽管欧亚经济共同体和上海合作组织都有推动区域经济合作的职能，但双方选择的合作路径有很大差异。欧亚经济共同体所建立的关税同盟具有排他性，即成员国间相互取消关税，同时实行统一的对外关税税率和统一的对外贸易政策，包括统一的进口限额、技术标准和卫生检疫标准等。上海合作组织则主要是根据2003年签署的《上海合作组织多边经贸合作纲要》推进成员国间的贸易投资便利化进程，在此基础上逐步实现组织内部的货物、资本、服务和技术的自由流动，而并不具有关税同盟的功能。由于上海合作组织和欧亚经济共同体的成员互相交叉，双方的经贸活动必然互相影响，也可互相补充和借鉴，因此需要建立密切的协调关系。

上海合作组织与上述三个组织先后签订《谅解备忘录》，确立了合作关系。

上海合作组织秘书处于2005年4月12日与独联体执行委员会签署了谅解备忘录。文件规定了双方常设机构在反恐、经贸、人文等领域进行合作的有关事宜，包括举行有关磋商、交换信息以及相互参加对方活动等。独联体是第一个同上海合作组织签署法律文件以确立双边关系的国际组织。2006年5月8日，上海合作组织与欧亚经济共同体签署谅解备忘录，双方决定在投资、能源、交通、贸易、环保、旅游等经贸领域和科学、教育、文化、卫生、体育、劳务等社会人文领域加强合作。2007年10月5日，上海合作组织秘书长努尔加利耶夫与集安组织秘书长博尔久扎在塔吉克斯坦首都杜尚别签署了《上海合作组织秘书处与集体安全条约组织秘书处谅解备忘录》。根据《谅解备忘录》，上海合作组织与集安组织的合作围绕维护地区和国际的安全与稳定展开，重点包括打击恐怖主义、非法贩运毒品、非法贩运武器、跨国有组织犯罪以及其他双方共同感兴趣的方面。双方的合作形式主要有三种：第一，在互相协商的基础上，在部门职能范围内举行磋商和交换信息；第二，制定共同计划和行动以发展各自领域范围内各领域合作；第三，双方以应邀客人的身份参加对方组织框架内的相关活动。[①] 2008 年以来，历届上海合作组织峰会均邀请集安组织的代表列席会议，上海合作组织与集安组织还互派官员参加和观摩对方举行的重要国际会议和反恐演习。

第三节　上海合作组织与联合国的交往

联合国作为当代国际社会中最具普遍性、代表性和权威性的国际组织，是一个有效的多边和平与安全体系的核心机制。在《成立宣言》中，上海合作组织便明确宣告将严格遵循《联合国宪章》的宗旨与原则。这些年来，上海合作组织与联合国及其相关机构之间开展了积极的对话与合作。

联合国与区域组织之间的相互关系是以《联合国宪章》第八章各条款为法律基础的。《联合国宪章》第八章第五十二条明确规定，区域组织的基本职能是以区域行动来维持国际和平与安全，但其行动不得违背联合国的宗旨和原则，从而使区域组织对于联合国而言处于合作与补充的地位。第八章的其余条款进一步规定了区域组织的基本任务：设立区域组织的联合国会

---

① 《上海合作组织秘书处与集体安全条约组织秘书处谅解备忘录》（2007 年 10 月 5 日），http：//www. sectsco. org/CN/show. asp？ id = 177。

员国在将地区争端提交给联合国安理会之前，应先通过区域组织力求争端的和平解决；协助联合国安理会实施特定的强制行动，但此种行动必须以安理会授权为限；区域组织在这方面进行或准备进行活动时，均应向安理会做充分汇报。由此可见：联合国将区域组织纳入到由其主导的维持和平与安全的多边体系之内，但区域组织本身并非联合国的组成部分，而是在国际法上拥有独立的法人资格，其存在和活动都是自主的机构；区域组织与联合国的关系，只是依据《联合国宪章》规定的条件，在执行一部分维持国际和平与安全的任务方面同联合国安理会发生联系。[①] 随着冷战结束后新一轮区域合作高潮的出现，联合国更加重视发挥区域组织在预防冲突与和平解决争端上的积极作用，并于1994年12月发表了《关于增进联合国与区域办法和机构之间在维持国际和平与安全领域的合作的宣言》。该宣言进一步确认了区域组织在维持国际和平与安全上的主要任务包括和平解决争端、预防性外交、建立和平、维持和平和冲突后缔造和平，并规定了区域组织在上述任务领域同联合国进行的合作可以包括交换资料并举行协商、酌情参加联合国各机关的工作以及酌情提供人力、物力和其他帮助。

上海合作组织一直主张在联合国和安理会的核心协调作用下建立应对新威胁和挑战的全球体系，包括建立早期预报、防止可能的威胁并对其做出坚决一致反应的有关多边协作机制。作为这一多边协作机制不可分割的组成部分，上海合作组织积极寻求通过各种渠道参与联合国的活动。2002年11月通过《上海合作组织与其他国际组织和国家相互关系临时方案》后，上海合作组织便依照此方案派代表出席了2003年3月6日举行的联合国安理会反恐委员会大会和7月29—30日举行的第五次联合国—区域组织高级别会议。2004年12月，上海合作组织获

① 王铁崖主编：《国际法》，法律出版社，1995年版，第561—562页。

得了联合国大会观察员地位，为两个组织之间建立联系、开展合作奠定了一个良好开端。2005 年 9 月，应联合国秘书长安南的邀请，上海合作组织秘书长张德广率团出席了联合国六十周年首脑会议并发表讲话，这是上海合作组织代表首次在联合国大会这一庄严的国际舞台上亮相。2006 年 6 月，上海合作组织上海峰会召开前夕，联合国秘书长安南来电祝贺上海合作组织成立五周年。安南在贺电中肯定了上海合作组织在打击恐怖主义、分裂主义和极端主义，维护地区安全，促进发展等方面发挥的重要作用，并希望上海合作组织不断加强与联合国的联系与合作。2007 年 8 月，联合国副秘书长帕斯科以主席国客人的身份出席上海合作组织比什凯克峰会。此后，联合国派代表参加上海合作组织会议的次数不断增多。2009 年 3 月，上海合作组织在莫斯科举行阿富汗问题特别国际会议上，联合国秘书长潘基文亲自与会，充分体现了联合国对上海合作组织的高度重视。潘基文在发言中表示，恐怖主义、毒品贩运和有组织犯罪不仅损害阿富汗人民的利益，而且对整个地区乃至全世界都构成威胁，因此区域国家和国际社会有责任与阿富汗政府合作共同解决这些问题，阿富汗的邻国和其他上海合作组织成员国的贡献对于阿富汗的稳定是不可缺少的。2010 年 1 月，上海合作组织秘书长伊马纳利耶夫赴纽约出席联合国秘书长和区域、次区域组织首脑非正式会议和安理会与区域组织合作会议，在会上阐述了上海合作组织工作的主要思想，并与联合国秘书长潘基文就加强该组织与联合国伙伴关系的前景交换了意见。

上海合作组织也积极推进与联合国下属的相关职能机构之间的务实合作。

上海合作组织、联合国亚太经社理事会和中国国家开放银行于 2005 年 11 月在中国西安举办了首届欧亚经济论坛。该论坛以上海合作组织成员国和观察员国为主体，同时面向广大的欧亚地区其他国家，以促进地区经济合作的深化为宗旨，致力于为与会各方的政府、企业和金融界就欧亚地区关注的能源、丝绸之路旅游以及开放性金融合作开展交流搭建对话平台。自2007年起，上海合作组织、联合国亚太经社理事会等相关机构将欧亚经济论坛定址在西安并每两年举办一次。2008年1月21日，在欧亚经济论坛成功运作的基础上，上海合作组织秘书长努尔加利耶夫与联合国亚太经社理事会执行秘书诺林·梅泽举行会晤，并签署了《上海合作组织秘书处与联合国亚洲及太平洋经济社会委员会秘书处谅解备忘录》，正式建立了合作关系。在安全领域，上海合作组织则十分重视与联合国中亚区域预防性外交中心的互动。该中心于2007年12月在土库曼斯坦首都阿什哈巴德正式成立，是联合国为帮助中亚国家应对恐怖主义、毒品走私、有组织犯罪、环境恶化等一系列安全挑战而设立的协调机构。2008年7月，上海合作组织秘书长努尔加利耶夫与联合国中亚区域预防性外交中心负责人米罗斯拉夫·恩恰举行了会晤，讨论了在打击恐怖主义、分裂主义和极端主义方面进行合作的问题，以及在中亚地区开展政治、经济和人文领域合作的问题。次年5月，双方再次举行会晤，讨论在《联合国全球反恐战略》基础上加强地区安全与稳定、应对恐怖主义和极端主义威胁等问题。在2011年6月举行的上海合作组织阿斯塔纳峰会上，上海合作组织与联合国毒品和犯罪问题办公室签署了《上海合作组织秘书处与联合国毒品和犯罪问题办公室谅解备忘录》。这一文件的签署有助于上海合作组织在联合国的指导下加强在打击毒品和跨国犯罪领域的能力建设。

鉴于上海合作组织与联合国及其系统内的相关机构之间开展的互惠合作已显现了初步成效，2009年12月，联合国大会通过了“关于联合国同上海合作组织合作”的决议，强调上海合作组织已成为处理该区域安全问题的不可或缺的区域组织，加强联合国及其系统的其他组织与上海合作组织的合作有助于推进联合国的目标与宗旨。在此基础上，2010 年 4 月，上海合作组织秘书处与联合国秘书处发表了《关于上海合作组织秘书处同联合国秘书处合作的联合声明》，进一步规定了两组织开展合作的基本原则和方向。声明指出，联合国安理会担负着维护国际和平与安全的首要责任，上海合作组织根据《联合国宪章》第八章，在涉及国际和平与安全的问题上与联合国开展不同级别的合作，主要包括：防止和消除冲突；与恐怖主义作斗争；防止大规模毁灭性武器及其运载工具的扩散；打击跨国犯罪，包括打击非法贩运毒品和非法军火贸易；处理环境退化问题；减少灾害风险和防备与应对紧急情况；促进经济、社会、人道主义和文化等领域可持续发展。双方商定在上述领域交流沟通、分享信息及能力建设方面进一步开展合作，合作的框架可以随着时间和新的需要而调整。[①] 联大决议和联合声明使双方的合作得到国际社会的公认并更具国际法基础，有利于进一步深化两个组织之间富有成果的合作。

① 《上海合作组织秘书处同联合国秘书处合作的联合声明》（2010 年 4 月 8 日），http：//www. sectsco. org/CN/show. asp? id = 348

第十五章　上海合作组织与西方的关系

上海合作组织成立之初，西方在冷战思维作用下对这个新生组织充满怀疑，甚至带有一些敌意。“9·11”事件后国际局势发生剧变，上海合作组织在应对内外挑战中显示出了持久的发展动力和广阔的发展前景，使西方在中亚地区维护和拓展其战略利益时无法忽视上海合作组织的作用。近年来，美国、欧洲、日本、北约、欧盟等西方国家或西方主导的组织均已意识到与上海合作组织开展对话，进行合作的重要性，并力图通过多种渠道与上海合作组织建立联系。对上海合作组织而言，如何处理与这些不大可能成为成员或观察员而又具有重要合作潜力的国家、国家联盟的关系，尽可能避免误解，增进互信，也是其面临的一个重大问题。

第一节　上海合作组织与美国、北约关系的演变

冷战结束后，美国、北约一直将防止在欧亚大陆出现一个威胁其战略利益的挑战者作为战略目标，但具体政策在不同阶段有着不同的优先考虑，因而对上海合作组织的态度也在不断发生着变化，经历了一个从漠视到关注、有怀疑但又寻求对话、有竞争但又寻求互补的曲折发展过程。

起初，美国对上海合作组织并未感到特别的担忧。当时美国学界认为，上海合作组织的成立旨在巩固俄、中两国在中亚的强势地位并制衡西方在中亚的影响，同时加强打击中亚“三股势力”的能力，而中亚国家也需要利用俄、中两个大国的资源和能力来确保地区安全。有的学者断言，美国不必顾虑上海合作组织，因为上海合作组织的多边合作大多停留在纸面上而很少真正落到实处。[①] 时任美国助理国务卿帮办林恩·帕斯科就曾表示，美国在“9·11”事件后一度希望与上海合作组织就反恐问题进行合作，但发现该组织缺乏效率。[②] 在大多数美国官员和学者的眼中，同中亚已存在的许多区域合作进程相比，上海合作组织并没有多少新鲜之处，很难发展为一个更具实质性的多边机制。当然，也有个别学者提出，上海合作组织是第一个在多边框架内提出反恐的区域性国际组织，因此美国在以反恐为首要安全利益的情况下应支持这一组织并与之进行对话，可以通过双方互派联络员、互相邀请对方派军事观察员参加反恐演习等形式来提高彼此行动的透明度以建立相互信任。[③]

直到2005年，上海合作组织在阿斯塔纳峰会上要求外部军队撤出中亚并一举吸收印度、巴基斯坦和伊朗三国为观察员，大受刺激的美国、北约才猛然意识到这一新生组织在中亚的影响力不可小觑。美国官方指责阿斯塔纳峰会提出的撤军要求是俄、中两个大国胁迫中亚小国做出的决定，上海合作组织关于阿富汗情况好转的说法是“奇怪的”、“让人不能支持的”，因

① 奥里斯曼（Matthew Oresman）：“让中国参与中亚”（Engaging China in Central Asia），《中国与欧亚论坛季刊》，（*China and Eurasia Forum Quarterly*）2004年第4/5月刊。

② 邢广程、孙壮志主编：《上海合作组织研究》，长春出版社，2007年版，第231页。

③ 奥里斯曼（Matthew Oresman）：“让中国参与中亚”（Engaging China in Central Asia），《中国与欧亚论坛季刊》（*China and Eurasia Forum Quarterly*），2004年第4/5月刊。

此要求美军撤离也是错误的。[1] 上海合作组织吸收伊朗为观察员是“反美主义将俄罗斯、中国和伊朗粘合在一起”。[2] 美国和欧洲的媒体则一边讥嘲官方判断失误，一边又将上海合作组织渲染成“东方的北约”。[3] 此后，西方舆论对上海合作组织的负面评价迅速抬头并占据了上风，并对其性质和发展走向提出了诸多质疑：首先，上海合作组织试图将美国及其盟友挤出中亚地区，一方面对美军下达逐客令以抵制西方进入中亚和阿富汗，另一方面又向乌兹别克斯坦和伊朗这些当时被西方责难的政权提供政治支持；其次，上海合作组织正在转变为由俄、中两国主导的新的军事集团以遏制西方在中亚的军事存在，其打击“三股势力”的政治声明与成员国开展的联合反恐演习对北约在阿富汗的行动并无多大帮助；最后，上海合作组织是一个庇护不民主政权的“专制者俱乐部”，帮助成员国抵制来自内部和外部的民主化努力。[4]

---

① 邢广程、孙壮志主编：《上海合作组织研究》，长春出版社，2007 年版，第 234 页。

② 阿里尔·科恩（Ariel Cohen）：“八国集团峰会之后：中国与上海合作组织”（After the G8 Summit：China and the Shanghai Cooperation Organization），《中国与欧亚论坛季刊》（*China and Eurasia Forum Quarterly*），2006 年第 4 卷第 3 期，第 52 页。

③ 威尔（Fred Weir）：“俄罗斯、中国寻求组建“东方的北约?”（Russia, China Looking to Form “NATO of the East”?），《基督教科学箴言报》（The Christian Science Monitor），2005 年 10 月 26 日。

④ 参见加曼诺维奇（Gene Germanovich）：“上海合作组织：美国在中亚利益的威胁?”（The Shanghai Cooperation Organization：A Threat to American Interests in Central Asia?），《中国与欧亚论坛季刊》（*China and Eurasia Forum Quarterly*），2008 年第 6 卷第 1 期第 21—23 页；哈诺娃（Selbi Hanova）：“上海合作组织透视：形象与话语”（Perspectives on the SCO：Images and Discourses），《中国与欧亚论坛季刊》（*China and Eurasia Forum Quarterly*），2009 年第 7 卷第 3 期第 64—66 页；安东年科（Oksana Antonenk）：“欧盟与上海合作组织”（The EU and Shanghai Cooperation Organization）。载岩下明裕（Iwashita Akihiro）主编：《走向欧亚新对话：上海合作组织及其伙伴们》（Toward a New Dialogue on Eurasia：The SCO and Its Partners），札幌：斯拉夫研究中心，2007 年版，第 8 页。

对于上海合作组织在经历过“颜色革命”冲击后反而出现了新的发展动力，美国在忧心忡忡的同时也对上海合作组织进行了更加深入和客观的研究。美国学者认为，目前上海合作组织“还不是一个能够在经济上和军事上对美国发起挑战的紧密实体”,[①] 其内部存在着的诸多矛盾使之难以成为对美国的威胁。首先，俄罗斯、中国在上海合作组织的发展方向上存在分歧，俄希望将该组织发展为一个政治—军事联盟，而中国则视之为与中亚国家开展经济合作的纽带，但俄罗斯对中国日益增强的国力和影响力有所担忧；其次，中亚国家并不乐见上海合作组织成为反美联盟，哈、吉、塔三国虽然对美国的民主化攻势保持警惕，但同时也希望保持与美国的合作；再者，上海合作组织并未有效缓解中亚国家之间的矛盾；最后，上海合作组织的扩员将会稀释其内部凝聚力。[②] 他们的结论是：美国“继续忽视上海合作组织是既短视又愚蠢的，迟早有一日会醒悟到自己的经济和战略权力已受到严重遏制”，应当寻求与上海合作组织进行双边接触。[③] 2006 年 8 月，负责中亚、南亚事务的美国助理国务卿鲍彻在访华期间曾专程到上海合作组织秘书处“交换看法”，释放了不寻求对抗的信号。

美国官方在吸收上述建议的基础上逐步确立了应对上海合作组织的基本立场：第一，该组织不应成为俄罗斯和中国主导

---

① 科恩（Ariel Cohen）：“八国集团峰会之后：中国与上海合作组织”（After the G8 Summit：China and the Shanghai Cooperation Organization），《中国与欧亚论坛季刊》（*China and Eurasia Forum Quarterly*），2006 年第 4 卷第 3 期第 62 页。

② 凯茨（Mark N. Katz）：“上海合作组织；来自美国的观点”（The Shanghai Cooperation Organization：A View from US）。载岩下明裕（Iwashita Akihiro）主编：《走向欧亚新对话：上海合作组织及其伙伴们》（Toward a New Dialogue on Eurasia：The SCO and Its Partners），札幌：斯拉夫研究中心 2007 年版第 15—16 页。

③ 科恩（Ariel Cohen）：“八国集团峰会之后：中国与上海合作组织”（After the G8 Summit：China and the Shanghai Cooperation Organization），《中国与欧亚论坛季刊》（*China and Eurasia Forum Quarterly*），2006 年第 4 卷第 3 期，第 63—64 页。

中亚的工具；第二，该组织应与美国的地区计划互补；第三，该组织应更加注重经济发展而非地缘政治，美国欢迎该组织的经济合作议题；第四，美国欢迎印度、巴基斯坦成为该组织的观察员，以及其与阿富汗建立联络关系，但认为伊朗获得观察员地位会带来一系列的问题；[①] 第五，虽然上海合作组织不是针对美国的“新华约”，也不是“北约的制衡者”，但美国不寻求成为该组织的成员或观察员国。[②]

与此同时，美国对中亚政策也开始强调用“平衡的方式”来寻求安全、经济及民主化三大利益的有机结合。由美国学者提出的“大中亚计划”虽未成为正式的官方政策，但对美国、北约的中亚政策产生了重大影响。该计划立足于美国在阿富汗的主导地位，以推动中亚和南亚的区域经济合作为重点，从加大对中亚基础设施建设的经济投入为切入点，帮助中亚向南亚输出石油、天然气和电力，从而在经济上将中亚融入到南亚乃至更广大的地区以使之对外保持开放性。美国为了将中亚国家吸引到由其主导的多边区域合作进程中，不仅自掏腰包在中亚地区大力兴建水电设施、改善海关与跨界设施、建设天然气管线等，还积极寻求同亚洲开发银行、日本以及欧盟建立多边论坛，共同推进中亚市场的一体化。[③] “大中亚计划”将经济联系并不紧密的南亚和中亚整合在一起，并且从能源领域着手推进两个地区间的经济融合，以此减少中亚国家对俄罗斯和中国的经济依赖，从而削弱上海合作组织内部推进区域经济一体化的

---

① 邵育群：“美国与上海合作组织：认知、关系与未来”，《美国研究》2007 年第 3 期，第 23—24 页。

② 费根鲍姆（Evan A. Feigenbaum，美国中亚南亚事务助理国务卿帮办）：“上海合作组织与中亚的未来”（The Shanghai Cooperation Organization and the Future of Central Asia），华盛顿，尼克松中心，2007 年 9 月 6 日。

③ 张屹峰、潘光：“美国的中亚经济战略及其影响”，《和平与发展》2009 年第 1 期，第 33—34 页。

动力。不过，“大中亚计划”的主要目的是恢复和提升美国在中亚的影响力，在总体上不是一个进攻性战略，并不寻求与上海合作组织进行对抗。

第二节 奥巴马执政以来美国、北约对上海合作组织政策的新发展

奥巴马执政后，阿富汗形势日趋严峻和国际上一系列新的事态发展使美国和北约进一步认识到同上海合作组织发展务实合作的必要性和紧迫性，但尚没有就如何建立机制化的合作形成具体的政策方案。

2008 年以来，随着阿富汗和巴基斯坦形势的恶化，美国在中亚的安全利益面临着日益严峻的挑战。到 2009 年初，卷土重来的塔利班已控制了约 70% 的阿富汗地区，而北约联军在阿富汗的阵亡人数则从 2002 年的 51 人一路攀升至 2008 年的 292 人，[①] 近几年继续上升。同时，巴基斯坦西北部边境地区的“塔利班化”更使北约联军处于腹背受敌之困境。曾支持过塔利班政权的巴基斯坦政府在“9 · 11”事件后虽成为美国的“非北约盟国”，却陷入了与国内宗教极端势力、恐怖势力无休止的流血冲突，而塔利班则借势从阿富汗扩展到了巴基斯坦西北部边境地区，并在 2007 年成立了“巴基斯坦塔利班运动”，频频袭击并数度切断北约联军在巴境内的补给线。

因此，奥巴马入主白宫后立即着手将美国的反恐重心从伊拉克向阿富汗和巴基斯坦转移。2009 年 3 月，美国发表了《阿富汗和巴基斯坦政策白皮书》，其核心要旨是瓦解阿富汗和巴基斯坦境内的恐怖主义网络，加强两国政府的执政和管理能力，

---

① 滕仕伟：“奥巴马的“阿富巴战略”，《国际资料信息》，2010 年第 1 期，第 7 页。

保障其国内安全、稳定并推动国际社会在上述领域开展合作。按照该战略的部署，美国向阿富汗增兵2.1万，使驻阿美军达到5万以上，以北约为主的国际联军则达到9万人。2010年11月，按照“先增后撤”的指导思想，美国和北约相继公布了从阿富汗撤军的具体时间表。同时，北约在里斯本峰会上推出了冷战后的第三份战略概念文件，明确指出北约面临的主要安全威胁是导弹袭击、大规模杀伤性武器扩散、恐怖主义与极端主义、北约之外的不稳定和冲突、网络袭击、国际能源运输通道中断以及气候变化等。为应对这些安全威胁，北约将集体防御、危机处理和安全合作确立为三大核心任务，强调吸取阿富汗战争的经验教训，采取政治、民事和军事手段并重的路径进行有效的危机管理，并同任何与北约在维持和平方面有共同利益的国家和组织开展对话与合作。

到2010年，一系列事态的发展使美国、北约的阿巴新战略面临严峻挑战。2010年春夏，吉尔吉斯斯坦爆发政局动荡和民族冲突，直接威胁美国、北约向阿富汗输送兵员物资的马纳斯基地。2010年12月以来，中东的“革命”和动乱迅速蔓延，使美国、北约又卷入利比亚战争，并插手叙利亚内战和埃及内乱，牵制了其对阿富汗的投入。2011年5月，美国在没有得到巴基斯坦同意的情况下进入巴境内击毙“基地”头目本·拉登，导致美国、北约与巴基斯坦之间长期以来在反恐问题上的相互猜疑和不满更趋激化，而“基地”等恐怖、极端组织为拉登报仇的汹涌浪潮也使美国、北约在阿富汗、巴基斯坦的处境更为险恶，其撤军前景更加充满变数。这一系列新的事态发展，使美国、北约在处理阿巴和中亚问题上逐渐转向寻求上海合作组织的支持与配合。2009年3月27日，在上海合作组织在莫斯科举行的阿富汗问题国际会议上，美国负责南亚中亚事务的助理国务卿帮办帕特里克·穆恩出现了，这是美国官方代表首次正式出席上海合作组织的会议。同时，上海合作组织也参与了稍后在海牙举行的由美国推动、联合国主办的阿富汗问题国际会议。在此前后发表的一份由美国前国务卿奥尔布赖特主持起草的专家版战略概念文件也提出，北约应在其成员国范围之外探索建立新的次区域集团的可能性，与上海合作组织、集体安全条约组织等区域性组织在平等、互信和互利基础上建立更正式的联系。[①] 有专家认为，美国、北约与上海合作组织之间的关键问题并不在于双方“在阿富汗稳定上是否应当建立一种伙伴关系，而是采取何种恰当的形式”。[②] 也有学者认为：“政治障碍并没有严重到阻碍上海合作组织和北约之间进行更紧密接触的地步，至少近期西方默认了上海合作国家在欧安组织中的影响加强，真正缺乏的是实践上的推动力。在可预见的未来更有可能的是在北约和中国的政治对话背景下建立上海合作组织与北约的联系。”[③] 还有学者建议，美国可以利用其盟友如阿富汗和土耳其或是欧安组织作为非正式管道与上海合作组织进行接触。[④] 需要指出的是，在极力拉上海合作成员国进一步参与应对

① 《北约 2020：有保证的安全，有活力的参与——专家组对北约新战略概念的分析与建议》（NATO 2020：Assured Security，Dynamic Engagement. Analysis and Recommendations of the Group of Experts on A New Strategic Concepts for NATO），2010 年 5 月 7 日。

② 霍尔（Matthew Hall）：《上海合作组织：稳定阿富汗的伙伴？》（The Shanghai Cooperation Organization：A Partner for Stabilising Afghanistan?），澳大利亚国防大学防务与战略研究中心，2009 年，第 9 页。

③ 白丽斯（Alyson J. K. Bailes）、斯奥迪沙道提尔（Johanna M. Thordisardottir）：“上海合作组织与北约”（The SCO and NATO），载弗雷德霍姆（Michael Fredholm）主编：《上海合作组织与欧亚地缘政治：新方向、新观点和新挑战》（The Shanghai Cooperation Organization and Eurasian Geopolitics），哥本哈根，北欧亚洲研究所出版社，2013 年版，第 117 页。

④ 波兰德（Julie Boland）：《上海合作组织十周年：失去的十年？美国的伙伴？》（Ten Years of the Shanghai Cooperation Organization：A Lost Decade? A Partner for the U. S. ?），美国布鲁金斯学会 21 世纪防务行动政策报告（21st Century Defense Initiative Policy Paper），2011 年 6 月 20 日，第 40—42 页。

阿富汗困局这个问题上，不仅美国、北约积极活动，作为上海合作观察员国的阿富汗和巴基斯坦两国政府也十分积极。

在2014年以美军为主的国际部队将要撤离阿富汗的背景下，美国未来在阿富汗的经费投入必将大幅削减，难以扛起阿富汗经济和社会重建的沉重包袱。正在这时，曾提出过“大中亚计划”的美国学者弗雷德里克·斯塔尔的“新丝绸之路”构想为美国摆脱这个困境提供了一个机会。美国政府迫不及待地将“新丝绸之路”从一个学术构想提升为战略，并举起这面大旗高声呐喊，试图拉笼国际社会，尤其是中亚、南亚、西亚的邻近国家出钱出力，承担相应的责任和义务，又可在阿富汗战后重建和欧亚大陆腹地新一轮发展中发挥主导作用。不过，斯塔尔本人并不同意将他的学术研究思路政治化。他解释道，“新丝绸之路”构想就是建设一个连接南亚、中亚和西亚的交通运输与经济发展网络，以阿富汗为枢纽，将油气资源丰富的中亚、西亚国家与经济发展迅速的印度，乃至“小龙”和“小虎”集中的东南亚连接起来，促进各国间、以及几大区域间的优势互补，推动包括阿富汗在内的该地区国家的经济社会发展。他认为，上海合作组织成员国均可在这个计划中发挥重要作用，而中国则可发挥关键作用。[①] 总体来看，尽管“新丝绸之路”计划的推行面临诸多障碍，但它可能为上海合作组织与西方在经济领域的合作提供一个新的机遇。

当然，对于上海合作组织在帮助应对阿巴困局方面能发挥什么作用，美国、北约内部是有分歧的。一些官员和学者认为，上海合作组织在人权和价值观方面与西方相悖，其提供地区公共产品的能力有限，在贸易自由化、基础设施建设和经济发展等方面，特别是在应付国际金融危机方面的表现令人失望，因此在应对阿—巴困局方面发挥不了什么作用。但也有许多官

① 潘光采访弗雷德里克·斯塔尔记录，2012年2月10日，华盛顿。

员和学者对上海合作组织持相对积极的看法，认为该组织是一种地区公共产品，已逐步从边境管理和军事互信机制拓展到经济文化合作领域，有利于中亚地区的稳定和发展，因此可以在应对阿—巴困局方面发挥积极作用。有美国学者指出了一个有意思的现象：近来北约对上海合作组织的看法由消极转向积极。其主要原因在于北约并不十分关注上海合作组织提供地区公共产品能力的大小和上海合作组织的价值观，而更为重视上海合作组织在安全上的战略重要性。[①] 他们还认为，北约秘书长拉斯穆森特别重视对阿富汗安全部队的培训，因此对与上海合作组织合作，特别是与作为阿富汗邻国的中国和中亚国家的合作持积极态度。还有学者认为，目前美国为实现其在中亚的长远目标所需要的中国的帮助已经超过了中国对美国的需要。[②]

同时，许多具体措施也在商讨之中。美国、北约拉上海合作组织参与应对阿—巴困局的一个计划是试图说服中国、印度等国派兵去阿富汗。首先出面的是英国，其前首相布朗正式邀请中、印派兵参加驻阿富汗联军。对此，中国外交部发言人做了回应："除安理会批准的联合国维和行动外，中国从不向海外派驻一兵一卒。"[③] 美国人对此做了他们的解读：如果在阿富汗有联合国维和机制，中国派兵参加的可能性是可以讨论的。不久后，时任中国军队总参谋长陈炳德表示，在受到外国政府邀请时，中国可以出兵前往中亚国家打击恐怖和分裂主义势力。[④]

---

① 库利（Alexander Cooley）："西方看上海合作组织"，学术报告，2009年10月23日，上海。

② 奥里斯曼（Matthew Oresman）："重新评估美中在中亚稍纵即逝的合作可能性"（Reassesing the Fleeting Potential for U. S. -China Cooperation in Central Asia），《中国与欧亚论坛季刊》（*China and Eurasia Forum Quarterly*），2008年第6卷第2期第12页。

③ "外交部就所谓中国派兵参加驻阿富汗国际联军答问"，2008年11月18日，引自外交部网站。

④ 香港凤凰卫视，2009年7月24日报道。

美国、北约观察家认为，他提出了另一种可能性，即中国通过上海合作组织这个平台来参与反恐战争。不过，大多数国际观察家认为，上海合作组织要组建联合部队入阿作战几乎是不可能的，特别是俄罗斯士兵入阿过于敏感。美国、北约拉上海合作组织参与应对阿—巴困局的另一个比较现实的计划是借助上海合作成员国的帮助向阿富汗运送后勤补给物资。如前文所述，由巴基斯坦经陆路进入阿富汗的补给线被塔利班屡屡切断，吉尔吉斯斯坦又多次提出关闭其境内的马纳斯基地，这就迫使美国、北约向俄罗斯和中亚国家求助，开辟新的补给线，同时也希望在后勤补给方面得到中国的帮助。美国和北约曾经设想借助中国向阿富汗运送后勤补给物资的方案有三。一是要求中国开放中阿边境的瓦罕走廊作为北约部队运送物资的通道。不过，瓦罕走廊海拔5000多米，地形复杂，气候恶劣，将其作为运输通道的技术难度非常大。二是经过中国领土，将物资运入巴控克什米尔，再从那里进入阿富汗。三是将物资运到由中国公司承建、管理的巴基斯坦瓜达尔港，再由陆路经巴基斯坦进入阿富汗。就近期而言，美国、北约最需要上海合作组织及其成员国支持和配合的是三个方面：其一，继续使用上海合作组织中亚成员国的若干基地和“转运中心”；其二，争取中国、俄罗斯和中亚国家在协助2014年联军撤军等方面给予支持；其三，要求上海合作成员国在培训阿富汗军警方面给予协助。从长远和宏观的角度看，美国、北约也想借助上海合作的巨大影响力来帮助稳定阿富汗和巴基斯坦的政局。

同时，美国和北约也开始与上海合作组织成员国进行双边或多边对话，商谈如何在2014年撤军过程中进行协调，并为2014年后推动阿富汗的民族和解与和平发展进程进行合作。例如，在美国与中国关于阿富汗/巴基斯坦局势的“1·5轨对话”中，美国与会者就提出了围绕阿富汗问题双方可能进行合作的几个领域：（1）改进阿巴关系——推动巴基斯坦对阿富汗恐怖威胁做出更多反应，进而制定促进地区合作的战略（多边、双边或临时方式）；（2）政治过渡——支持即将到来的阿富汗选举；（3）经济——对未来的外国投资建立联合保障和风险分担机制；（4）安全——在2014年之前改变联合国阿富汗援助团和国际安全援助部队的授权，使中国等国得以参加联合国维和行动；（5）和解——中美就阿富汗民族和解进程发出共同的声音。中方与会者则提出，美国、北约和国际社会应妥善管理或处理在阿军事装备，防止其在地区内流散而导致灾难性后果，避免阿富汗变成又一个武器“巴扎”（市场），就像利比亚一样；未来的阿富汗政治与和解进程必须包括塔里班代表的那一大片人，否则阿富汗的稳定与发展是难以实现的。美方与会者对此基本同意。[①] 可以预见，随着美国、北约部队离开阿富汗的日子日益临近，此类对话和磋商会更加频繁、深入和具体化。原因在于：“美国最关注的是撤出阿富汗的同时又不使该国动荡，因此需要北京帮助促进中亚的经济发展。”[②] 当然，美国不仅在与中国对话，也在与上海合作组织其它国家进行对话和磋商。

第三节　上海合作组织与欧盟、欧安组织的关系

苏联解体使得长期被“遮蔽”的中亚地区重新进入了欧洲的视野，而新独立的中亚国家也将与欧洲国家和国际组织发展合作关系视为对外政策中重要的战略方向之一。上海合作组织

① 引自潘光参加中美关于阿富汗/巴基斯坦局势“1·5轨对话”的记录，纽约，2013年1月22日，这里引述的是可以公开的内容。

② 奥尔考特（Martha Brill Olcott）：“中国在中亚难以匹敌的影响”（China's Unmatched Influence in Central Asia），卡内基国际和平基金会（Carnegie Endowment for International Peace），华盛顿，2013年9月18日。

成立10年多来，欧盟、欧安组织与上海合作组织之间通过各种方式进行接触，但在如何推进双边关系的机制化问题上仍没有形成一个清晰的政策路线图。

1. **欧盟新中亚战略的形成及其与上海合作组织的交往**

冷战结束初期，从苏联解体中新生出来的中亚国家迫切地需要改善经济、社会发展的条件以巩固其主权的独立，为此将融入全球经济并促进外国直接投资视为对外政策的优先考虑，并希冀包括欧盟在内的西方国家对其施以援手以实现这一目标。然而，欧盟在中亚外交上却表现出淡然的姿态，经历了三步走的缓慢发展才形成了一个全面的战略框架。

第一步是“9·11”事件之前十年，忙于推动欧洲一体化进程深化与扩大的欧盟对于距离遥远而又情势复杂的中亚无暇给予足够的重视，对这一地区的接触只是为了“确保中亚国家独立生存的能力”。[①] 从1995年起，欧盟与中亚国家陆续签署了《伙伴关系与合作协定》。[②] 该协定是欧盟与第三方达成的一种贸易安排，在合作伙伴之间给予最惠国待遇地位，旨在通过促进双方合作来推进中亚国家的转型进程。同时，欧盟还通过“独联体国家的技术援助计划”（塔西斯计划）[③] 向中亚国家提

---

① 艾斐吉尔（Ertan Efegil）：“欧盟的新中亚战略”（The European Union's New Central Asia Strategy）。载卡娃斯基（Emilian Kavalski）主编：《新中亚：国际行为体的区域影响》（The New Central Asia：the Regional Impact of International Actors），新加坡，世界科学出版社，2010年版，第76页。

② 1995年欧盟与哈、吉、乌三国签署的《伙伴关系与合作协定》于1999年生效，有效期10年。塔吉克斯坦因内战直到2004年才与欧盟签署该协定，并于2009年9月生效。欧盟与土库曼斯坦于1998年签署了该协定，但因欧盟成员国法、英两国政府未批准而没有生效。

③ 塔西斯计划的受援对象最初为12个独联体成员国：亚美尼亚、阿塞拜疆、白俄罗斯、格鲁吉亚、哈萨克斯坦、吉尔吉斯斯坦、摩尔多瓦、俄罗斯、塔吉克斯坦、土库曼斯坦、乌克兰、乌兹别克斯坦。1993年蒙古被列入该计划，但于2003年被调整到欧盟对亚洲和拉丁美洲援助项目（ALA）。塔西斯计划于2007年1月起被发展与合作工具（Development and Cooperation Instrument）取代。

供技术援助以“促进受援国向市场经济和增强民主与法治的转型”，并确立了五大优先援助领域：培训、能源（包括核安全）、交通、支持工商业企业以及粮食的生产与分配。[①] 1991—2001 年期间，欧盟向中亚五国提供了 9.44 亿欧元的援助，其中通过塔西斯计划的援助额达 3.66 亿欧元。[②] 总体而言，中亚国家独立后的头 10 年里，欧盟在中亚的外交停留在双边层面，并以项目和技术援助为导向，“既没有一个明确的政治优先的预设，也缺乏对其施加重大影响所必须的资源”。[③]

第二步始于“9·11”事件爆发后，欧盟及其成员国支持并参加了由美国组建的国际反恐联盟，在北约的名义下获得了在中亚地区的军事存在。[④] 由此欧盟在中亚的利益诉求中增添了安全维度的战略考量，而成立不久的上海合作组织也随之引起了欧盟的关注。2002 年 10 月 30 日，欧盟委员会推出了《2002—2006 年中亚战略白皮书及 2002—2004 年指导计划》。文件指出，中亚国家自独立以来已取得一定的成就，但仍面临着诸多共同的发展问题：“缓慢的民主转型进程、履行人权义务的不良记录、伊斯兰激进化态势、大规模杀伤性武器的扩散、人口给社会服务能力带来的超负荷压力、市场导向的经济改革进展缓慢、糟糕的商业和投资环境、日益扩大的收入差距和贫困化”；

---

① 国际危机组织（International Crisis Group），“中亚对欧盟有何作用?”（Central Asia：What Role for the European Union?），《亚洲报告》（*Asia Report*），2006 年 4 月 10 日第 113 期，第 11 页。

② 欧盟委员会（European Commission），《2002—2006 年中亚战略白皮书及 2002—2004 年指导计划》（Strategy Paper 2002—2006 & Indicative Programme 2002—2004 for Central Asia），布鲁塞尔，2002 年 10 月 30 日，第 3 页。

③ 梅文（Neil J. Melvin）主编：《接触中亚：欧盟在欧亚心脏的新战略》（Engaging Central Asia：The European Union's New Strategy in the Heart of Eurasia），布鲁塞尔：欧洲政策研究中心，2008 年版，第 3 页。

④ 2001 年法国在塔吉克斯坦的杜尚别国际机场建立了一个小型军事后勤补给基地，并驻扎了一个轰炸机中队。德国则在 2003 年获得了乌兹别克斯坦南部的特尔梅兹（Termez）军事基地的使用权。

与此同时，中亚各国也共享着发展互利关系的挑战和机遇：“打击跨国犯罪、改善边境管理、实现经济多元化、增加区域内贸易、进入世界市场和对自然资源的可持续利用”；因此，欧盟援助中亚战略的核心目标是“促进中亚国家的稳定与安全，支持其经济可持续发展和减少贫困的追求”，将通过推进安全与冲突预防、消除政治与社会冲突的根源、改善贸易和投资环境等方式来实现其目标。[①] 此时欧盟已关注到中亚国家在上海合作组织框架下展开的反恐合作，但对于这个新生的区域性组织知之甚少，只是在该文件最后一页的注释中提到：“即使上海合作组织是从一个讨论边界划界问题的论坛起步的，但如今已获得了发展的动力并关注于诸如恐怖主义和分离主义等安全问题，同时还在展望经济合作。”[②]

尽管欧盟并未在这份官方文件中明确表态如何处理其与上海合作组织的关系，但由其资助的智库——欧盟亚洲研究所在两个月后发表了一份题为《欧盟对上海合作组织政策响应》的研究报告，为欧盟寻求与上海合作组织之间的对话提出了政策建议。报告指出，相比较中亚的其他区域合作形式，上海合作组织的特殊之处在于它将俄罗斯和中国这两个大国联合在一起，以充当拉动中亚发展的“火车头”，从而为该地区走向有效的一体化提供了一种新的结构。上海合作组织并非是针对美国和欧盟所设计的，不会对美、欧的地缘利益构成威胁，而且其成员国的反恐政策与美欧有一致之处。上海合作组织的成立也不意味着俄罗斯或中国在中亚确立了霸权，而是因为它们认识到了单独在该地区发挥影响面临着共同的局限。报告认为，欧盟已

① 欧盟委员会（European Commission）：《2002—2006 中亚战略白皮书及2002—2004 指导计划》（Strategy Paper 2002 - 2006 & Indicative Programme 2002 - 2004 for Central Asia），布鲁塞尔：2002 年 10 月 30 日，第 3—4 页。

② 同上书，第 55 页。

将推动中亚国家之间的区域合作确立为其中亚政策的优先考虑和实施要点，但要推进中亚地区主义的发展，欧盟必须为在该地区的大国和小国之间达成一个新的安全协议而继续努力，上海合作组织则为此提供了一个理想的框架。报告建议，欧盟对上海合作组织的政策应包括三个方面："首先，欧盟需要精心地制定政策，应当认识到在亚洲心脏地带的有效地区主义的地理基础包括了俄罗斯和中国，而不仅仅是中亚国家。如此一来，欧盟应更加明确地接受上海合作组织的安全准则，支持中亚的裁军项目以及实施这些项目的安全保证。其次，欧盟需要运用政策资源敦促中国和俄罗斯抵制过于紧密的双边方式而支持加强上海合作组织的政策，并通过技术援助来鼓励它们更加积极和有效地以多边方式推动上海合作组织的发展。最后，欧盟必须让美国明白抵制过于紧密的双边方式有助于中亚国家支持提高上海合作组织有效性的政策。"报告还提出了建立"欧盟—上海合作组织"对话机制的建议，主张首先从司法、内政、交通和能源这些与上海合作组织的利益最相关的议题着手进行对话，而且这一对话进程应当是多层次的，包括从欧盟参与上海合作组织的外长会议到双方中层官员之间的交流，以及第二轨道的学者与官员之间的交流。[1]

然而，迫在眉睫的东扩使欧盟没有多余的精力将与上海合作组织的对话立即提上议事日程，但也意识到其东扩后进一步介入中亚事务将不可避免地直接面对上海合作组织。2004 年 1 月 15 日，欧盟代表应邀出席了上海合作组织秘书处在北京举行的正式启动仪式。[2] 3 月 16 日，负责欧盟共同外交与安全政策

① 奥斯丁（Greg Austin）：《欧盟对上海合作组织的政策响应》（European Union Policy Responses to the Shanghai Cooperation Organization），布鲁塞尔：欧盟亚洲研究所（European Institute for Asian Studies）系列出版物 2002 年第 4 号（BP 02/04），2002 年 12 月。

② 新华社 2004 年 1 月 15 日电。

的高级代表索拉纳专程拜访上海合作组织秘书处。上海合作组织秘书长张德广在会见索拉纳时明确表示上海合作组织愿与包括欧盟在内的各个国际组织发展一切形式的交流与合作，并介绍了近年来上海合作组织在反恐和反对毒品走私方面所做的巨大努力。索拉纳也明确表示欧盟愿意与上海合作组织保持接触，寻求各种合作的可能性。[①] 2005 年中亚国家在“颜色革命”的冲击下相继陷入政局动荡，在欧盟内部激起了一股反思和调整中亚政策的呼声，认为欧盟现有的政策框架《伙伴关系与合作协定》和塔西斯计划已不足以处理其与中亚关系所面临的挑战。[②] 当年 7 月，欧盟设立了中亚事务特别代表以加强其与中亚国家之间的沟通。与之同时，上海合作组织阿斯塔纳峰会上对驻守在其部分成员国境内的外来军队下了“逐客令”，因此被西方舆论扣上了“一个成长中的反西方联盟”的帽子，[③] 但同时也让西方意识到在中亚事务上已不能不顾及上海合作组织的立场。同年 12 月，欧盟中亚地区事务特别代表库比斯访问了上海合作组织秘书处，与张德广秘书长就维护中亚地区局势的稳定交换了意见。

迈出第三步的标志是2007 年6 月 22 日欧洲理事会正式批准的《欧盟与中亚：新伙伴关系战略》。该报告明确指出，欧盟在中亚的战略利益是该地区的安全与稳定以及支持中亚国家的人权与法治，这是因为“中亚地区在战略上、政治上和经济上的发展以及与日俱增的跨地区挑战已直接或间接地影响了欧盟的利益；随着欧盟的扩大，欧盟睦邻政策囊括了南高加索地区并

---

① 新华社 2004 年 3 月 16 日电。

② 参见赵会荣：“欧盟的中亚政策”，《俄罗斯中亚东欧研究》，2008 年第 6 期，第 62 页。

③ 哈诺娃（Selbi Hanova）：“上海合作组织透视：形象与话语”（Perspectives on the SCO：Images and Discourses），《中国与欧亚论坛季刊》（*China and Eurasia Forum Quarterly*），2009 年 10 月第 7 卷第 3 期，第 65 页。

推出了黑海协作倡议，使得中亚和欧盟更为接近；中亚地区丰富的能源资源及其寻求贸易伙伴和供应路线多样化的目标有助于满足欧盟的能源安全和供应需求”。欧盟将采取一种双边合作与地区合作相平衡的方式来实现其在中亚的利益，并明确表示“准备与中亚的区域组织进行一种开放的且有建设性的对话，并与欧亚经济共同体、上海合作组织、亚信会议、集体安全条约组织、中亚区域经济合作组织等建立定期的、专门的联系”。欧盟还确立了七个重点政策领域，包括：推进人权、法治、善治与民主化进程，青年和教育，推动经济发展、贸易与投资，加强能源与交通联系，环境与水资源的可持续发展，应对共同威胁和挑战以及搭建文化间对话的桥梁。[①] 欧盟在新中亚战略中没有详细阐述它与上海合作组织进行对话的形式和议题。但在此之前，德国对外政策委员会和德国东方经济委员会于 2007 年 4 月 3 日在柏林召开了主题为“上海合作组织：与欧盟伙伴关系的可行性”的国际会议专门讨论两个组织之间发展关系的问题。会议不仅有德国外交部和欧盟负责中亚事务的外交官出席，而且还邀请了上海合作组织秘书长努尔加利耶夫以及来自中亚和中国的官员和学者。在会议上，欧盟中亚事务特别代表毛磊公开表示了欧盟与上海合作组织建立合作的意愿，并明确提出将反恐和打击制毒贩毒作为合作重点。[②]

欧盟之所以在中亚的众多区域合作机制中对上海合作组织“另眼相待”，有其多重战略考虑。首先，上海合作组织能够在中亚的经济发展上发挥重要作用，而欧盟在中亚的利益就是该地区的繁荣与安全。其次，上海合作组织与欧盟的能源安全息

① 欧盟理事会（Council of the European Union）：《欧盟与中亚：新伙伴关系战略》（European Union and Central Asia：Strategy for New Partnership），布鲁塞尔，2007 年 10 月。

② 上海合作组织秘书处：《上海合作组织大事记 2007 年》，http：//www. sectsco. org/CN/show. asp? id = 236

息相关。上海合作组织成员国中包括了石油输出组织之外最大的两个能源生产国——俄罗斯和哈萨克斯坦，同时还包括了中国和印度这两大能源消费国。上海合作组织已在研究建立能源俱乐部的规划，这意味着它今后有可能在能源安全上形成一种综合性战略。因此，欧盟可与上海合作组织进行能源安全对话，合作发展能源战略项目。再者，中国和俄罗斯是欧盟的重要伙伴，而欧盟同上海合作组织的对话将加强其与中、俄的双边关系。最后，上海合作组织处理的诸多安全问题都涉及欧盟的利益。欧盟和上海合作组织在摧毁恐怖主义网络上有共同利益，双方都希望稳定阿富汗的局势。上海合作组织已建立了阿富汗问题的工作小组，而部分欧盟成员国则在北约名义下参与了阿富汗的军事行动。此外，在欧盟关切的伊朗核问题上，上海合作组织也能通过伊朗的观察员身份发挥影响。①

2. 欧安组织在中亚的活动及其与上海合作组织的接触

欧洲安全与合作组织（Organization for Security and Cooperation in Europe，OSCE，简称欧安组织）的前身欧洲安全与合作会议（Conference for Security and Cooperation in Europe，CSEE，简称欧安会）是冷战时期东西方为缓和美、苏两个超级大国在欧洲的军事对峙而建立的安全对话进程。随着苏东剧变、华约解体，冷战后欧洲安全格局的结构性变化使欧安会开始寻求新的定位和职能，从一个安全对话论坛转变为具有冲突预防、危机管理和冲突后重建职能的安全组织，并从 1995 年 1 月 1 日起正式更名为欧安组织。

冷战后初期，欧安组织将推进中东欧与前苏联国家的民主

① 参见安东年科（Oksana Antonenk）："欧盟与上海合作组织"（The EU and Shanghai Cooperation Organization）。载岩下明裕（Iwashita Akihiro）主编：《走向欧亚新对话：上海合作组织及其伙伴们》（Toward a New Dialogue on Eurasia：The SCO and Its Partners），札幌，斯拉夫研究中心，2007 年版，第 6—7 页。

转型设立为核心议程，“开始深入参与到避免转型国家爆发暴力冲突的活动，致力于终止那里的敌对行为”，并将建立稳定的自由民主国家视为维护地区稳定与国际安全的关键。[①] 在欧安组织看来，“中亚地区安全环境的反复多变根植于中亚各国脆弱的国家和社会制度，社会经济危机以及民族、宗教和政治紧张”，该地区的诸多安全问题是各国所共享的，需要以地区方式加以应对，接纳中亚国家不仅是重组后苏联安全空间的一个重要步骤，而且应明确关注强化该地区的一体化动力，从而将欧安组织的安全模式推广到这一地区。[②] 新独立的中亚国家则将欧安组织视为一个可以与西方直接建立联系的重要平台，不仅可以借此得到西方的经济援助，而且也能够参与欧洲安全事务的讨论，提升自己的国际地位。因此，就在中亚国家独立后不久，1992 年 1 月被欧安组织接纳为正式成员。1993 年 12 月，鉴于塔吉克斯坦因内战而出现人权危机，欧安组织决定在其首都杜尚别设立使团。1995 年，欧安组织在乌兹别克斯坦首都塔什干建立了中亚联络办公室。1998 年，欧安组织在哈萨克斯坦的阿拉木图、吉尔吉斯斯坦的比什凯克以及土库曼斯坦的阿什哈巴德相继成立了欧安组织中心，此后又在吉尔吉斯斯坦南部的奥什设立办公室。这些机构的主要任务是监督中亚五国的政治、法律和经济发展，鼓励其参与欧安组织框架内的合作，致力于协调该地区的民族关系，保护少数民族权利和地位，推进民主建设、司法改革，就民族分离主义、宗教极端行为等事态发展进行早期

① 加尤（Alexandra Gheciu）：《保卫文明？后 9·11 世界中的欧盟、北约与欧安组织》（Securing Civilization? The EU, NATO and the OSCE in the Post - 9/11 World）。英国，牛津大学出版社，2008 年版，第 120 页。

② 弗莱雷（Maria Raquel Freire）：“欧安组织在新中亚”（The OSCE in the New Central Asia）。载卡娃斯基（Emilian Kavalski）主编：《新中亚：国际行为体的区域影响》（The New Central Asia: the Regional Impact of International Actors），新加坡，世界科学出版社，2010 年版，第 50—55 页。

预防和警告。在此期间，欧安组织在中亚的重点工作是通过一系列的技术援助项目推进中亚国家的政治转型尤其是选举制度的建设。1997—1999 年期间，欧安组织相继与乌、吉、哈、塔四国签订谅解备忘录，在其民主制度与人权办公室指导下帮助中亚国家开展民主选举活动。为进一步加强与中亚国家的联系，欧安组织还在 1998 年的奥斯陆部长理事会上决定任命轮值主席国的私人代表处理中亚事务。1999 年，欧安组织秘书长维姆·霍因克以私人代表身份访问中亚五国后指出：欧安组织应将“人的维度”置于其对中亚战略的中心地位，因为它在政治—军事领域缺乏提供安全保证的能力，也难以在经济与环境领域发挥更大作用，同时欧安组织应鼓励中亚五国发展全球化下的地区性合作。①

“9·11”事件后，欧安组织配合美国的反恐政策，相继通过了《打击恐怖主义行动计划》（2001 年）、《防止和打击恐怖主义宪章》（2002 年）以及《欧安组织应对 21 世纪稳定与安全威胁战略》（2003 年）等一系列文件，建立起了自己的反恐战略框架。欧安组织还明确了反恐战略的阶段性任务：首先是为打击恐怖主义建立必要的法律框架，欧安组织成员国加入联合国框架下的反恐公约；其次是建立防范和制止恐怖活动的执行机制，包括建立监测机制和边境管理体系；最后是在双边、区域和国际层面开展反恐合作，就恐怖主义及与之相关的毒品贩卖、武器走私、洗钱等有组织犯罪进行情报交流和跨界司法合

---

① 盖巴里（Victor-Yves Ghebali）：“欧安组织在中亚的地区政策：原因与局限”（OSCE Regional Policy in Central Asia：Rationale and Limits），载沙巴西（Farina Sabahi）和华纳（Daniel Warner）主编：《欧安组织与转型的多重挑战：高加索与中亚》（The OSCE and the Multiple Challenges of Transition：The Caucasus and Central Asia），柏林顿，阿斯盖特出版公司，2004 年版，第 5—6 页。

作。[①] 随着欧安组织将反恐问题纳入到议程之中，其工作重心也从巴尔干向高加索和中亚地区转移，并且越来越强调将长期的冲突预防行动与善治和社会融合相挂钩，认为在民主制度不健全、经济和环境条件极为恶劣并且存在着民族、宗教矛盾的中亚国家，可以通过帮助其推进民主化进程使之免于沦为失败国家和孳生恐怖主义温床的危险。[②] 为此，欧安组织意识到其中亚政策应当“在保持关注人的维度的同时，力求从政策层面和项目层面在三个维度之间实现更好的平衡”。[③] 2001 年 12 月，欧安组织和联合国反毒品与预防犯罪局在吉尔吉斯斯坦首都比什凯克联合召开国际反恐会议，并在会后发表了题为《在中亚加强安全与稳定：强化反恐的全面努力》的宣言，强调为打击恐怖主义，在充分尊重人权与法治的同时，有必要对中亚国家进行经济上的援助使之巩固其民主化进程。[④] 据此，欧安组织将促进中亚反恐合作与其三个篮子的工作框架结合起来，加强了对中亚地区的经济援助。

“第一篮子”是政治—军事维度。欧安组织寻求以加强边界

---

① 弗莱雷（Maria Raquel Freire）：“欧安组织的后‘9·11’议程与中亚”（The OSCE's Post-September 11 Agenda and Central Asia），《全球社会》（*Global Society*），2005 年 4 月第 2 期第 191—192 页。

② 霍普曼（Terrence Hopmann）：“欧安组织对 9·11 的回应”（The OSCE Response to 9/11）。载加特纳（Heinz Gartner）和卡斯伯森（Ian Cuthbertson）主编《9·11 和伊拉克战争之后的欧洲安全与跨大西洋关系》（European Security and Transatlantic Relations after 9/11 and the Iraq War）。伦敦，帕尔格雷夫出版社，2005 年版，第 206 页。

③ 弗莱雷（Maria Raquel Freire）：“欧安组织在新中亚”（The OSCE in the New Central Asia）。载卡娃斯基（Emilian Kavalski）主编：《新中亚：国际行为体的区域影响》（The New Central Asia：the Regional Impact of International Actors），新加坡，世界科学出版社，2010 年版，第 56 页。

④ 弗莱雷（Maria Raquel Freire）：“欧安组织的后 9·11 议程与中亚”（The OSCE's Post-September 11 Agenda and Central Asia），《全球社会》（*Global Society*），2005 年 4 月第 2 期第 199 页。

监管和警务行动为重点提升中亚国家的反恐执法能力。中亚国家缺乏统一的边界管理和防卫机制，导致其在邻近阿富汗的地区出现了许多执法盲区，为暴力恐怖分子的潜入以及毒品、武器走私的泛滥创造了便利条件。针对这一情况，欧安组织通过其下属的战略警务署向中亚国家提供警务援助项目的合作。

"第二篮子"是经济与环境维度。欧安组织将改善中亚国家的社会经济环境与推进市场经济体制相挂钩，以消除导致不稳定因素的经济根源，同时推动环境领域的地区合作以缓和这些国家因能源、水资源分配所产生的矛盾。一方面，欧安组织通过组织国际研讨会等形式积极帮助中亚国家培育经济增长点，改善投资环境。另一方面，欧安组织十分重视通过改善政府治理、防治腐败来帮助中亚各国建立健康而有序的经济环境。

"第三篮子"是人的维度。欧安组织将加强中亚国家的法治与民主建设、改善人权状况视为铲除恐怖分子赖以生存的社会土壤的关键所在，始终强调打击恐怖主义不应成为侵犯人权的借口。"9·11"事件后，西方认为中亚各国政权以打击恐怖主义为名加强了安全部队对社会的控制，并借此压制政治反对派和不同政见者，有悖于欧安组织所遵循的尊重人权与基本自由的行为准则。[①] 为此，欧安组织开展了诸如推动司法改革、加强宗教团体间对话以及发展文化教育等一系列旨在保障人权、增进社会宽容的项目与活动。

西方学者认为欧安组织的政策与实践集中体现了对国际安全的重新理解："安全是综合的，它将传统的安全要素与经济、环境、文化和人权因素联结在一起；安全也是不可分割的，一国的安全与其他国家的安全休戚相关；最重要的是，安全是合

① 参见弗莱雷（Maria Raquel Freire）："欧安组织的后9·11议程与中亚"（The OSCE's Post-September 11 Agenda and Central Asia），《全球社会》（*Global Society*），2005年4月第2期，第199页。

作的，它是以信任与合作、和平解决争端以及互助的多边机制为基础的。”[①] 欧安组织在介入中亚事务上始终寻求贯彻这一安全模式，并不谋求以军事手段来应对中亚地区的各种安全威胁，而是以提供经济技术援助和展开对话等方式诱导中亚国家接纳其安全观念与政策主张。但是，欧安组织作为一个松散的泛欧安全合作机制，缺乏足够的资源来独立地推进地区合作，而必须借助北约、欧盟、联合国等国际组织的支持才能发挥影响。“9·11”事件后不久，欧安组织就关注到上海合作组织已着手在中亚推进地区层面的反恐合作机制建设，从而开始寻求同上海合作组织就中亚的反恐问题交换意见。2003 年 9 月，上海合作组织代表应欧安组织轮值主席国代表、荷兰外交事务大臣夏侯雅伯的邀请，出席了在里斯本举行的第二届欧安组织预防和打击恐怖主义会议，并介绍了上海合作组织在反恐问题上的立场和已经采取的行动。2004 年 1 月，欧安组织秘书长库比斯出席上海合作组织秘书处成立仪式，并与其秘书长张德广讨论了双方开展合作的可能。2005 年 4 月，欧安组织在塔什干举行了有关打击恐怖主义立法的研讨会，上海合作组织地区反恐怖机构理事会代表应邀出席会议，并同意与欧安组织、联合国共同为与会国提供打击恐怖主义的法律咨询和培训。2006 年 12 月，上海合作组织秘书长应约会见了来访的欧安组织轮值主席国特使查瓦利尔。

3. 欧盟、欧安组织对上海合作组织的疑虑

自 2007 年欧盟实施新中亚战略后，其与上海合作组织的交往显著增加。2008 年 2 月，上海合作组织秘书长努尔加利耶夫与来访的欧盟中亚事务特别代表毛磊就加强双方的联系进行了

---

① 阿德勒（Emanuel Adler）：“想象的安全共同体”，（Imagined Security Communities），《国际研究期刊》（*Journal of International Studies*），1997 年第 2 期，第 261 页。

会谈。紧接着努尔加利耶夫又在3月会见了欧盟阿富汗问题特别代表本德列尔，就阿富汗问题交换了意见。9月，欧盟在巴黎召开首届“欧盟—中亚安全论坛”，应邀出席的努尔加利耶夫秘书长向与会代表介绍了上海合作组织杜尚别峰会确定的优先合作方向，以及在打击“三股势力”和毒品走私方面的经验。在俄罗斯的建议下，上海合作组织邀请欧盟出席了2009年3月在莫斯科召开的阿富汗问题特别国际会议。2010—2011年度，哈萨克斯坦同时担任欧安组织和上海合作组织的轮值主席国，并邀请上海合作组织秘书长伊马纳利耶夫出席了在阿斯塔纳举行的欧安组织峰会。随后，上海合作组织代表又在欧安组织的维也纳年度安全评估会议上就恐怖主义等跨国威胁问题做了发言。2013年3月12日，上海合作组织秘书长梅津采夫率代表团出席了在维也纳举行的欧安组织阿富汗问题安全日活动。[①] 两个组织的相互了解日渐加深。欧洲日益重视上海合作组织的主要原因在于“该组织具有持久的生命力，比中亚地区的其它组织更具有实质性的影响和动力”。[②] 然而，尽管双方都致力于通过推进地区合作来寻求综合的、共同的安全，但是双方关注的重点和政策偏好不尽相同，使得欧洲对于是否要同上海合作组织建立正式关系犹疑不定。

首先，欧洲对上海合作组织以打击“三股势力”为首要任务的安全合作有不同看法。欧盟、欧安组织高度关切中亚的伊斯兰极端势力、恐怖主义和毒品、武器走私等跨国有组织犯罪对欧洲本土的安全威胁，但它们并不具备直接向中亚地区提供

① 上海合作组织秘书长出席欧安组织阿富汗问题安全日活动，http://www.sectsco.org/CN11/show.asp?id=542。

② 白丽斯（Alyson JK Bailes）：“上海合作组织与欧洲”（The Shanghai Cooperation Organization and Europe），《中国与欧亚论坛季刊》（*China and Eurasia Forum Quarterly*），2007年第3期，第13页。

安全保障的能力，而是寻求作为一种规范性力量，[①] 通过对中亚国家的经济技术援助发挥影响，并且坚持主张“不经历政治改革就不可能确保中亚的长期稳定与繁荣”。[②] 因此，欧洲一直将不符合西方民主标准的中亚国家政权本身视为该地区不安全的主要来源之一，并且认为上海合作组织打击“三股势力”的议程使其成员国得以用“恐怖主义威胁”来掩饰对其国内合法的政治反对派的镇压，用“极端主义”来指控温和的穆斯林组织的宗教活动，以及以“反对分裂主义”的名义限制少数民族的权利。[③] 2005 年“颜色革命”向中亚蔓延之际，欧盟、欧安组织多次发表声明谴责中亚国家的选举进程缺乏透明度与合法性，还以乌兹别克斯坦政府在“安集延事件”中“不加区分地使用

---

① 规范性力量（Normative Power）的概念最先由英国学者曼纳斯（Ian Manners）提出，指在国际生活中能够型塑何谓常态的行为体，欧盟作为一种规范性力量，其规范和原则包括可持续和平、社会自由、共识性民主、相关联的人权、超国家法治、包容性平等、社会团结、可持续发展和善治。法国学者弗莱雷（Maria Raquel Freire）认为欧安组织也是一种规范性力量。参见曼纳斯（Ian Manners）：“规范性力量欧洲：一种自相矛盾的说法”（Normative Power Europe：A Contradiction in Terms），《共同市场研究期刊》（*Journal of Common Market Studies*），2002 年第 2 期，第 235—258 页，弗莱雷（Maria Raquel Freire）：“欧安组织在新中亚”（The OSCE in the New Central Asia）。载伊米丽亚·卡娃斯基（Emilian Kavalski）主编：《新中亚：国际行为体的区域影响》（The New Central Asia：the Regional Impact of International Actors），新加坡，世界科学出版社，2010 年版，第 49—69 页。

② 卡森诺娃（Nargis Kassenova）：“来自中亚的观点”（A View from the Region）。载梅文（Neil J. Melvin）主编：《接触中亚：欧盟在欧亚心脏的新战略》（Engaging Central Asia：The European Union’s New Strategy in the Heart of Eurasia），布鲁塞尔，欧洲政策研究中心（Centre for European Policy Studies），2008 年版，第 129 页。

③ 参见安东年科（Oksana Antonenk）：“欧盟与上海合作组织”（The EU and Shanghai Cooperation Organization）。载岩下明裕（Iwashita Akihiro）主编：《走向欧亚新对话：上海合作组织及其伙伴们》（Toward a New Dialogue on Eurasia：The SCO and Its Partners），札幌，斯拉夫研究中心，2007 年版，第 9 页。

武力”并拒绝接受独立的国际调查为由决定对其实施制裁。① 事实表明，美欧的民主攻势和制裁措施非但没有让中亚地区摆脱混乱，反而使中亚国家政治失序和社会动荡，致使“三股势力”得以趁火打劫。在这样的情况下，欧洲虽然批评上海合作组织拒绝了欧洲的“人权、政治自由和善治一般规范”，但也承认上海合作组织没有阻止成员国接受西方提供的援助，而且在打击恐怖主义、毒品和武器走私上取得了一定的成功，降低了这些安全威胁进一步向西扩散的风险。②

其次，欧洲担心上海合作组织成员国间的能源合作对其在中亚的能源利益形成竞争压力。为应对俄乌天然气争端对欧洲能源安全的冲击，欧盟于2006年提出建立“泛欧能源共同体”以加强与周边能源生产国的合作，通过引入市场机制和建立透明的法律框架来改善当地的投资环境，使之达到欧盟的标准并最终融入欧洲能源市场。为了将中亚地区纳入到“泛欧能源共同体”之中，欧盟在新中亚战略中突出强调了该地区对于欧洲能源安全的重要意义，并将建立一条连结里海和中东到欧盟的天然气南部通道确立为实现其能源供应来源多样化的一项优先基础设施。③ 为此，欧盟将“纳布科”天然气管道项目视为与中亚进行能源合作的重点。该管道从哈萨克斯坦、土库曼斯坦、

---

① 2005年10月欧盟外长会议通过决议对乌政府制裁，参见爱默生（Michael Emerson）和伯恩斯特拉（Jos Boonstra）：《进入欧亚：监测欧盟中亚战略》（Into Eurasia：Monitoring the EU's Central Asia Strategy），布鲁塞尔，欧洲政策研究中心，2010年版，第70页。

② 白丽斯（Alyson JK Bailes）：“上海合作组织与欧洲”（The Shanghai Cooperation Organization and Europe），《中国与欧亚论坛季刊》（*China and Eurasia Forum Quarterly*），2007年第3期，第15—16页。

③ 参见丹尼森（Michael Denison）：“欧盟与中亚：能源关系的商业化”（The EU and Central Asia：Commercialising the Entergy Relationship），《欧盟中亚监测工作论文》（*EU-Central Asia Monitoring Working Paper*），2009年7月第2期第5页。

穿越里海，经阿塞拜疆、格鲁吉亚、土耳其输送到欧盟，全长为3300公里，年输送天然气310亿立方米，可使欧盟对俄罗斯的天然气依存度减少25%。但让欧盟始料未及的是，当“纳布科”项目还停留在纸上之时，中国和中亚国家仅用了三年半时间就完成了从土库曼斯坦到中国的天然气管道建设，并在2009年12月投入使用。对此，欧盟担心土库曼斯坦在每年分别向中国和俄罗斯提供400亿和500亿立方米天然气的同时能否确保对欧洲的能源供应，认为它已被中亚国家当作与俄、中进行价格讨价还价的工具。[①]

最后，欧洲质疑上海合作组织提供地区公共产品的能力。在欧洲看来，上海合作组织主要是政治经济组织，其与安全直接相关的军事性行动保持在相当有限的规模，并且主要关注成员国领土范围内的安全问题。[②] 上海合作组织已走过了初期的政治发育阶段，也开展了各种各样的合作，但在很大程度上都是宣示性的活动，而且其拥有的财政资源很少，协调结构也很薄弱。不仅如此，上海合作组织功能的拓展尤其是将合作范围延伸到经济领域激起了成员国之间的争论，反映出它们之间的利益差异。中国成为推动上海合作组织经济合作的主要驱动力，而俄罗斯和中亚国家则担心中国的经济控制。尽管上海合作组织框架下已开展了诸如修建从中国到里海的交通通道、出口电力等多边合作，但在解决中亚的水资源分配等区域性问题上却

① 阿萨克（Luba Azarch）：“中亚与欧盟：能源伙伴关系的展望”（Central Asia and the European Union：Prospects of an Energy Partnership），《中国与欧亚论坛季刊》（*China and Eurasia Forum Quarterly*），2009年第4期，第70—71页。

② 哈斯（Marcel de Haas）主编：《上海合作组织：走向一个完全成熟的安全联盟?》（The Shanghai Cooperation：Towards a full-grown security alliance?）。海牙，荷兰国际关系研究所（Clingendael，Netherlands Institute of International Relations），2007年版，第55—57页。

没能充当起组织各方对话和协调联合行动的多边平台。[①]

从操作性层面看，欧洲受到内部决策体制的制约，也难以在短期内同上海合作组织建立起高层次的对话机制。2009年欧盟通过《里斯本条约》之后，一直在重新调整对外政策的决策程序和执行机构。新组建的欧盟对外行动署于2010年12月刚刚正式启用，但是成员国在费用分摊和人事任命问题上争论不休。更重要的是，当前欧盟正遭受欧元区主权债务危机的困扰，其首要任务是集中精力解决财政问题，在外交上难免趋于谨慎和保守。因此，有西方观察家主张欧盟可以通过与上海合作组织成员国的双边会晤尤其是中欧之间的双边对话来推进其中亚战略的实施。[②] 也有欧盟的智库建议，如果欧盟受到上海合作组织的邀请，可以寻求成为该组织的观察员，或是将目前已有的欧盟与中亚五国的多边对话机制扩展到阿富汗、巴基斯坦和印度。[③] 欧盟中亚事务特别代表毛磊则表示，他与上海合作组织秘书处及成员国外交官的定期非正式对话足以维持两个组织之间的密切关系。[④]

由此可见，虽然欧盟有明确的意愿寻求与上海合作组织的对话，但在实现两个组织关系的机制化上还存在着诸多制约因素，需要双方共同努力寻找到一个有效的突破口以增进相互了

---

① 爱默生（Michael Emerson）和伯恩斯特拉（Jos Boonstra）：《进入欧亚：监测欧盟中亚战略》（Into Eurasia：Monitoring the EU's Central Asia Strategy）。布鲁塞尔，欧洲政策研究中心，2010年版，第42—43页。

② 库利（Alexander Cooley）："欧盟与上海合作组织的高层次会晤还为时尚早"（It's too early for a high lever meeting between EU and SCO），2010年3月11日。参见 http：//www. globeurpe. com/standpoint/think-strategic

③ 爱默生（Michael Emerson）和伯恩斯特拉（Jos Boonstra）：《进入欧亚：监测欧盟中亚战略》（Into Eurasia：Monitoring the EU's Central Asia Strategy）。布鲁塞尔，欧洲政策研究中心，2010年版，第123页。

④ 引自作者与欧盟中亚事务特别代表毛磊在欧盟委员会总部的谈话记录，2011年4月27日。

解与相互信任。就目前而言，在两个组织之间就打击中亚地区的毒品走私问题建立定期对话机制是一个可行性相对较高的切入点。可以先从建立专家工作小组之间的定期对话机制做起，通过及时交流信息来提高双方行动的透明度并探索开展实质性合作的适当形式，在此基础上逐步提升对话的级别，同时将其“外溢”到其他双方存有共同利益的议题之中。

第三节　上海合作组织与日本的关系

中亚五国相继宣布独立后不久，日本就与之建立了外交关系。此后，日本先后提出了“欧亚大陆外交”、“丝路外交”等中亚政策设想，2004 年首届“中亚 + 日本”外长会议后，又进一步将中亚地区提升为“自由与繁荣之弧”的一部分。在日本不断调整中亚政策的过程中，如何看待、处理与上海合作组织的关系自然成为一个不可避免的关键问题，而日本与中亚关系的进展对上海合作组织有何影响也引起了广泛的讨论。

1. 日本在中亚的利益诉求与政策演变

冷战后，日本的中亚政策经历了三个发展阶段：第一阶段，1992—1997 年的起始阶段，日本以经济援助开道建立和发展与中亚国家的双边关系，试图以此增加在日俄领土争端等问题上的谈判筹码；第二阶段，1997—2004 年的“欧亚大陆外交”阶段，在日本首相桥本龙太郎提出的“欧亚大陆外交”战略框架下将中亚视为“丝绸之路地区”，确立了政治、经济和安全三大政策目标；第三阶段，2004 年以来的“中亚 + 日本”多边外交阶段，确立了“中亚 + 日本”的政府间多边对话机制。

1993 年 1 月，日本在哈萨克斯坦和乌兹别克斯坦设立了大使馆，其大使由驻俄罗斯大使兼任，正式开启了日本与中亚各国外交关系的大门。[①] 这一时期，日本为扩大其在中亚的影响，将提供经济援助尤其是政府开发援助 ODA 作为对中亚外交的主导手段。日本对中亚国家提供的 ODA 主要包括无偿援助、技术培训、贷款援助及通过国际组织实施援助四种方式。无偿援助方面，在西方七国集团部长级会议上，日本承诺向原苏联地区提供 1 亿美元的紧急援助，其中的一部分给了中亚五国。技术培训方面，日本承诺在 1993—1995 年从中亚五国接收 300 名研修员，并向这些国家派遣经济管理专家。贷款援助方面，日本协助中亚各国对其通信、金融、环保、基础设施等进行开发调查以着手研究可以提供贷款的项目，包括提供“复兴计划贷款”，基础设施建设贷款和“电信通讯网络扩展项目”贷款等。[②] 尽管这一时期日本对中亚的经济援助力度逐年提升，但在其全球 ODA 项目中的比重只有 1%。[③] 当时，中亚在日本的外交中还处于边缘地位，从属于日本的对俄政策。

20 世纪 90 年代中期以后，中亚地区在全球地缘政治中的战略重要性日益凸显，日本也意识到了这一地区的重要战略意义。1997 年 7 月，日本首相桥本龙太郎推出了针对后苏联空间的“欧亚大陆外交”战略，在发展与中亚国家关系上确立了三个合作方向：第一，以政治对话增进互信；第二，以经济合作促进地区的繁荣；第三，推进防核扩散协议、民主化和政治稳定以维护地区的和平与安全。[④] 在这一战略框架下，日本政府于

---

① 参见孙壮志：《中亚五国对外关系》，当代世界出版社，1999 年版，第 171—172 页。

② 沈旭辉、刘鹏：“从援助型外交走向战略型外交——日本中亚外交政策的演变浅析”，《日本学刊》2007 年 2 期，第 36—37 页。

③ 同上书，第 37 页。

④ 汤浅野（Yuasa Takeshi）：“日本对中亚的多边路径”（Japan's Multilateral Approach toward Central Asia）。载岩下明裕（Iwashita Akihiro）主编：《聚焦欧亚：危机中的俄罗斯及其邻国》（Eager Eyes Fixed on Eurasia: Russia and its Neighbors in Crisis），日本斯拉夫研究中心，2007 年版，第 72 页。

1998 年推出了“丝路外交”计划以指导对中亚政策，日本与中亚国家的关系随之出现了加速发展的态势。首先，日本继续加大对中亚五国的经济援助力度。1993 年日本对中亚的援助额为 250 万美元，1997 年大幅攀升到 1. 56 亿美元。2003 年日本在中亚的 ODA 增长到 2. 42 亿美元。自 2000 年起，日本成为中亚五国最大的捐助国。[①] 其次，日本与中亚五国间的互访日趋频繁。1998—1999 年，日本经团联会长、外相、众议院副议长、外务省政务次官等政要频繁出访中亚，并多次接待中亚各国领导人来访。再次，还通过各种渠道在中亚地区事务上发挥影响，如积极支持乌兹别克斯坦举办防核扩散国际会议，派遣观察团参与 2000 年塔吉克斯坦大选等。[②] 伴随着“丝路外交”计划的实施，日本的中亚政策逐步从以制衡俄罗斯为主要驱动力转向以帮助中亚国家保持稳定和促进发展为目标，认为“中亚国家的发展可以使之在维护欧亚大陆的和平上起到缓冲地带的作用”。[③] “9 · 11”事件后，日本开始参与阿富汗重建工作。2003 年，日本官员提出将亚洲划分为三大区域——太平洋亚洲、“丝绸之路”亚洲以及伊斯兰亚洲，中亚是“丝绸之路”亚洲与伊斯兰亚洲的重合地区，日本的 ODA 项目应将重点从东盟国家转移到“丝绸之路”亚洲或伊斯兰亚洲。[④] 同时，日本大量增加驻中亚

---

① 汤浅野（Yuasa Takeshi）：“日本对中亚的多边路径”（Japan's Multilateral Approach toward Central Asia）。岩下明裕（Iwashita Akihiro）主编：《聚焦欧亚：危机中的俄罗斯及其邻国》（Eager Eyes Fixed on Eurasia：Russia and its Neighbors in Crisis），日本斯拉夫研究中心，2007 年版，第 75 页。

② 沈旭辉、刘鹏：《从援助型外交走向战略型外交——日本中亚外交政策的演变浅析》，《日本学刊》2007 年 2 期，第 38—39 页。

③ 兰恩（Christopher Len）：“日本的中亚外交：动机、影响与区域前景”（Japan's Central Asia Diplomacy：Motivations，Implications and Prospects for the Region），《中国和欧亚论坛季刊》（*The China and Eurasia Forum Quarterly*），2005 年 11 月，第 136 页。

④ 茂木敏充（Motegi Toshimitsu）：《日本的外交计划》（Japan's Diplomatic Initiative）。东京，德间书店，2003 年版，第 114—117 页。

各国的外交人员，并大幅度加强与中亚的官员互访活动。

2004年8月，日本外相川口顺子访问乌、塔、吉、哈四国后出席了在阿斯塔纳举行的首次“中亚+日本”外长会议，标志着日本的中亚外交步入了制度化和多边化的新阶段。此次会议确立了日本与中亚国家进行政府间多边对话的三大原则——尊重多样性、竞争与协商、开放与合作。并在会后发表的联合声明中强调了在反恐、毒品、交通和水资源等领域开展地区合作的重要性。2005年，日本在外务省欧洲局下设立“中亚—高加索室”，以加强对中亚外交战略的实施。2006年6月，第二次“中亚+日本”外长会议在东京举行，日、吉、塔、乌四国外长和哈萨克斯坦特使出席会议。会后，日本外相麻生太郎宣布与中亚四国签署了由日本提供支援的行动计划，内容涉及经济与技术援助、能源开发、反恐与反毒等方面。中亚四国则表示支持日本成为联合国安理会常任理事国。两个月后，小泉纯一郎首相访问了哈萨克斯坦和乌兹别克斯坦，这是日本首相首次正式访问中亚国家。日本外相麻生太郎则做了《中亚作为和平与稳定的走廊》和《自由与繁荣之弧——开辟日本外交新天地》两次演讲，提出日本中亚外交的三个指针——从全局看地域，推动开放的地区合作，寻求基于民主、自由、人权、法治和市场经济价值之上的伙伴关系。进而提出以“价值导向外交”将欧亚大陆的外围东北亚、中亚、高加索和中东欧连成“自由与繁荣之弧”。①

2. 日本与上海合作组织关系的演变和发展前景

中亚丰富的能源资源一直是吸引日本进入该地区的重要驱

---

① 宇山智彦（Uyama Tomohiko）：“日本的亚洲外交及美日关系背景下的日本中亚外交”（Japan’s Diplomacy towards Central Asia in the context of Japan’s Asian Diplomacy and Japan-U. S. Relations）。载兰恩（Christopher Len）等主编：《日本的丝路外交：铺路前行》（Japan’s Silk Road Diplomacy：Paving the Road Ahead）。华盛顿，2008年版，第116页。

动力。1993年日本经济产业省发表的能源白皮书提出将开发中亚国家和中国塔里木盆地的能源资源作为日本能源来源多样化战略的一部分，并建议修建从中亚经中国到日本的油气管道。但是，随着上海合作组织的成立及其后吸收几个观察员国，日本开始担心它成为“竞争性的区域框架”，① 不仅加强了中国与中亚国家之间的互信，同时还为中、俄提供了一个战略合作的平台，会在欧亚腹地形成一个由中、俄主导的排他性地区集团。同时，俄罗斯通过各种双边和地区性安排巩固其“能源超级大国”的地位，中国也在与中亚国家的能源合作上取得了显著的进展。② 相比之下，日本在参与中亚的能源开发上一直进展缓慢，因为修建从中亚到日本的油气管道不仅需要巨额的前期投入，还要维持中亚国家的内部稳定，更牵涉到与管道过境国的多边谈判和过境费的分配问题。鉴于此，日本开始转而参与中亚地区多边合作以改变落后处境。日本面临着三种选择：“一是加入上海合作组织，但作为这一机制中唯一的非社会主义国家，日本只能获得一个成员身份而已，而且没有西方的参与，上海合作组织也不会成为一个有效的组织；另一个是与中亚合作组织举行联席会议，但由于俄罗斯在2004年被接纳为该组织的成员，因此这也不是一个可靠的选择；唯一可行的选择就是启动

① 汤浅野（Yuasa Takeshi）：“日本对中亚的多边路径”（Japan's Multilateral Approach toward Central Asia）。载岩下明裕（Iwashita Akihiro）主编：《聚焦欧亚：危机中的俄罗斯及其邻国》（Eager Eyes Fixed on Eurasia：Russia and its Neighbors in Crisis），日本札幌，2007年版，第78页。

② 兰恩（Christopher Len）：“理解日本对中亚的接触”（Understanding Japan's Central Asia Engagement）。载兰恩（Christopher Len）等主编：《日本的丝路外交：铺路前行》（Japan's Silk Road Diplomacy：Paving the Road Ahead）。华盛顿，2008年版，第37页。

一个‘中亚＋日本’的新论坛。”[①] 因此，在2004年的首次“中亚＋日本”外长会议上，日本与哈、吉、乌三国以及阿塞拜疆签订了一项合作协议，核心内容是日本向这些国家提供经济援助以换取其油气资源。2006年，日本在上海合作组织峰会前召开了第二次“中亚＋日本”外长会议，并提出日本将帮助中亚建设“南向通道”：一是北起哈萨克斯坦，经吉尔吉斯斯坦、塔吉克斯坦、阿富汗，抵达巴基斯坦卡拉奇的公路网，二是自土库曼斯坦经阿富汗、巴基斯坦至印度的天然气网。显然，日本的举动有分化上海合作组织的意图。

日本不断提升中亚外交的战略定位也有在美、欧与上海合作组织之间充当平衡者的战略意图。苏联解体后，美国在欧洲大张旗鼓地推进北约东扩，使日本有一种受冷落感，意识到必需采取更加积极的行动以避免被国际社会边缘化，并在美国、欧洲、俄罗斯、中国的博弈和互动中发挥杠杆作用。上海合作组织成立后，立即引起了日本的关注。日本学者认为，上海合作组织是由中国主动倡议成立的地区性国际组织，表明中国正在积极地寻求自己的战略利益，在推动世界多极化方面迈出了坚实的一步；尽管成立上海合作组织并不意味着中国会实施地区性霸权政策，但该组织的主要功能是解决中亚地区的安全和经济合作问题，其实质是作为中、俄两国进行战略合作的集合体以牵制美国的“单极霸权”。[②] “9·11”事件后，美国借反恐之名将军事触角深入欧亚大陆腹地，并加强了对中亚国家的政治经济攻势。作为美国在亚洲的忠实盟友，日本的中亚外交也

---

① 河东哲夫（Kawato Akio）：“日本在中亚有何作为？”（What is Japan up to in Central Asia）。载兰恩（Christopher Len）等主编：《日本的丝路外交：铺路前行》（Janpan's Silk Road Diplomacy：Paving the Road Ahead），华盛顿，2008年版，第22—23页。

② 邢广程：《日本学者对上海合作组织的基本看法》，《东欧中亚情况》，2002年第22期。

开始体现日美同盟的色彩，试图在多个方面“稀释”上海合作组织的影响力：第一，中亚国家如果在管道、交通、通信网络等具有战略影响的基础设施项目上受到中、俄的压力，就可以转向日本寻求替代方案；第二，日本作为西方政治经济体制型国家，在中亚的存在有利于推动中亚政权进行西方式的政治经济改革；第三，上海合作组织增强了中、俄对中亚发展进程的主导能力，并将影响力“外溢”到更广大的欧亚区域，而“中亚+日本”则可以作为“楔子”来松动上海合作组织的内部凝聚力。

然而，2005年“颜色革命”席卷中亚激起了中亚各国政权对西方的强烈反感，本应这年夏天举行的“中亚+日本”外长会议也被迫推迟。这让日本意识到在中亚地区强行推广西方价值观只会使双方渐行渐远，因而在安集延事件上保持谨慎和低调，没有跟随美国、欧盟制裁乌兹别克斯坦。此后，日本外相麻生太郎提出建立“自由与繁荣之弧”以配合美国的“大中亚计划”，但“这个自相矛盾又不合时宜的外交构想”很快随着日本政局变动而被弃置不用。① 同时，上海合作组织的稳步发展促使日本开始考虑如何与之加强联系。日本逐渐认识到，虽然“中亚+日本”机制有与上海合作组织相竞争的一面，但也可以起到互补作用的一面。其一，中亚国家可以通过这两个机制同时获得俄罗斯、中国和日本的支持，并在两个机制中寻求协调。其二，在深化中亚地区一体化方面日本和上海合作组织的利益是趋同的，日本在该地区的交通和贸易一体化战略不仅有益于中亚国家，也可以让中、俄搭便车。其三，日本和上海合作组

① 宇山智彦（Uyama Tomohiko）：“日本的亚洲外交及美日关系背景下的日本中亚外交”（Japan's Diplomacy towards Central Asia in the context of Japan's Asian Diplomacy and Japan-U. S. Relations）。载兰恩（Christopher Len）等主编：《日本的丝路外交：铺路前行》（Japan's Silk Road Diplomacy：Paving the Road Ahead），华盛顿，2008年版，第115页。

织都意识到阿富汗的不稳定会冲击中亚安全，而将它纳入到中亚地区则可以创造出一个更大的市场。上海合作组织和阿富汗建立联络小组与日本推动亚洲开发银行接纳阿富汗为其下属的“中亚区域经济合作”的成员并不矛盾，都有利于促进中亚地区的和平与繁荣。①

在这样的背景下，2007 年 3 月，日本国际问题研究所发表了题为《日本的欧亚外交》的研究报告，提出了与上海合作组织建立建设性关系的具体思路。报告指出：“上海合作组织的崛起是日本可以在中、俄与美国之间发挥中介作用的关键领域。上海合作组织对非成员国家保持透明度和开放性是一个重要任务。为了鼓励美国与上海合作组织之间营造伙伴关系的氛围，可以邀请日本外相作为客人出席 2007 年上海合作组织峰会。作为回报，日本则以盟友的身份劝说美国不要将上海合作组织逼入绝境，从而有损美日的共同利益。”② 日本学者岩下明裕则提出了更为具体的建议：日本利用上海合作组织宪章第十四条款“对话伙伴”的规定提出“欧亚互动的倡议”，即让日本外相先以“嘉宾”身份在上海合作组织峰会前与上海合作进行对话，然后利用上海合作组织宪章第十四条中有关“对话伙伴”的规定从“嘉宾”转为“伙伴”，建立“上海合作组织 + alpha”如“上海合作组织 +3（欧盟、美国、日本）”或“上海合作组织 +1（日本）”机制，进而发展为上海合作组织地区论坛等形式的多边机制，并推动上海合作组织与南亚区域合作联盟、东

① 兰恩（Christopher Len）：“日本的中亚外交：动机、影响与前景”（Japan's Central Asia Diplomacy: Motivations, Implications and Prospects for the Region），《中国和欧亚论坛季刊》（*The China and Eurasia Forum Quarterly*），2005 年 11 月，第 144—146 页。

② 岩下明裕（Iwashita Akihiro）：“上海合作组织：超越对权力博弈的错估”（The Shanghai Cooperation Organization: Beyond a Miscalculation on Power Games）。载兰恩（Christopher Len）等主编：《日本的丝路外交：铺路前行》（Japan's Silk Road Diplomacy: Paving the Road Ahead），华盛顿，2008 年版，第 73 页。

盟、六方会谈等其他地区性组织的互动与合作。①

上述报告的出台并非偶然。专家们普遍认为，日本的中亚外交是发展导向而不是安全导向的。② 日本在中亚最主要的利益诉求是维护本国的能源安全以及用经济援助换取中亚国家对其政治大国地位的支持。要实现这两大目标，日本需要与上海合作组织进行合作。比如，哈萨克斯坦—中国石油管道和土库曼斯坦—乌兹别克斯坦—哈萨克斯坦—中国天然气管道先后投入运营，实际上降低了日本参与中亚能源开发的成本，为其提供了搭便车的机会。如果将这一管道继续向东延伸到日本，将实现日本多年想做而未做成的"中亚能源梦"。对上海合作组织而言，在能源领域同与日本展开合作将产生与"中亚+日本"机制的互补效应，从而能抵消该机制对成员国的分化作用。同时，上海合作组织将日本纳入自己的能源合作框架，可以借此吸收日本的资金、技术和管理方式来进一步降低中亚—中国油气管道的运营成本并提高它的安全系数，也可以推动日本与输出国和过境国共同参与终端产品的开发，共同开拓新市场、做大"蛋糕"。

除了能源领域，上海合作组织与日本还可以就基础设施和人力资源建设展开对话与合作，共同改善中亚地区的经济环境。长期以来，落后的基础设施是制约中亚各国经济发展的一大瓶颈，而推进经济转型的制度建设和产业结构的调整需要大量的专业人才。有鉴于此，日本为中亚国家提供的 ODA 项目将人员

① 岩下明裕（Iwashita Akihiro）："上海合作组织与日本：一起走向重建欧亚共同体"（The Shanghai Cooperation Organization and Japan: Moving Together to Reshape the Eurasian Conmmunity）。载岩下明裕（Iwashita Akihiro）主编：《走向欧亚新对话：上海合作组织及其伙伴们》（Toward a New Dialogue on Eurasia: The SCO and Its Partners，札幌，2007 年，第 25 页。

② 斯塔尔（Frederick Starr）："面向中亚的伙伴关系"，（A Partnership for Central Asia），《外交》（*Foreign Affairs*），2005 年第 84 卷，第 164 页。

培训、制度建设和经济、社会基础设施建设确定为重点领域。目前，上海合作组织也日益重视为中亚地区提供基础设施、教育和医疗等方面的地区公共产品，特别是抓住金融危机后新一轮全球产业重新布局的机遇，为中亚国家的产业升级提供资金、人力和技术支持。中国近年来就设立专项资金，为中亚国家培养了数千名专业技术人才。显然，在这些领域，上海合作组织与日本均可开展富有成果的合作

专家们认为，根据《上海合作组织对话伙伴条例》，上海合作组织与日本建立对话伙伴关系是具有法律依据的。前文已提到，学者们也就此提出了许多具体建议。然而，下一步如何走还取决于双方内部的种种因素。从上海合作组织方面看，对进一步发展与日本的关系似乎并无太大分歧，前提是中日关系和俄日关系不恶化。从日本方面看，情况就比较复杂了。一是中亚并非日本对外战略中的优先地区，日本的中亚政策长期缺乏一致性和连贯性，往往带有领导人的个人色彩，没有形成清晰的战略。[①] 二是日本国内经济不振导致政局频繁变动，领导人忙于内政和选举，无暇在外交上采取大动作。三是日本外交目前仍受制于美国，在与上海合作组织关系方面，还要看美国的眼色行事。因此，上海合作组织与日本之间逐步发展对话合作关系的大方向是不会变的，但是否能形成一种正式的机制还有待观察。

① 宇山智彦（Tomohiko Uyama）："日本对发展与哈萨克斯坦关系的政策是一个战略吗？"（Japanese Policies in Relation to Kazakhstan：Is There a Strategy?）。载莱格沃德（Robert Legvold）主编：《战略性思考：列强、哈萨克斯坦与中亚联结点》（Thinking Strategically：The Major Powers，Kazakhstan，and the Central Asian Nexus），剑桥，2003 年版，第 174—181 页。

第十六章　上海合作组织近期处理扩容和拓展对外交往的具体思路

在今后十年，上海合作组织应坚持开放原则，继续稳妥、谨慎地接收新成员、观察员国和对话伙伴，使更多国家参与上海合作组织进程，共同致力于欧亚地区的稳定与繁荣。同时，上海合作组织应本着“求和平、谋合作、促发展”的宗旨，积极开展对外交往，提升国际影响，以包容的精神与其他国家和国际组织开展合作，致力于推动国际关系民主化与和谐发展，特别要和与上海合作组织的利益密切相关而又对本组织抱有疑虑的国家和国际组织建立对话机制，以增信释疑，互通信息，加强协调。

在前几章阐述上海合作组织扩容问题、上海合作组织与周边国家和国际组织的交往、上海合作组织与西方的关系等问题的过程中，已经提到了诸多处理上海合作组织扩容和拓展对外交往的思路、想法和建议。在本篇最后这一章中，将它们提纲挈领地归纳为五个方面的具体思路。

1. 按照《上海合作组织接收新成员条例》和《关于申请国加入上海合作组织义务的备忘录范本》，国家协调员理事会和专家工作组应继续细致研究本组织扩员的所有问题，进一步完善本组织扩员的法律基础，包括为接收新成员商定必要的法律、行政和财务条件。在此基础上，应稳妥、谨慎地接收新成员，以推动本组织进一步发展。新成员应当是来自于欧亚地区的国家行为体，同所有成员国有外交关系并且拥有观察员国或对话伙伴国地位，赞同与各成员国开展积极的经贸和人文合作，而且不处在联合国的制裁之下，同其他国家也没有武装冲突。在扩员问题上，应对方针的重点应是尽可能避免将对成员国不利的因素带入上海合作组织内部，以致影响上海合作组织的稳定和发展。

2. 根据《上海合作组织观察员条例》和《上海合作组织对话伙伴条例》，积极、稳妥地接收符合条件的国家和国际组织为上海合作组织的观察员国和对话伙伴。同时，上海合作组织成员国应通过各种形式进一步加强同本组织现有的观察员国和对话伙伴的务实合作，发挥它们的作用和影响，吸引它们的潜力、资源和市场，共同参与本组织的活动，推动本组织的务实合作。

3. 上海合作组织应与那些非观察员或非对话伙伴、但又与本组织的利益密切相关的国家和国际组织建立对话、协调机制，以增信释疑，互通信息，加强协调。可以采取“SCO + X”的特定形式进行对话，先从部长级开始，再逐步提升级别，并实现定期化和机制化，在平等、互信和互利的基础上发展关系。在条件成熟时，可研究建立“上海合作组织地区论坛”（SRF），与所有相关国家一起举行定期的论坛式对话，使本组织在地区问题上的合作空间进一步拓宽。就近期而言，如何处理与美国、北约、欧盟、日本这些不大可能成为成员或观察员而又具有重要合作潜力的国家、国家联盟的关系，是上海合作组织面临的一个重大问题，可以考虑以“SCO + X”的特定形式先开展对话。

4. 为在国际舞台上发挥建设性的积极的作用，上海合作组织要对重大的国际问题，特别是一些热点问题表明原则性立场和看法，并提出建设性的意见。上海合作组织对同其他国家、国际及地区组织开展合作持开放态度，除与已建立联系的国际组织加强合作外，还应与更多的国际、地区组织建立联系，开展对话与合作。

5. 根据上海合作组织已经通过的关于常设机构的协定、规则、编制、预算、条例及其他相关文件，本组织成员国应以组织秘书处、地区反恐机构等常设机构启动时确定的经费分摊比例为基准，逐步递增各自承担的常设机构所需经费，并相应增加派驻常设机构的人员，以确保在各项活动日趋增加的情况下本组织常设机构的运转能够顺利进行。同时，为适应对外交往迅速发展的形势，上海合作组织应在可能条件增加常设机构、特别是经济、金融、文化领域的机构，以进一步加强与国际社会的交流与合作。

上海合作组织大事记

（2001 年 6 月—2013 年 11 月）

2001 年

6 月 14 日　中华人民共和国主席江泽民、俄罗斯联邦总统普京、哈萨克斯坦共和国总统纳扎尔巴耶夫、吉尔吉斯共和国总统阿卡耶夫、塔吉克斯坦共和国总统拉赫莫诺夫和乌兹别克斯坦共和国总统卡里莫夫在上海签署了六国元首《哈、中、吉、俄、塔、乌联合声明》。声明宣布哈、中、吉、俄、塔五国决定接受乌兹别克斯坦共和国作为完全平等成员加入“上海五国”，乌兹别克斯坦共和国将遵守 1996 年和 1997 年分别签署的关于在边境地区加强军事领域信任和关于在边境地区相互裁减军事力量的两个协定以及“上海五国”元首达成的其他各项协议所体现的原则，并愿意同哈、中、吉、俄、塔一道成为这一新的联合体——“上海合作组织”的创始国。当日，哈、中、吉、俄、塔、乌六国国防部长在上海举行会晤并签署了联合公报。公报阐述了六国在加强军事领域的合作，确保军队在打击恐怖主义、极端主义和分裂主义中的实质性协作，以及反对少数国家在亚太地区部署战区导弹防御系统等问题上的一致立场。

6 月 15 日　中国国家主席江泽民、俄罗斯总统普京、哈萨克斯坦总统纳扎尔巴耶夫、吉尔吉斯斯坦总统阿卡耶夫、塔吉克斯坦总统拉赫莫诺夫、乌兹别克斯坦总统卡里莫夫在上海出席“上海合作组织”

成员国元首会议。在中国国家主席江泽民主持下，六国元首共同签署了《“上海合作组织”成立宣言》和《打击恐怖主义、分裂主义和极端主义上海公约》，并发表会议新闻公报。

8 月 20—21 日　上海合作组织成员国专家小组在阿拉木图举行了第二次会议，为即将举行的“上海合作组织”六国政府首脑首次会晤做准备。与会国代表就拟于六国总理会晤期间签署的关于经贸合作的文件达成了协议，并就在六国总理会晤期间举行六国贸易部长非正式会晤达成了一致。会后各国专家签署了会议纪要。

9 月 14 日　上海合作组织成员国中国、哈萨克斯坦、俄罗斯、吉尔吉斯斯坦、塔吉克斯坦和乌兹别克斯坦六国总理在阿拉木图举行首次会晤。六国总理在会晤中一致决定启动六国多边经贸合作进程，签署了《“上海合作组织”成员国政府间关于开展区域经济合作的基本目标和方向及启动贸易和投资便利化进程的备忘录》；宣布正式建立“上海合作组织”框架内的总理定期会晤机制，并发表了《“上海合作组织”成员国政府总理第一次会晤新闻公报》。六国总理还发表了《“上海合作组织”成员国政府总理声明》，对美国 11 日发生的恐怖行动表示极其愤慨，向美国人民及受害者表示慰问和同情，并表示“上海合作组织”准备同所有国家和国际组织密切配合，采取有效措施，为根除恐怖主义带来的全球性危险而进行毫不妥协的斗争。同日，六国贸易部长在阿拉木图举行了非正式会晤，决定在上海合作组织总理会晤机制下建立成员国外经贸部长会晤机制，具体研究和落实区域经济合作事宜。

10 月 11 日　哈萨克斯坦共和国、中华人民共和国、吉尔吉斯共和国、俄罗斯联邦和塔吉克斯坦共和国执法安全部门领导人——“比什凯克小组”成员在吉尔吉斯共和国首都比什凯克市举行了非例行紧急会晤。与会各方就会晤达成的共识发表声明，指出：各方坚决反对和谴责一切形式的恐怖主义，决定采取协调一致的措施，保障上海合作组织所在地区的稳定及各自国家的主权、领土完整和安全；根据《联合国宪章》和《打击恐怖主义、分裂主义和极端主义上海公约》的精神，加强协调各自国家执法安全部门在地区和国际安全，打击恐怖主义、分裂主义和极端主义领域的活动，开展广泛和富有成效的合作；采取积极措施加快筹建比什凯克反恐怖机构，协调同有关国际组织和机构的反恐怖活动等。

12月4—5日　上海合作组织成员国哈萨克斯坦、中国、吉尔吉斯斯坦、俄罗斯、塔吉克斯坦和乌兹别克斯坦协调员例行会议在莫斯科举行。会议决定采取切实步骤加快《上海合作组织宪章》草案、关于建立比什凯克地区反恐怖机构协定和其他有关文件的联合制定工作，确定进一步巩固各方在上海合作组织框架内相互协作与合作的具体措施，包括在发生突发事件时建立快速应急机制。各方同意近期举行上海合作组织成员国外长非例行会议。

2002年

1月7日　上海合作组织成员国外长在北京举行非例行会议，讨论当前地区安全与合作和上海合作组织发展等迫切问题，并达成广泛共识。会议还通过了联合声明。

4月12日　上海合作组织六个成员国的文化部长在北京会晤，就未来开展文化交流与合作的基本原则、方向和相应的工作机制等方面签署了《上海合作组织成员国文化部长联合声明》。各方一致表示，将在上海合作组织成员国元首会晤时共同确立的“互信、互利、平等、协商、尊重多样文明、谋求共同发展”原则（“上海精神”）的基础上，进一步加强在上海合作组织框架内的双边和多边文化交流与合作。

4月24日　上海合作组织成员国边防部门领导人会晤在阿拉木图举行。与会各国代表一致认为，加强成员国共同边界的安全和边防部门间的合作是十分必要的。

4月26日　上海合作组织成员国外长例会在莫斯科举行。各方讨论了将于当年6月举行的上海合作组织圣彼得堡峰会的准备工作，并就加强上海合作组织的建设与合作，以及当前重大国际和地区问题深入交换了意见。

5月15日　上海合作组织成员国国防部长在莫斯科举行会晤。会晤结束后，哈萨克斯坦、中国、吉尔吉斯斯坦、俄罗斯和塔吉克斯坦国防部长发表了《联合公报》。

5月23日　上海合作组织执法安全部门领导人在哈萨克斯坦共和国首都阿斯塔纳举行例行会晤，并发表了联合声明。与会各方讨论并赞成《上海合作组织成员国关于地区反恐怖机构的协定》（草案），建议提交当年6月在俄罗斯圣彼得堡举行的上海合作组织元首会议签署，并进一步制定后续文件，以启动地区反恐怖机构运作机制。

5月28—29日　来自中国、俄罗斯、哈萨克斯坦、吉尔吉斯斯坦、塔吉克斯坦和乌兹别克斯坦等6国负责经贸事务的部长（或副部长）在北京举行上海合作组织成员经贸部长会晤。

6月7日　哈萨克斯坦共和国总统纳扎尔巴耶夫、中华人民共和国主席江泽民、吉尔吉斯共和国总统阿卡耶夫、俄罗斯联邦总统普京、塔吉克斯坦共和国总统拉赫莫诺夫和乌兹别克斯坦共和国总统卡里莫夫在俄罗斯圣彼得堡举行上海合作组织元首会议，共同签署《上海合作组织宪章》和《关于地区反恐怖机构的协定》，并发表《上海合作组织成员国元首宣言》。

8月29日　中华人民共和国第九届全国人民代表大会常务委员会第二十九次会议决定，批准国家主席江泽民代表中华人民共和国于

2002年6月7日在圣彼得堡签署的《上海合作组织宪章》。

9月11日　上海合作组织成员国外长就"9·11"事件一周年发表声明，指出"打击恐怖主义、分裂主义和极端主义"是上海合作组织的主要宗旨之一，上海合作组织成员国在反恐合作方面取得巨大进展，在打击"三股势力"、保障地区安全领域发挥重要作用方面拥有巨大潜力。上海合作组织奉行对外开放原则，愿与其他国家和国际组织开展各种形式的对话与合作，为有效打击恐怖主义、维护地区乃至世界的和平与稳定作出自己实际和有效的努力。

10月31日至11月1日　上海合作组织成员国首次总检察长会议在上海举行。这次会议由中华人民共和国最高人民检察院主办，以"加强合作、维护稳定"为主题，研究适应新的形势，落实《打击恐怖主义、分裂主义和极端主义上海公约》的有关问题，围绕打击恐怖主义、分裂主义和极端主义合作机制，以及司法改革信息交流途径、检察官的交流与培训等问题进行广泛的探讨。与会各方还签署了联合声明。

11月20—21日　上海合作组织成员国第一次交通部长会议在吉尔吉斯斯坦首都比什凯克举行。与会各方强调，开展交通运输合作对促进上海合作组织成员国间的睦邻友好关系、带动各成员国及整个地区的经济繁荣具有重要意义，并一致同意将首先在过境运输领域加大合作力度。会议决定正式启动上海合作组织交通部长会议机制。与会各方代表签署了《上海合作组织成员国交通部长第一次会议纪要》和《上海合作组织成员国交通部长第一次会议联合声明》等两个文件。

11月23日　上海合作组织外交部长会议在莫斯科举行，与会部长就上海合作组织活动和迫切的国际问题进行了建设性的认真讨论，发表了《上海合作组织外交部长会议联合公报》。

12月24—26日　上海合作组织成员国专家会议在吉尔吉斯斯坦首都比什凯克举行，来自中国、俄罗斯、哈萨克斯坦、吉尔吉斯斯坦、乌兹别克斯坦和塔吉克斯坦6国的外交部和安全部门的代表出席了这次会议。会议通过了有关建立地区反恐中心章程的文件草案。

2003年

1月20—23日　上海合作组织国家间协调员会议在哈萨克斯坦首都阿斯塔纳举行，与会代表着重就这一组织的财政问题和组织运转的规章制度等问题进行了讨论，同时，还就在北京建立常设秘书处和在吉尔吉斯斯坦首都比什凯克建立反恐机构的具体细节交换了意见，中国外交部副部长刘古昌参加了会议。

2月28日至3月3日　上海合作组织国家间协调员理事会会议在北京举行，根据会议议题，各方就本组织各机构条例和本组织成员国常驻秘书处代表条例草案协商一致，讨论了关于本组织财政预算和比什凯克地区反恐怖机构的文件草案。

3月25—28日　上海合作组织国家间协调员会议在吉尔吉斯斯坦伊塞克湖边的乔尔蓬阿塔市举行，与会代表一致指出，上海合作组织在制订机构建设原则和财政政策等方面已经取得了重大进展。会议就今年上海合作组织框架内的高层活动安排和内容达成了一致，其中包括在5月份举行上海合作组织峰会。各国代表还着重就在北京建立常设秘书处和在吉首都比什凯克建立反恐机构的具体问题进行了深入讨论，并且取得广泛共识。各国协调员一致强调，上海合作组织是一个具有重要影响力和良好发展潜力的国际组织，随着组织运作机制的不断完善，上海合作组织将在地区和全球事务中发挥越来越重要的作用。

4月1—2日　根据上海合作组织成员国2002年4月29日在俄罗斯圣彼得堡举行的紧急救灾部门领导人首次会议的决定，上海合作组织成员国哈萨克斯坦共和国、中华人民共和国、吉尔吉斯共和国、俄罗斯联邦、塔吉克斯坦共和国和乌兹别克斯坦共和国的紧急救灾部门专家会议在北京召开。各国救灾部门专家讨论并商定了《上海合作组织成员国政府间紧急救灾互助协定》综合各方意见的草案会后各国救灾部门专家签署了会议纪要。

4 月 29 日　上海合作组织成员国外长例行会议在哈萨克斯坦前首都阿拉木图举行。会议通过了有关上海合作组织各机构条例草案等文件。这些文件将被提交到当年 5 月召开的上海合作组织莫斯科峰会上审议。会议还发表了《上海合作组织成员国外交部长会议新闻公报》。

5 月 29 日　上海合作组织成员国元首在莫斯科举行会晤，哈萨克斯坦共和国总统纳扎尔巴耶夫、中华人民共和国主席胡锦涛、吉尔吉斯共和国总统阿卡耶夫、俄罗斯联邦总统普京、塔吉克斯坦共和国总统拉赫莫诺夫、乌兹别克斯坦共和国总统卡里莫夫在会晤中讨论了上海合作组织组织在当前形势下如何抓住机遇、应对挑战，加强协调、扩大合作，促进地区和平与发展等重大问题，并达成广泛共识。会晤结束时发表《上海合作组织成员国元首宣言》。在这次峰会上，六国还决定分别在北京和吉尔吉斯斯坦首都比什凯克设立秘书处和反恐中心，于 2004 年 1 月 1 日前正式运转。峰会期间，中、俄、哈、吉、塔五国国防部长举行会晤，并签署举行上海合作组织成员国武装力量联合反恐演习的备忘录。

8 月 6—12 日　代号为“联合—2003”的上海合作组织成员国武装力量联合反恐军事演习第一阶段在哈萨克斯坦边境城市乌恰拉尔举行。8 月 11 日军事演习的第二阶段移至中国新疆的伊犁地区举行，演习内容包括城镇清剿、解救人质、攻打营地、联合围歼恐怖分子等。

9 月 4—5 日　上海合作组织成员国外交部长非例行会议在乌兹别克斯坦首都塔什干举行。六国外长讨论了如何落实 2003 年 5 月 29 日莫斯科峰会达成的有关协议，以及拟于同年9月下旬在北京举行的上海合作组织总理会晤的准备工作。会后发表了联合公报。

9月5—6日　上海合作组织成员国经贸部长第二次会晤在吉尔吉斯斯坦乔尔蓬阿塔市举行。来自中国、俄罗斯、哈萨克斯坦、吉尔吉斯斯坦、乌兹别克斯坦和塔吉克斯坦6国的经贸部长或副部长出席。会议通过《上海合作组织成员国经贸部长第二次会晤决议》，各成员国一致表示将努力消除贸易壁垒，深化经济合作，谋求共同发展。

9月23日　上海合作组织成员国总理第二次会晤在北京举行。中国国务院总理温家宝主持了会议，并代表中国政府在会上作了发言，哈萨克斯坦总理艾哈迈托夫、吉尔吉斯斯坦总理塔纳耶夫、俄罗斯总理卡西亚诺夫、塔吉克斯坦总理阿基洛夫和乌兹别克斯坦总理苏丹诺夫出席会议，着重讨论了上海合作组织经贸合作问题，并就完善组织机制、推进务实合作等问题交换了意见。会晤结束时，各国总理签署决议，批准了《上海合作组织成员国多边经贸合作纲要》、《上海合作组织2004年度预算》、《上海合作组织常设机构编内工作人员工资、保障和补贴条例》和《上海合作组织地区反恐机构设置和人员编制》等文件，并签署了《关于技术性启动上海合作组织常设机构的备忘录》和《上海合作组织成员国总理会晤联合公报》。此次会晤标志着这个诞生于中国上海的国际组织结束了初创阶段，开始进入全面稳定发展的新时期，并将在国际生活中独立自主地发挥作用。

10月31日　上海合作组织地区反恐机构理事会第一次会议在乌兹别克斯坦首都塔什干举行。中国公安部副部长杨焕宁率团参加了会议。会议由乌兹别克斯坦国家安全局局长伊诺亚托夫主持。与会的6个成员国代表就落实2003年5月29日上海合作组织元首莫斯科峰会关于启动常设机构的决定进行了讨论，并就在地区反恐机构框架内加强各成员国在安全领域的合作深入交换了意见。会议通过了关于推荐维·吉·卡西莫夫（乌兹别克斯坦）于2004年至2006年期间担任上海合作组织地区反恐机构执委会主任的决议、关于地区反恐机构执委会配额岗位分配方案以及地区反恐机构理事会程序规则等文件。

2004 年

1 月 15 日　上海合作组织秘书处在北京成立，秘书处首任秘书长为张德广。中国国务委员唐家璇、外交部长李肇星、俄罗斯外交部长伊万诺夫、哈萨克斯坦外交部长托卡耶夫、吉尔吉斯斯坦外交部长艾特马托夫、塔吉克斯坦外交部长纳扎罗夫、乌兹别克斯坦外交部长萨法耶夫、欧洲安全和合作组织秘书长库比斯、独联体副执行秘书科扎科夫、蒙古国外长额尔敦楚伦、联合国和欧盟等国际组织代表、部分外国驻华使节以及中国有关部门负责人出席了成立仪式。成立仪式前，上海合作组织成员国外长举行了非例行会议，李肇星主持会议。各国外长就上海合作组织的发展、2004 年元首峰会的筹备及国际形势发表了看法和建议。会后，发表了新闻公报，六国外长签署了关于批准谢·茹·纳雷索夫（哈萨克斯坦共和国公民）、任·莫·库鲁巴耶夫（吉尔吉斯共和国公民）和弗·尤·扎哈罗夫（俄罗斯联邦公民）为上海合作组织副秘书长的决议。

4 月 2 日　上海合作组织秘书长张德广就乌兹别克斯坦发生恐怖爆炸事件发表声明，强烈谴责这些恐怖主义行为。

4 月 23 日　上海合作组织成员国外长理事会例行会议在莫斯科举行，会议发表新闻公报指出，上海合作组织已进入新的发展时期，扩大和深化各领域务实合作是当前工作的重点。

6 月 8 日　中国国家主席胡锦涛在北京会见了上海合作组织秘书长张德广，副秘书长纳雷索夫、库鲁巴耶夫和扎哈罗夫。

6 月 17 日　上海合作组织第四次元首会晤在乌兹别克斯坦首都塔什干举行。六国元首——哈萨克斯坦共和国总统纳扎尔巴耶夫、中华人民共和国主席胡锦涛、吉尔吉斯共和国总统阿卡耶夫、俄罗斯联邦总统普京、塔吉克斯坦共和国总统拉赫莫诺夫、乌兹别克斯坦共和国总统卡里莫夫共同出席了上海合作组织地区反恐怖机构执行委员会正式启动仪式，标志着上海合作组织在反恐合作方面迈出了重要一步。在会谈中，胡锦涛作了题为《加强务实合作共谋和平发展》的重要讲话，指出塔什干峰会标志着上海合作组织已经进入新的发展时期。从现在起，组织应该将工作重点转到扩大和深化各领域的合作上。作为东道国的客人，阿富汗过渡政府总统卡尔扎伊和蒙古国外交部长额尔登楚龙也参加了六国元首大范围会谈并发言。六国元首一致同意下届会晤将于明年在哈萨克斯坦举行。会谈后，六国元首签署了《塔什干宣言》、《上海合作组织特权和豁免公约》、《上海合作组织成员国关于合作打击非法贩运麻醉药品、精神药物及其前体的协议》等协议、六国外交部长签署了《上海合作组织成员国外交部协作议定书》等文件。

8月3—7日　来自上海合作组织秘书处的代表以及上海合作组织各成员国交通运输部门的专家和官员在乌鲁木齐就《上海合作组织国际道路运输便利化政府间协定》（草案）进行为期5天的磋商。会议主要围绕协定草案，就国际道路的运输经营、运输安全、保安和环保，运输工具的临时进入，国家间和过境运输手续的便利化以及最终条款和证明条款进行磋商，以便尽快签订这一协定，实现上海合作组织各成员国国际道路运输便利化，从而推动区域经济合作持续发展。

8月17日　“上海合作组织：地区合作的新模式”国际学术研讨会在北京召开。中国人民解放军副总参谋长熊光楷、上海合作组织秘书长张德广等发表了讲话。

8月30日　上海合作组织秘书长张德广就俄罗斯两架民航客机24日遭恐怖袭击坠毁并造成大量平民伤亡向俄罗斯外长谢·拉夫罗夫致慰问电，谴责这起恐怖主义暴行，并对罹难者表示深切哀悼，对死难者家属表示诚挚的慰问。

9月3日　上海合作组织秘书长张德广就俄罗斯劫持人质事件发表声明，强烈谴责这一恐怖主义行径。

9月23日　上海合作组织成员国总理第三次会晤在吉尔吉斯共和国首都比什凯克举行。中国国务院总理温家宝和吉尔吉斯共和国总理塔纳耶夫、哈萨克斯坦总理艾哈迈托夫、俄罗斯总理弗拉德科夫、塔吉克斯坦副总理古洛莫夫、乌兹别克斯坦副总理苏丹诺夫出席了会议。各国领导人着重就进一步发展上海合作组织成员国在安全、经贸、人文和环保等领域多边合作进行了讨论。各国领导人一致认为成员国之间开展全面务实合作已成为上海合作组织核心任务，这方面潜力巨大，前景广阔。各方同意加强协调与合作，切实落实多边经贸合作。会议发表了联合公报，并通过了《关于〈上海合作组织成员国多边经贸合作纲要〉落实措施计划》等9个决议。

9月23日　上海合作组织成员国总理第三次会晤后，温家宝总理和其他5国领导人出席了“上海合作组织经济合作网站”开通仪式并共同点击开通了网站。该网站是由中方首先提议并单独出资建设的，是成员国间第一个经贸领域信息合作项目，其目的是向各成员国提供经贸和投资信息，推动组织区域经济合作进程。

11月8日　上海合作组织成员国驻哈萨克斯坦大使在哈首都阿斯塔纳举行第一次会议。与会者一致指出，上海合作组织必须全力以赴地解决本地区面临的包括反恐在内的现实问题。

2005年

1月13日　上海合作组织秘书处成立一周年暨秘书处网站开通仪式在北京此间举行。上海合作组织秘书长张德广、上海合作组织成员国各国驻华大使、协调员以及各国驻华使节等100余人参加了仪式。

上海合作组织网站的网址为 www. sectsco. org，网站有中英俄三种语言，主要内容是介绍上海合作组织的概况以及相关文件等。

2 月 19 日　上海合作组织成员国经贸部门领导人会议在吉尔吉斯斯坦首都比什凯克举行。与会者审议并总体上同意关于《〈上海合作组织多边经贸合作纲要〉的措施计划》实施机制的建议，还研究了建立本组织发展基金和实业委员会两个机构的进展情况。

2 月 20—25 日　上海合作组织秘书长张德广应上海合作组织轮值主席国哈外交部长托卡耶夫的邀请，对哈进行了工作访问，在哈期间，张德广受到哈总统纳扎尔巴耶夫的会见，与哈安全会议秘书乌杰姆拉托夫、外长托卡耶夫及副总理兼工贸部长梅巴耶夫等进行了会谈，并出席了 25 日的上海合作组织成员国外长会议。

2 月 25 日　上海合作组织成员国外长会议在哈萨克斯坦首都阿斯塔纳举行。会议通过决议，委托上海合作组织秘书长张德广代表上海合作组织分别与东盟和独联体商谈并签署秘书处谅解备忘录，并委托他商谈和签署《上海合作组织—阿富汗接触小组章程》。外长们讨论了 2005 年夏阿斯塔纳上海合作组织成员国元首例行会议的准备工作，强调应进一步挖掘组织潜力，以应对地区安全与稳定面临的新威胁和新挑战，解决拓展政治、经济和文化领域多边合作的实际问题，并发表了联合公报。

3 月 25 日　上海合作组织秘书长张德广在北京就吉尔吉斯斯坦局势回答新华社记者提问时说，吉尔吉斯斯坦的和平、安全与政治稳定对中亚及上海合作组织所在的整个地区的稳定都具有极为重要的意义。

3 月 30—31 日　上海合作组织例行国家协调员会议在北京上海合作组织秘书处举行。所有 6 个成员国——哈萨克斯坦共和国、吉尔吉斯共和国、中华人民共和国、俄罗斯联邦、塔吉克斯坦共和国和乌兹别克斯坦共和国国家协调员，以及上海合作组织秘书长出席。会议审议并协商了今年7月初上海合作组织阿斯塔纳元首会议的准备工作，以及组织当前活动等一系列问题。会议讨论了上海合作组织开展对外交往，包括落实已获得的联合国大会观察员地位、上海合作组织与东盟和独联体建立合作关系等问题。会议前夕举行了建立上海合作组织实业家委员会和发展基金两个专家工作组会议。与会各方就上海合作组织未来建立上述机制的原则达成广泛共识。

4月6日　吉尔吉斯斯坦总理巴基耶夫会见到访的上海合作组织秘书长张德广，表示吉将继续履行在上海合作组织框架内所担负的义务。

4月12日　上海合作组织秘书长张德广在北京与独联体执行委员会主席鲁沙伊洛举行会谈，双方就开展上海合作组织与独联体之间的交往及中亚地区形势等问题交换了意见。会谈结束后，双方签署了《上海合作组织秘书处与独立国家联合体执行委员会谅解备忘录》。该文件规定了两组织常设机构之间在反恐、经贸、人文等领域进行合作的有关具体事宜，其中包括举行有关磋商、交换信息以及相互参加对方活动等。

4月21日　上海合作组织秘书处在雅加达与东盟秘书处签署谅解备忘录。东盟是继独联体之后第二个与上海合作组织建立正式联系的地区组织。谅解备忘录确定了上海合作组织与东盟常设机构之间合作的基本方向和领域，包括经济、金融、旅游、环保、反恐和打击跨国犯罪等。

5月20日　上海合作组织成员国莫斯科使节俱乐部第一次会议暨成立大会在中国驻俄使馆召开。中国驻俄罗斯大使刘古昌作为首届俱乐部主席主持会议并致词。俄外交部副部长阿列克谢耶夫，哈、塔、吉、乌及蒙古驻俄使节等各方有关人员出席了大会。目前，上海合作组织已分别在北京和哈萨克斯坦首都阿斯塔纳成立了使节俱乐部。

6 月 2 日　上海合作组织成员国第二次安全会议秘书会议在哈萨克斯坦首都阿斯塔纳举行。中国国务委员周永康、哈萨克斯坦安全会议秘书乌捷姆拉托夫、吉尔吉斯斯坦安全会议秘书尼亚佐夫、俄罗斯联邦安全会议秘书伊万诺夫、塔吉克斯坦安全会议秘书阿齐莫夫、乌兹别克斯坦安全会议秘书米尔扎耶夫分别在会议上发言，就地区安全形势阐述了立场，并就深化上海合作组织框架内的安全合作提出了建议。与会者一致表示，本组织成员国将共同努力加强同恐怖主义、分裂主义、极端主义的斗争。各方确定了旨在提高维护稳定和安全领域合作效率的具体措施，其中包括联合反恐演习、培训专家以及就打击“三股势力”交流经验。

6 月 4 日　在哈萨克斯坦首都阿斯塔纳举行的上海合作组织外长会议上签署了分别给予伊朗、印度、巴基斯坦三国观察员地位的决议草案。这是继上年塔什干峰会吸收蒙古为观察员国后，该组织再次接受观察员国。

6 月 15 日　上海合作组织秘书长张德广在北京举行招待会，庆祝上海合作组织成立 4 周年暨首个“上海合作组织日”。中国外交部长李肇星，外交部长助理、中方国家协调员李辉，上海合作组织成员国及观察员国驻华大使，其他独联体国家驻华大使，联合国、欧盟、东盟等有关国际组织的驻华使节以及各界人士 150 余人出席招待会。

7 月 5 日　上海合作组织第 5 次元首会议在哈萨克斯坦首都阿斯塔纳举行。中国国家主席胡锦涛出席峰会并发表重要讲话。6 个成员国元首就深化地区安全合作、经济合作等协调立场，作出具体部署，并就重大国际及地区问题交换了意见。6 国元首签署了《上海合作组织成员国元首宣言》等重要文件，决定给予巴基斯坦、伊朗和印度观察员地位，决定继续采取一系列加强团结、合作反恐、发展经济的具体步骤。

7月8日　上海合作组织秘书长张德广发表声明，强烈谴责发生在伦敦的恐怖袭击事件。声明指出，伦敦连环爆炸案连同不久前在中亚发生的恐怖暴力事件再次表明，恐怖主义是当今国际社会面临的共同威胁和严峻挑战。上海合作组织愿与国际社会加强团结，共同致力于打击恐怖主义、分裂主义和极端主义的斗争，维护地区和世界的和平、安全与稳定。

9月1日　上海合作组织秘书长张德广出席在乌鲁木齐举办的中西亚区域经济合作高层论坛并发表讲话。

9月14—16日　应联合国秘书长安南的邀请，张德广秘书长率领上海合作组织代表团作为联合国大会观察员出席了联合国60周年首脑会议并发表讲话。这是该组织的代表首次正式登上联合国讲坛。

9月26—28日　由上海社科院上海合作组织研究中心、上海国际问题研究中心、中国国际问题研究基金会和上海市对外文化交流协会联合主办的“中亚新形势与上海合作组织——第七届中亚问题国际学术研讨会”在上海举行。上海合作组织张德广秘书长在开幕式上做了主题演讲。

10月26日　在莫斯科举行了上海合作组织成员国政府首脑（总理）理事会例行会议。哈萨克斯坦共和国总理艾哈迈托夫、中华人民共和国国务院总理温家宝、吉尔吉斯共和国总理库洛夫、俄罗斯联邦政府总理弗拉德科夫、塔吉克斯坦共和国总理阿基洛夫及乌兹别克斯坦共和国副总理苏丹诺夫出席会议。印度共和国外交部长辛格、伊朗伊斯兰共和国第一副总统达乌迪、蒙古总理额勒贝格道尔吉、巴基斯坦伊斯兰共和国总理阿齐兹作为上海合作组织观察员国代表首次与会。

11 月 4 日　“上海合作组织—阿富汗联络小组”议定书签字仪式在北京举行，标志着该小组正式建立。

11 月 10 - 11 日　由上海合作组织、联合国亚太经社理事会和中国国家开发银行主办，博鳌亚洲论坛协办的“首届欧亚经济论坛”在西安举行。这是上海合作组织成立以来首次与其他国际组织和金融机构合作举办大型的经济论坛。

11 月 16 日　由中国国防部主办、国防大学承办的上海合作组织防务安全论坛 16 日在北京闭幕。论坛期间，各国代表就国际形势、地区安全、恐怖主义和反恐合作、上海合作组织作用与未来发展等国际重点、热点问题，进行了广泛而深入的研讨和交流。举办这次防务安全论坛，是落实各国元首阿斯塔纳峰会达成的合作共识，进一步推动上海合作组织在安全防务领域加强合作的具体举措。来自上海合作组织成员国及观察员国的高中级军官参加了论坛。

12 月 20—22 日　上海合作组织成员国国家协调员理事会会议在秘书处举行。会议讨论了过去一年来上海合作组织的有关工作，重点讨论了落实成员国元首理事会通过的指示和进一步发展上海合作组织机制等问题。

2006 年

1 月 5 日　张德广秘书长在秘书处会见了阿富汗伊斯兰共和国新任驻华大使哈基米。双方就在“上海合作组织—阿富汗联络小组”框架内加强合作等一系列问题交换了意见。哈基米大使表示，阿富汗政府非常重视发展同上海合作组织的合作关系，双方签署建立联络小组议定书是一件重要的事情，阿方愿与上海合作组织开展各领域互利合作。

1月11日　应哈萨克斯坦总统纳扎尔巴耶夫的邀请，张德广秘书长出席了在哈总统府隆重举行的哈总统就职典礼。出席仪式的还有来自许多国家的总统、政府首脑、议会领导人、著名国务活动家，以及其他国际组织的领导和代表。

1月19—20日　上海合作组织成员国第二次教育合作专家会议在秘书处举行。会议决定2006年在中国举行成员国首次教育部长会议，并通过了拟届时提交会议签署的六国政府教育合作协定草案。会议还就成员国相互承认学历和学位证书协定草案交换了意见。与会专家讨论了六国开展教育合作的途径，一致认为，扩大教育合作是成员国相互协作的一个重要内容，有利于巩固各国人民之间的友谊与合作，在上海合作组织成员国框架内营造统一的教育空间。为此建立必备的法律基础具有特殊意义。各方商定建立上海合作组织成员国教育合作专家常设工作组。

1月23日　张德广秘书长应约在秘书处会见联合国安理会反恐委员会执行局主任贾维尔·卢佩雷兹。双方就当前国际反恐斗争等共同感兴趣的问题交换了意见。同日，张德广秘书长应约会见了斯里兰卡驻华大使尼哈尔·罗德里格先生。罗德里格表示，斯里兰卡虽然不与上海合作组织成员国接壤，但一直十分关注上海合作组织的发展，认为斯里兰卡与上海合作组织之间可以在许多领域开展合作，包括打击“三股势力”、经济合作、能源及旅游等。

2月17日　上海合作组织—阿富汗联络小组第一次会议在秘书处举行。该联络小组是根据2005年11月4日签署的上海合作组织与阿富汗伊斯兰共和国关于建立上海合作组织—阿富汗联络小组的议定书建立的。双方讨论了联络小组开展工作的程序问题和一些共同感兴趣的其它问题。上海合作组织秘书长张德广和阿富汗伊斯兰共和国驻华大使哈基米参加了会议。

2月21—22日　上海合作组织银行联合体首次高官会在北京举行，哈萨克斯坦开发银行、中国国家开发银行、俄罗斯对外经济银行、塔吉克斯坦国家银行、乌兹别克斯坦外经银行以及吉尔吉斯斯坦驻华使馆、上海合作组织秘书处的代表参加了会议。会议期间，各方就上海合作组织银联体今后开展活动、起草工作文件、以及确定各方都感兴趣的投资项目等问题交换了意见。为了保持联系和开展日常工作，银联体的每个成员银行都确定了一位副行长级协调员及相应的负责机构。

3月2—5日　在乌兹别克斯坦举行了上海合作组织框架内的“东方反恐—2006”联合反恐演习。安全、执法等强力部门参加了此次演习。演习的主要意图是演练搜索并消灭策划在重要国家设施实施大规模恐怖事件的恐怖分子的行动。

3月6—8日　上海合作组织国家协调员理事会例行会议在秘书处举行。会议集中讨论了今年六月将在上海举行的上海合作组织成员国元首会议各项筹备工作。国家协调员理事会认为，应在今年5月中旬召开上海合作组织成员国外长理事会会议，以最终商定上海峰会文件内容及相关活动的礼宾问题。

3月30日　张德广秘书长应邀出席了中国“上海合作组织中心”成立大会并致辞。成立仪式由中方“上海合作组织中心”牵头单位、中国国际问题研究所所长马振岗主持，来自中国全国各地研究上海合作组织的学术机构的代表约五十人出席。

4月18日　张德广秘书长在秘书处会见了俄罗斯战略研究中心主任、上海合作组织俄罗斯实业家委员会秘书尼·阿·彼得罗夫。双方就继续办好贝加尔经济论坛和西安欧亚经济论坛以及在今年6月上海合作组织峰会期间举办上海合作组织工商论坛暨上海合作组织实业家委员会成立大会等问题交换了意见。

4月19日　张德广秘书长在秘书处会见了来北京参加上海合作组织成员国禁毒研讨会的上海合作组织地区反恐机构执委会主任卡西莫夫。双方就上海合作组织反恐以及其他各领域合作等问题交换了意见。

4月20日　张德广秘书长应邀出席上海合作组织成员国缉毒执法研讨会开幕式并致辞。

4月24日　塔吉克斯坦民间艺术展开幕式在上海合作组织秘书处举行，驻京外交使团代表等客人参加。展览由上海合作组织秘书处和塔吉克斯坦驻华使馆共同主办，目的是庆祝上海合作组织成立5周年及塔吉克斯坦共和国独立15周年。上海合作组织秘书长张德广和塔吉克斯坦驻华特命全权大使拉希德·阿里莫夫在开幕式上致贺辞。

4月26日　上海合作组织成员国国防部长会议在北京举行。与会国防部长就当前地区安全形势、在上海合作组织成立5年来所取得的成就基础上加强成员国防务部门之间的合作等有关问题进行了讨论，并就实质问题达成一致意见。哈萨克斯坦共和国国防部第一副部长兼参谋长联席会议主席布·戈·达尔别科夫中将，中华人民共和国中央军委副主席、国务委员兼国防部长曹刚川上将，吉尔吉斯共和国国防部长伊·伊·伊萨科夫中将，俄罗斯联邦副总理兼国防部长谢·鲍·伊万诺夫，塔吉克斯坦共和国国防部长舍·海·海鲁洛耶夫上将和乌兹别克斯坦共和国国防部长鲁·爱·米尔扎耶夫参加了会议。

4月27日　题为“国际组织对维护中亚安全与稳定的作用”国际研讨会在比什凯克举行，会议由欧安组织主办，欧安组织秘书长马克·佩兰·德·布利夏姆鲍特主持。上海合作组织、联合国、欧盟、集安条约组织、亚洲开发银行及其他地区和国际组织代表应邀与会。

会议讨论了中亚地区面临的腐败、移民、毒品、犯罪、恐怖主义、环境问题等威胁与挑战。上海合作组织负责政治事务的副秘书长纳雷索夫出席会议并发言。

4月27—28日　应俄罗斯联邦委员会主席、独联体议会大会理事会主席米罗诺夫、俄罗斯联邦国家杜马主席格雷兹洛夫邀请，上海合作组织秘书长张德广出席了在圣彼得堡举行的俄罗斯国家杜马成立100周年庆祝大会，及“俄罗斯国家杜马成立100周年与欧洲议会制度：历史与现状”研讨会。访问期间，4月27日，张德广秘书长会见了俄联邦委员会主席米罗诺夫，同他着重就即将于2006年5月底在莫斯科举行的上海合作组织成员国议会领导人首次会议的有关问题交换了看法。

4月27—28日　上海合作组织成员国文化部长例行会议在塔什干举行。会议讨论了2005—2006年多边文化合作计划的完成情况，以及完善秘书处网站文化和人文合作的宣传工作，批准了2007—2008年多边文化合作计划、2006—2007年上海合作组织文化合作问题专家工作组工作计划、2006年6月在中国举行的第二届艺术节条例，签署了上海合作组织成员国文化部长会议联合新闻稿。

5月8日　上海合作组织秘书长张德广与欧亚经济共同体秘书长拉波塔在北京上海合作组织秘书处签署《上海合作组织秘书处与欧亚经济共同体一体化委员会秘书处谅解备忘录》。根据备忘录，双方商定就共同感兴趣的领域交换信息、举行磋商。这些领域首先包括贸易、能源、环保、交通，包括建设欧亚交通走廊、信息通讯、商品、服务、资金和劳动力流动便利化、促进和保护投资、旅游、就开展地区贸易进行对话等。此外，双方还将开展社会人文领域的交流，首先是教育、卫生、体育、就业、劳动力流动、科学、文化等领域。

5月12日　上海合作组织秘书长张德广在秘书处会见了由成员国

和观察员国50名青年组成的代表团。上海合作组织成员国国家协调员参加了会见。张德广在会见中强调，作为上海合作组织框架内的优先合作领域，在政治和经贸合作得到加强的同时，社会人文领域的交流日益扩大，人文合作对于扩大在科学、文化、教育、卫生、体育、就业、劳动力流动、议会间和青年间交流等重要领域的互利联系方面具有广阔前景。

5月15日　上海合作组织成员国外交部长理事会例行会议在上海举行。哈萨克斯坦共和国外交部长托卡耶夫、中华人民共和国外交部长李肇星、吉尔吉斯共和国外交部长杰克申库洛夫、俄罗斯联邦外交部长拉夫罗夫、塔吉克斯坦共和国外交部长纳扎罗夫、乌兹别克斯坦共和国外交部长加尼耶夫出席。上海合作组织秘书长张德广、地区反恐怖机构执委会主任卡西莫夫列席。会议在务实和建设性的气氛中进行。外长们研究了将于2006年6月中旬在上海合作组织发祥地上海举行的本组织成员国元首理事会会议的准备工作。会议批准了《上海合作组织观察员团观察总统和（或）议会选举及全民公决的条例》，并就筹备和举行本组织成员国元首理事会纪念会议通过了一系列决议。

5月22日　上海合作组织论坛首次会议在莫斯科举行。各国代表着重讨论通过了上海合作组织论坛规则，确定了论坛的主要目标和组织机构，制定了今后一年的工作计划，并就一些共同关心的问题进行了探讨。

5月23日　在上海合作组织论坛框架内，举行了题为“上海合作组织与当今世界”的学术研讨会。研讨会由上海合作组织秘书处、莫斯科国立国际关系学院东亚及上海合作组织研究中心、俄上海合作组织学术专家委员会联合主办。上海合作组织成员国及蒙古、印度、伊朗知名学者和外交官参加。

5月30日 上海合作组织成员国议会领导人——哈萨克斯坦共和国议会上院议长阿贝卡耶夫，中华人民共和国全国人民代表大会常务委员会委员长吴邦国，吉尔吉斯共和国议长苏丹诺夫，俄罗斯联邦会议联邦委员会主席米罗诺夫、俄罗斯联邦会议国家杜马主席格雷兹洛夫，塔吉克斯坦共和国议会上院议长乌拜杜拉耶夫，乌兹别克斯坦共和国议会下院议长哈利洛夫——在莫斯科举行首次会晤，就推动上海合作组织发展、加强本组织成员国议会合作等问题交换意见。

5月31日 由哈萨克斯坦总统战略研究所、俄罗斯科学院世界经济及国际关系研究所、中国吉林大学东北亚研究院共同举办，题为“上海合作组织经济金融合作问题”的国际会议在阿拉木图举行。上海合作组织成员国和观察员国著名专家与会。

6月8—12日 上海合作组织成员国国家协调员理事会例行会议在秘书处举行。会议议题是准备6月15日将在上海举行的上海合作组织峰会。国家协调员理事会商定了将在峰会上签署的文件，认真听取并讨论了中方关于纪念峰会日程的通报。各方核对并最终敲定了提交峰会的文件和决议。下次协调员会议将于2006年8月上半月在北京举行。

6月15日 上海合作组织成员国元首理事会第六次会议在上海举行。哈萨克斯坦共和国总统纳扎尔巴耶夫、中华人民共和国主席胡锦涛、吉尔吉斯共和国总统巴基耶夫、俄罗斯联邦总统普京、塔吉克斯坦共和国总统拉赫莫诺夫、乌兹别克斯坦共和国总统卡里莫夫与会。本组织秘书长张德广、地区反恐怖机构执委会主任卡西莫夫出席了会议。印度共和国石油和天然气部长德奥拉、伊朗伊斯兰共和国总统内贾德、蒙古国总统恩赫巴亚尔、巴基斯坦伊斯兰共和国总统穆沙拉夫作为观察员国高级代表，以及阿富汗伊斯兰共和国总统卡尔扎伊、独联体执委会主席鲁沙伊洛、东盟副秘书长比利亚科塔作为主席国客人列席并发言。元首们签署了《上海合作组织五周年宣言》和《上海合作组织成员国元首关于国际信息安全的声明》，批准了新版《上海合作组织秘书处条例》和《上海合作组织成员国打击恐怖主义、分裂主义和极端主义2007年至2009年合作纲要》，通过了一系列有关本组织人事和组织问题的决议，批准努尔加利耶夫（哈萨克斯坦共和国）2007—2009年担任本组织秘书长。本组织成员国全权代表还签署了《关于在上海合作组织成员国境内组织和举行联合反恐行动的程序协定》、《关于查明和切断在上海合作组织成员国境内参与恐怖主义、分裂主义和极端主义活动人员渗透渠道的协定》、《上海合作组织成员国政府间教育合作协定》、《上海合作组织实业家委员会决议》、《上海合作组织银行联合体成员行关于支持区域经济合作的行动纲要》。元首们会见了本组织实业家委员会成立大会与会人员，并出席了本组织成员国艺术节开幕式。

7月26日　张德广秘书长在秘书处会见了就读于西北大学、来自乌兹别克斯坦的首批上海合作组织汉语培训班学生。

8月4日　上海合作组织秘书长张德广就吉尔吉斯斯坦政府近来采取措施打击恐怖分子对记者发表谈话，全文如下：最近一段时间，为维护国内的安全与稳定，吉尔吉斯斯坦政府断然采取措施，加强打击恐怖主义势力活动。上海合作组织对此表示坚决支持。吉尔吉斯斯坦政府开展的这场反恐行动是本地区反恐斗争的重要组成部分。上海合作组织各成员国将坚定地与吉尔吉斯斯坦政府和人民站在一起，共同维护本地区的和平、安全与稳定。

8月8—10日　上海合作组织成员国国家协调员理事会例行会议在秘书处举行。会议议题包括准备今年9月15日将在杜尚别举行的上海合作组织成员国政府首脑会议及本组织发展现状。

8月24日　在塔什干举行了上海合作组织成员国经贸部长会议。会议由乌兹别克斯坦共和国主持。由哈萨克斯坦共和国工业和贸易部长什科尔尼克、中华人民共和国商务部副部长于广洲、吉尔吉斯共和国工业、贸易和旅游部长克里姆库洛夫、俄罗斯联邦经济发展和贸易部副部长萨维里耶夫、塔吉克斯坦共和国经济和贸易部副部长基斯梁科娃、乌兹别克斯坦共和国对外经济联络、投资和贸易部长加尼耶夫和上海合作组织副秘书长朱马巴耶夫率领的各成员国及上海合作组织秘书处代表团参加了会议。

8月24－26日　应中华人民共和国公安部副部长孟宏伟、哈萨克斯坦共和国上海合作组织国家协调员伊曼多索夫邀请，上海合作组织负责政治事务的副秘书长纳雷索夫率秘书处代表团作为观察员参加了代号“二00六天山一号”上海合作组织框架内中哈执法部门联合反恐演习。演习先后于8月24日在哈萨克斯坦境内、8月26日在中华人民共和国境内举行。吉尔吉斯斯坦、俄罗斯、乌兹别克斯坦及上海合作组织地区反恐怖机构执委会代表参加。演习由实战和理论两部分组成。

8月31日至9月2日　张德广秘书长出席第十五届乌鲁木齐对外经贸洽谈会及第四届中西南亚区域经济合作高层论坛，并在论坛上发言。期间，秘书长会见了新疆维吾尔自治区党委书记王乐泉、自治区主席司马义·铁力瓦尔地等自治区领导。

9月7日　上海合作组织秘书处与独联体执委会代表在明斯克举行了例行磋商。双方就《上海合作组织秘书处与独立国家联合体执行委员会谅解备忘录》涉及的合作领域中迫切的问题建设性、有益地交换了看法。

9月8日　张德广秘书长就中亚五国签署中亚无核武器区条约发表谈话，全文如下：9月8日，中亚五国在哈萨克斯坦签署了中亚无核武器区条约，上海合作组织对此表示欢迎与支持。我们认为，在中亚地区建立无核武器区有利于该地区的和平与安全，符合上海合作组织维护地区安全与稳定的宗旨与目标。

9月15日 上海合作组织成员国政府首脑（总理）理事会例行会议（以下简称本组织总理会议）在杜尚别举行。哈萨克斯坦共和国总理艾哈迈托夫、中华人民共和国国务院总理温家宝、吉尔吉斯共和国总理库洛夫、俄罗斯联邦政府总理弗拉德科夫、塔吉克斯坦共和国总理阿基洛夫和乌兹别克斯坦共和国副总理阿齐莫夫出席会议。本组织观察员国代表印度共和国国务部长恰范、伊朗伊斯兰共和国副总统阿里·赛义德卢、蒙古国副总理恩赫赛汗、巴基斯坦伊斯兰共和国总理阿齐兹与会，阿富汗伊斯兰共和国第一副总统马苏德、欧亚经济共同体秘书长拉波塔作为东道国客人出席会议。

9月20—22日 上海合作组织成员国最高法院院长第一次会议在上海举行。哈萨克斯坦、中国、吉尔吉斯斯坦、俄罗斯、塔吉克斯坦、乌兹别克斯坦最高法院院长出席了会议。应大会组织者邀请，上海合作组织副秘书长谢·纳雷索夫出席了会议。在大会开幕式上，纳雷索夫副秘书长宣读了上海合作组织秘书长张德广致大会的贺词并在大会闭幕式上做了发言。本次会议的主题是“司法公正与司法合作”。会后，发表了《上海合作组织成员国最高法院院长会议联合声明》，并商定下一次会议将在莫斯科举行。

10月18日 上海合作组织成员国首次教育部长会议在北京举行。会议由中华人民共和国教育部主持。中国国务委员陈至立会见了成员国教育部长。会议讨论了上海合作组织框架内教育领域多边合作的现状及发展前景。部长们成立了上海合作组织成员国教育合作常设专家工作组，以协调共同行动、协议及落实2006年6月15日签署的上海合作组织成员国政府间教育合作协议的具体措施，批准了该工作组工作章程，签署了上海合作组织成员国教育部长会议联合新闻稿。会议责成专家工作组继续就制定相互承认学历学位协定草案共同工作。各方商定下次教育部长会议2008年在哈萨克斯坦举行。

10月25—27日　为落实2006年6月15日上海合作组织成员国元首关于国际信息安全的声明，举行了本组织成员国国际信息安全专家组首次会议。上海合作组织成员国——哈萨克斯坦共和国、中华人民共和国、吉尔吉斯共和国、俄罗斯联邦、塔吉克斯坦共和国、乌兹别克斯坦共和国专家与会。会议委托专家组在2007年上海合作组织峰会前制定出保障国际信息安全的行动计划，并确定上海合作组织框架内解决国际信息安全各方面问题的可能途径和手段。会议期间正式成立该专家组，并商定其工作规则。作为在上海合作组织框架内研究国际信息安全问题的倡议方，俄罗斯专家被一致推举为专家组组长。

11月9日　张德广秘书长就吉尔吉斯斯坦国内局势回答了新华社记者的提问。张秘书长表示：日前，吉尔吉斯斯坦朝野双方经过对话协商，就事关本国发展的重大问题达成协议。我们衷心希望，吉目前国内出现的这种和解、合作的良好态势能够继续长期保持下去，这不仅符合吉尔吉斯人民的根本利益，同时也有利于中亚地区的和平与稳定。

11月13—15日　筹备上海合作组织成员国首次环保部门领导人会议第二次专家会在秘书处举行。会议研究了环保领域各方面合作的现状及前景。与会者还就上海合作组织环境保护合作构想草案交换了看法，进行了讨论。各方将在完成构想草案制定工作后确定在莫斯科举行上海合作组织成员国首次环保部门领导人会议的具体时间。各方商定下次（第三次）专家会议于2007年5月在北京秘书处举行。

11月21—22日　第二次上海合作组织成员国紧急救灾部门部长会议在北京举行。会议由中国民政部李学举部长主持。哈萨克斯坦共和国、中华人民共和国、吉尔吉斯共和国、俄罗斯联邦、塔吉克斯坦共和国和乌兹别克斯坦共和国代表参加会议。会议期间，部长们介绍了在预防和消除灾害领域开展多边合作的经验和前景。

12月4日　张德广秘书长在秘书处宴请美国驻华大使雷德，作为对今年5月雷德大使在官邸宴请张德广秘书长的回请。席间，双方就共同关心的问题交换了看法，认为保持这样的接触对增进相互了解是有益的。朱马巴耶夫副秘书长、杜伟助理陪同出席。

12月4日　根据2005年4月21日在雅加达签署的上海合作组织秘书处与东盟秘书处谅解备忘录，上海合作组织负责政治事务的副秘书长纳雷索夫访问雅加达，并参加了在那里举行的上海合作组织秘书处与东盟秘书处首轮磋商。在同东盟领导人以及政治、经济、人文领域知名专家会见时，双方就两组织在谅解备忘录框架内合作前景进行了探讨，并就双方共同关心的问题深入交换了看法。

12月12日　张德广秘书长在秘书处应约会见欧洲安全与合作组织主席国特使皮埃尔·查瓦利尔。双方互相通报了各自组织近期的活动情况，并就共同感兴趣的问题交换了看法。比利时驻华大使别尔纳多·皮埃尔及秘书处顾问利科耶夫参加了会见。

12月28日　张德广秘书长在秘书处举行离任招待会，中国外交部长李肇星等各方来宾数百人应邀参加，对张德广三年工作取得的卓越成就给予高度评价。

2007年

1月22日　努尔加利耶夫秘书长就职仪式暨到任招待会在上海合作组织秘书处隆重举行。中国外长李肇星、上海合作组织成员国国家协调员、上海合作组织地区反恐怖机构执委会主任苏班诺夫、东道国有关机构领导人、各国驻华使馆代表等出席。中国外长李肇星、上海合作组织首任秘书长张德广、上海合作组织地区反恐怖机构执委会主任苏班诺夫、努尔加利耶夫秘书长等分别致辞。

1月22—25日　上海合作组织成员国国家协调员理事会例行会议在上海合作组织秘书处举行。会议就筹备上海合作组织各领导机构会议，以及进一步开展政治、经济和人文等领域合作通过了决议。

1月29日　上海合作组织秘书长努尔加利耶夫会见了欧盟中亚事务特别代表皮埃尔·莫利尔。双方在会见中谈及欧盟落实在中亚地区计划、建立地区出口煤炭资源交通走廊前景、上海合作组织同其他国家和国际组织经济金融合作，以及保持上海合作组织与欧盟常设执行机构间联系等问题。

2月7—8日　上海合作组织文化合作专家工作组例行会议在秘书处举行。会议讨论了2005—2006年及2007—2008年上海合作组织成员国多边文化合作计划的执行情况。各方认为成员国在共同完成上述多边文化合作计划方面取得丰硕成果。各方还就筹备即将举行的上海合作组织成员国文化部长会议以及第三届上海合作组织文化节交换了看法。

3月1日　上海合作组织秘书长努尔加利耶夫会见了国际红十字会驻东亚代表阿里斯通。秘书长介绍了上海合作组织的发展历史以及同其他国家和国际组织合作的主要方向。阿里斯通对有机会访问上海合作组织秘书处表示感谢，介绍了红十字会的主要宗旨、职能及当前工作。

2月28日—3月2日　上海合作组织地区反恐怖机构理事会例行会议专家筹备会在秘书处举行，会议由俄方主持。成员国与会专家同地区反恐怖机构代表们共同讨论了拟提交地区反恐怖机构理事会的相关文件。

3月6日　上海合作组织秘书长努尔加利耶夫会见了上海合作组织中国实业家委员会主席张钰晶。张钰晶介绍了上海合作组织实业家委员会自2006年6月成立以来的工作情况。双方就如何促进上海合作组织各成员国实业界的相互了解和合作交换了看法。

3月19—22日　在北京举行了上海合作组织国际信息安全专家组第二次会议，该专家组是根据2006年6月15日该组织成员国元首声明授权组建的。上海合作组织各成员国主管部门代表参加了会议。会者在友好和建设性的气氛中审议和研究了上海合作组织成员国保障国际信息安全行动计划草案。计划草案将于2007年提交成员国元首理事会批准。

4月3日　上海合作组织副秘书长高玉生和扎哈罗夫会见由美国民主党及共和党参议员助理及众议员组成的美国与亚洲协会代表团。同日，上海合作组织秘书长努尔加利耶夫在柏林会见德国外交部国务秘书埃勒尔，就欧盟与上海合作组织开展合作的可行方向进行了探讨。由德国对外政策委员会及德国东方经济委员会倡议召开、题为“上海合作组织：与欧盟伙伴关系的可行性”的国际会议当天在柏林举行。努尔加利耶夫秘书长、欧盟中亚事务特别代表莫雷与会，就上海合作组织当前形势及前景、同欧盟等国际组织合作的可行性等交换看法。

4月11日　上海合作组织“孩子笔下的童话”画展在莫斯科普希金国家美术博物馆“穆谢昂”美术教育中心开幕，画展由俄罗斯外交部及文化部协办，上海合作组织副秘书长扎哈罗夫、俄中经贸合作中心理事会主席萨纳科耶夫等在开幕式上致词。开幕式上举办了以上海合作组织成员国及观察员国民间故事创作为题材的音乐会。

4月24—25日　上海合作组织成员国文化部长例会在杜尚别举行。哈萨克斯坦共和国文化信息部部长叶尔特斯巴耶夫，中华人民共和国文化部副部长赵维绥，吉尔吉斯共和国文化信息部部长拉耶夫，俄罗斯文化和大众传媒部部长索科洛夫，塔吉克斯坦文化部部长阿斯洛罗夫，乌兹别克斯坦共和国文化体育部第一副部长塞夫拉耶维奇参加了会议。上海合作组织副秘书长纳塞罗夫与会。会晤由塔吉克斯坦文化部部长主持。

5月25日　上海合作组织成员国第三次安全会议秘书会议在比什凯克举行。会议由吉方主持。哈萨克斯坦共和国安全会议秘书伊曼舍夫、中国公安部副部长孟宏伟、吉尔吉斯共和国安全会议秘书马梅托夫、俄罗斯联邦安全会议秘书伊万诺夫、塔吉克斯坦共和国安全会议秘书阿齐莫夫、乌兹别克斯坦共和国总统安全会议秘书阿达耶夫与会

5月28—31日　上海合作组织第三次环保专家会在秘书处举行，会议的主要任务是为上海合作组织成员国环保部门领导人首次会议做准备。

5月30—31日　上海合作组织成员国首次旅游专家会在秘书处举行。哈、中、吉、俄、塔、乌及秘书处代表与会。与会方在会上就起草本组织成员国旅游合作计划、成立本组织成员国旅游问题常设专家工作组，以及举行本组织成员国首次旅游部门领导人会议等问题交换了看法。

6月5—6日　上海合作组织成员国卫生专家会在秘书处举行。哈、中、吉、俄、塔、乌方代表团及秘书处代表与会。各方在会上认为可研究以下问题的可行性：1. 制定本组织成员国卫生部合作计划，在计划中确定本组织框架内卫生领域合作的优先方向；2. 成立本组织成员国卫生问题常设专家工作组，通过工作组工作条例；3. 制定本组织框架内卫生领域多边合作法律文件；4. 举行本组织成员国卫生部长会议，认为应就卫生合作问题与实业家委员会开展合作。

6月5—7日　上海合作组织成员国教育专家工作组会议在北京秘书处举行。哈、中、吉、俄、塔、乌方代表团及秘书处代表与会。各

方在会上讨论并同意以汇总各方意见后形成的上海合作组织成员国政府间关于相互承认学历和学位证书的协定草案作为签协基础。会议通过了向上海合作组织成员国教育部长提交教育合作年度报告的结构，以及首期上海合作组织成员国教育合作信息专刊的最终方案。会议还研究了关于落实2006年6月15日在上海签署的《上海合作组织成员国政府间教育合作协定》有关条款的其他问题。

6月15日　上海合作组织论坛第二次会议在阿拉木图举行，哈萨克斯坦现代国际政治研究所为会议提供了组织支持。中国国际问题研究所、吉尔吉斯斯坦总统国际战略研究所、俄罗斯外交部国际关系学院东亚及上海合作组织研究中心、俄罗斯远东研究所、俄罗斯战略研究所、塔吉克斯坦总统战略研究中心、乌兹别克斯坦战略及国际研究所等其他成员国研究部门与会。

6月15日　上海合作组织成立六周年招待会在北京凯宾斯基宾馆举行。上海合作组织秘书长努尔加利耶夫、中国外长杨洁篪、上海合作组织成员国及观察员国驻华大使、国际组织驻中国代表等参加。

6月18—19日　上海合作组织成员国经贸部门高官会在秘书处举行。会议讨论了2006年9月15日杜尚别总理会议共识措施计划的落实情况。会议听取了海关合作、现代信息及通信技术、过境潜力专家工作组工作情况介绍，以及上海合作组织实业家委员会、银行联合体及区域经济合作网站工作情况介绍。

6月27日　上海合作组织成员国国防部长会议在比什凯克举行。会议期间各方在坦诚友好的气氛中讨论了与地区形势及国防安全领域合作有关的问题。与会者一致认为上海合作组织成员国国防部门应集中力量致力于共同应对新威胁、新挑战，维护地区的和平与安全。上海合作组织各国国防部门领导人讨论了举行“和平使命—2007”演习的设想，以及举行及准备演习的其他有关问题。演习计划于8月在俄罗斯境内举行。哈萨克斯坦国防部长阿赫梅托夫、中国国防部长曹刚川、吉尔吉斯斯坦国防部长伊萨科夫、俄罗斯国防部长谢尔久科夫、塔吉克斯坦国防部长哈伊鲁洛耶夫、乌兹别克斯坦国防部副部长尼亚佐夫与会。

6 月 29 日　在莫斯科召开的上海合作组织能源部长会议上，五个成员国哈萨克斯坦、吉尔吉斯斯坦、中国、俄罗斯和塔吉克斯坦同意建立上海合作组织能源俱乐部，并在制定这个机构的基本章程上达成了一致。

7 月 9 日　上海合作组织成员国外长理事会会议在吉尔吉斯斯坦首都举行。吉尔吉斯斯坦外长卡拉巴耶夫在会后记者招待会上表示，会议期间上海合作组织成员国外长们批准了会议议题，就将于 8 月 16 日举行的上海合作组织成员国元首会议的一系列问题作出决议。外长们还研究了落实去年在上海举行的上海合作组织纪念峰会决议及任务的情况。外长们通过了上海合作组织秘书长努尔加利耶夫所作的秘书处过去一年的工作报告，认为秘书处机构改革促使整个组织的工作效率得以提高。哈萨克斯坦共和国外交部长塔仁、中华人民共和国外交部长杨洁篪、吉尔吉斯共和国外交部长卡拉巴耶夫、俄罗斯联邦外交部长拉夫罗夫、塔吉克斯坦共和国外交部长扎里菲及乌兹别克斯坦共和国外交部长诺罗夫及上海合作组织秘书长努尔加利耶夫与会。

7 月 9 日　吉尔吉斯共和国总统古尔曼别克·巴基耶夫在总统官邸会见在吉出席上海合作组织成员国外长理事会会议的各国外长。上海合作组织秘书长努尔加利耶夫、地区反恐怖机构执委会主任苏班诺夫、上海合作组织成员国驻吉尔吉斯斯坦大使参加。

7 月 17—20 日　在比什凯克举行了《上海合作组织成员国政府间国际道路运输便利化协定》（草案）第六次专家谈判会议，继续讨论和协商了协定草案，希望于近期商定并草签框架协定文本。

8月15日　上海合作组织银行联合体第三次会议于在比什凯克举行，会议签署了一系列双边协议。吉尔吉斯斯坦信贷储蓄公司、俄罗斯国有公司发展与外经银行、乌兹别克斯坦国家外经银行、哈萨克斯坦发展银行负责人通过了上述协议。俄罗斯外经银行与吉尔吉斯斯坦信贷储蓄公司、乌兹别克斯坦国家外经银行、哈萨克斯坦发展银行签订了3项协议。协议内容主要包括在战略伙伴在国际金融市场中的合作经验、开展投资信贷领域长期合作方面互相交流经验等。

8月16日　上海合作组织成员国元首理事会例行会议在比什凯克举行。哈萨克斯坦共和国总统纳扎尔巴耶夫、中华人民共和国主席胡锦涛、吉尔吉斯共和国总统巴基耶夫、俄罗斯联邦总统普京、塔吉克斯坦共和国总统拉赫蒙、乌兹别克斯坦共和国总统卡里莫夫与会。本组织秘书长努尔加利耶夫、本组织地区反恐怖机构执委会主任苏班诺夫出席了会议。印度共和国石油和天然气部长德奥拉、伊朗伊斯兰共和国总统艾哈迈迪—内贾德、蒙古国总统恩赫巴亚尔、巴基斯坦伊斯兰共和国外交部长卡苏里作为本组织观察员国高级代表，以及阿富汗伊斯兰共和国总统卡尔扎伊、土库曼斯坦总统别尔德穆哈梅多夫、联合国副秘书长帕斯科作为主席国客人列席会议并发言。根据本组织成员国元首理事会纪念峰会（上海，2006年6月15日）达成的协议，元首们签署了《上海合作组织成员国长期睦邻友好合作条约》。六国元首签署了《比什凯克宣言》，批准了为落实2006年6月15日签署的《上海合作组织成员国元首关于国际信息安全的声明》而制定的《上海合作组织成员国保障国际信息安全行动计划》。成员国全权代表还签署了《上海合作组织成员国政府间文化合作协定》。元首们出席了本组织成员国第三届艺术节开幕式。

8月17日　“和平使命—2007”上海合作组织成员国联合反恐军事演习实兵演练在俄罗斯车里雅宾斯克举行，上海合作组织成员国元首到现场观摩。这是首次由中国、俄罗斯、哈萨克斯坦、吉尔吉斯斯坦、塔吉克斯坦、乌兹别克斯坦6个上海合作组织成员国全体参加的多边联合反恐军演，参加军演的有4000余人。演习分为战略磋商、联合反恐战役准备与实施两个阶段，于8月9日至17日分别在中国乌鲁木齐和俄罗斯车里雅宾斯克举行。

8月25日　为庆祝撒马尔罕建城2750周年，第六届“东方旋律”国际音乐节开幕式在撒马尔罕中心广场举行。乌兹别克斯坦共和国总统卡里莫夫为开幕式揭幕。本次音乐节是上海合作组织框架内举行的文化活动之一。

9月2日　上海合作组织秘书长努尔加利耶夫应中华人民共和国商务部和新疆维吾尔自治区人民政府邀请，出席了在第16届乌鲁木齐对外贸易和经济联系洽谈会（乌洽会）框架内举办的“中西南亚区域经济合作高层论坛暨上海合作组织成员国优先合作领域研讨会”。

9月6日　上海合作组织秘书长努尔加利耶夫在秘书处会见以以色列国家安全委员会主席伊兰·米兹拉希为首的以色列代表团一行。双方在会见中谈及了维护安全、打击恐怖主义及非法贩毒等问题。

9月3—9日　首届上海合作组织成员国伊塞克湖电影节在吉尔吉斯斯坦城市乔尔波恩·阿达举行。除来自上海合作组织成员国之外，阿塞拜疆、亚美尼亚、伊朗、拉脱维亚、乌克兰等国的作品也参加了电影节。吉尔吉斯斯坦政府决定将电影节的举办年度化。

9月22—28日　由杭州市政府与上海合作组织秘书处主办的“画说西湖”国际艺术论坛在杭州举行，来自上海合作组织成员国的60位画家参加论坛。上海合作组织秘书长努尔加利耶夫、中国国际问题研究与学术交流基金会理事长张德广等在开幕式上致辞。

10月20日　上海合作组织青年协会在莫斯科成立。上海合作组织成员国的青年代表签署了关于成立上海合作组织青年协会的声明。俄罗斯联邦委员会主席谢尔盖·米罗诺夫在签字仪式上表示，上海合作组织青年协会的建立是一件及时而重要的大事。米罗诺夫表示相信，青年协会的成立将使上海合作组织更有吸引力，使其工作更有活力。上海合作组织青年协会将在文化、教育和体育等领域开展活动。

10 月 5 日　上海合作组织秘书长努尔加利耶夫与集体安全条约组织秘书长博尔久扎在杜尚别签署了上海合作组织秘书处与集体安全条约组织秘书处谅解备忘录。

10 月 20—21 日　上海合作组织观察员团对吉尔吉斯共和国 2007 年 10 月 21 日就吉尔吉斯共和国公民通过吉尔吉斯共和国法律“关于吉尔吉斯共和国新版宪法”及吉尔吉斯斯坦法律“吉尔吉斯共和国新版选举法”举行全民公决（全民投票）的准备和投票过程进行了监督。

10 月 24 日　上海合作组织成员国经贸部长例行会议在阿斯塔纳举行。哈萨克斯坦共和国工业及贸易部部长奥拉兹巴科夫主持会议，上海合作组织成员国相关部门领导人及上海合作组织秘书长努尔加利耶夫与会。

11 月 2 日　上海合作组织成员国总理第六次会议在乌兹别克斯坦首都塔什干举行。成员国代表团团长签署了《上海合作组织成员国政府首脑（总理）理事会会议联合公报》。

11 月 2 日　上海合作组织秘书长努尔加利耶夫在塔什干会见阿富汗伊斯兰共和国第一副总统马苏德。马苏德表示，阿富汗愿进一步加强和巩固与上海合作组织特别是在经济领域的合作，并希望在解决本国社会经济重建问题方面得到支持。阿富汗将加强在“上海合作组织—阿富汗”联络组框架内的合作。双方一致认为应就落实比什凯克峰会和塔什干总理会议决议以进一步加强合作积极开展工作。

11 月 7 日　塔吉克斯坦常驻联合国代表西罗热金·阿斯罗夫代表上海合作组织在联合国大会就阿富汗局势召开的全体会议上发言，对塔利班和“基地”组织加紧在阿富汗活动表示关切。他呼吁通过建立联合国协调及周边国家参与下的综合系统反恐和资金安全地带，加大力度打击阿富汗境内外恐怖分子，以阻止恐怖分子参与国家机构、切断其以毒品贸易为主的资金来源。

11 月 9 日　上海合作组织秘书长努尔加利耶夫参加在西安举行的第一届欧亚经济论坛并致辞。

2008 年

1 月 21 日　上海合作组织秘书长努尔加利耶夫在秘书处会见联合国亚洲及太平洋经济社会委员会执行秘书诺琳·海泽一行，目前双方正就制定上海合作组织成员国政府间国际道路运输便利化协定积极开展合作。双方还签署了上海合作组织秘书处与联合国亚洲及太平洋经济社会委员会秘书处谅解备忘录，

1 月 23 日　上海合作组织秘书长努尔加利耶夫会见国际红十字会东亚地区代表德里·米拉。双方表示支持上海合作组织与国际红十字会就包括应对自然和人为突发事件后果等双方共同感兴趣的问题开展定期交流。

1 月 26—27 日　上海合作组织实业家委员会理事会会议在中国海南省三亚市举行。会议听取了有关卫生、环保、旅游领域项目的落实情况及未来发展计划、保险领域合作前景，以及新航线开通合作前景等问题的报告。会议专门研究了上海合作组织框架内银行领域合作的前景与工作方向。与会人员还探讨了开展租赁、物流、边贸、建立联合企业、扶持中小企业的可行性等问题。

2 月 18—19 日　上海合作组织现代信息和电信技术专业工作组关于“上海合作组织信息高速公路”项目的专家组会议在中国新疆乌鲁木齐召开。来自六个成员国的专家讨论了该项目所涉及的原则问题，一致同意加快“上海合作组织信息高速公路”项目计划研究，以尽早实施该项目。

2 月 18—20 日　上海合作组织成员国经贸部长会议电子商务专家工作组第四次会议在北京举行。会议研究了各方提供及更新上海合作组织区域经济合作网站信息以及网站今后工作目标等问题。

2 月 26—28 日　上海合作组织框架内文化合作专家工作组例会在秘书处举行。讨论并通过了拟提交文化部长会议审议的文件。各方就上海合作组织成员国政府间文化合作协定落实计划草案及文化合作专家工作组工作计划草案等交换了看法。会议研究了出版《文明面对面——上海合作组织成员国文化概览》画册、举办上海合作组织成员国文化节及其他文化领域的联合活动等问题。

2 月 21—3 月 2 日　上海合作组织观察员团对俄罗斯联邦总统选举的准备和过程进行了观察。观察员团由上海合作组织秘书长努尔加利耶夫任团长。

3 月 14 日　上海合作组织秘书长努尔加利耶夫在北京会见欧盟阿富汗问题特别代表富兰切斯·本德列尔，双方就阿富汗问题广泛交换了看法。

3 月 14 日至 4 月 10 日　上海合作组织“儿童笔下的童话”第十二次巡展开幕式及其系列活动在俄罗斯联邦喀山举行。

3 月 17 日　上海合作组织就台湾当局“入联公投”发表声明：

上海合作组织各成员国对陈水扁当局企图于2008年3月22日举行台湾“入联公投”表示反对。这一行径违背《联合国宪章》有关规定，将导致台湾海峡地区局势紧张，威胁地区稳定、千百万人民的福祉与安全。上海合作组织成员国认为，台湾是中国不可分割的一部分。各成员国将始终支持中华人民共和国政府在台湾问题上的立场，坚决反对台湾以任何形式谋求“独立”，认为台湾加入联合国以及其他国际组织的企图将是徒劳的和危险的。

3月18—20日　上海合作组织成员国国家协调员理事会例行会议在北京举行。会议讨论了筹备上海合作组织杜尚别峰会及外长理事会会议的有关问题。

3月20日　上海合作组织秘书长努尔加利耶夫在北京会见正在中国出差的国际移民组织总干事麦金利，双方就移民管理等许多问题交换了看法。

3月21日　上海合作组织秘书长努尔加利耶夫就中国西藏自治区骚乱事件发表声明：上海合作组织高度关注中华人民共和国西藏自治区发生的骚乱。众所周知，中国政府在那里采取了一系列旨在制止违法行为、稳定局势的必要措施。上海合作组织成员国认为西藏是中华人民共和国不可分割的一部分，强调平息西藏自治区局势是中国内部事务。我们反对借这一事件达到不可告人的政治目的，包括破坏北京奥运会的任何图谋。相信中国政府和人民有能力举办一届最高水平的奥运会，包括会处理好来华参赛的运动员和外国客人的安全问题。

3月26日　俄罗斯联邦委员会副主席、上海合作组织实业家委员会主席梅津采夫在莫斯科会见上海合作组织成员国外交机构代表。

3月26日　上海合作组织成员国（哈萨克斯坦、中国、吉尔吉斯斯坦、俄罗斯、塔吉克斯坦、乌兹别克斯坦）发展过境潜力专家工作组例行会议在塔什干举行，工作组隶属上海合作组织经贸部长会议，由乌兹别克斯坦共和国倡议建立。

3月27日　上海合作组织地区反恐怖机构理事会第11次会议在塔什干举行。哈萨克斯坦、中国、吉尔吉斯斯坦、俄罗斯、塔吉克斯坦、乌兹别克斯坦代表与会。会议通过了拟提交上海合作组织成员国元首理事会审议的地区反恐怖机构理事会2007年工作报告草案，就落实2008年工作计划提出了设想和建议。会议还研究了中方关于落实中国2008年奥运会安保联合措施的建议，制定了协调措施。

4月2—4日　上海合作组织成员国国际信息安全专家组例行会议在秘书处举行。

5月19—21日　上海合作组织成员国最高法院代表第三次会议在阿斯塔纳举行。各方讨论环保法和移民法在国内和国际范围内适用法院实践等问题。

4月16—17日　在上海合作组织秘书处举行了上海合作组织成员国外交部新闻部门磋商。与会各方批准了杜尚别峰会新闻保障计划，广泛探讨了涉及加强本组织新闻工作、外交部新闻部门协作及成员国媒体协作的有关问题。会议通过了秘书处网站更新方案，支持中方举办“上海合作组织成就图片展”的倡议，认为应进一步致力于加强对本组织实业家委员会、银行联合体和论坛活动的新闻宣传。

4月16—17日　上海合作组织成员国投资促进专家工作组例行会议在杜尚别举行。会议审议了制定上海合作组织成员国促进及相互保护投资协定草案、整理多边经贸合作纲要落实计划涉及的投资项目、以及继续筹备上海合作组织投资汇编工作等问题。会议通过了专家工作组2008年上海合作组织成员国投资促进工作计划。各方还研究了在2008年秋乌鲁木齐国际贸易投资洽谈会期间举行上海合作组织成员国投资论坛的可行性。

4 月 25 日　上海合作组织秘书长努尔加利耶夫出席由中国公安部和中国奥委会共同主办的北京奥运安保国际大会开幕式并发言。中国国务委员、公安部部长孟建柱，国际刑警组织秘书长诺布尔以及来自包括上海合作组织 6 个成员国在内的 106 个国家的代表团与会。

5 月 12 日　上海合作组织秘书长努尔加利耶夫参加“2008 相聚北京”迎奥运系列文化活动开幕式。5 月至 10 月文化节期间，来自包括上海合作组织成员国在内的 80 个国家的 1 万名文艺界上士将上台表演。6 月 18—19 日在北京大剧院将举行“上海合作组织文艺汇演”。

5 月 13 日　上海合作组织秘书长努尔加利耶夫就中国四川省地震发表声明：中华人民共和国四川省发生强烈地震，造成大量人员伤亡和巨大损失。上海合作组织秘书处谨向死难者亲属和灾区人民表示深切慰问和同情。在这一困难时刻，上海合作组织成员国人民坚决同中国人民团结在一起，共渡难关。

5 月 13—15 日　上海合作组织成员国国家协调员理事会例会在北京上海合作组织秘书处举行。各方讨论了筹备即将于今年在杜尚别举行的本组织成员国元首理事会和外交部长理事会例会等问题，就一些国际和地区政治问题交换了看法。

5 月 19 日　上海合作组织论坛第三次会议在北京开幕。为期两天的会议就上海合作组织发展前景、深化成员国安全、经济合作、加强教育领域交流等上海合作组织未来发展的一系列问题展开讨论。

5 月 19—21 日　上海合作组织成员国最高法院院长第三次会议在阿斯塔纳举行，会议签署联合声明表示，各方将加强在环保和移民立法实践领域的合作。与会各方签署了上海合作组织成员国最高法院院长会议工作条例。

6月3—5日　上海合作组织成员国经贸高官会在秘书处举行。各方就落实经济领域达成共识以及本组织银行联合体和实业家委员会工作等交换了信息。会议强调，为切实落实已达成共识和确定共同“示范”项目，应加快相关专家工作组工作。会议指出，海关、现代信息和电信技术、发展过境潜力和其他领域的协作顺利开展。会议听取了准备关于本组织发展基金建立和运作建议的通报。

6月19日　为庆祝上海合作组织成立7周年，上海合作组织成果图片展在北京开幕，该活动由中国外交部和上海合作组织秘书处联合举办。

6月23—25日　上海合作组织成员国文化部长会议在吉尔吉斯共和国比什凯克市和乔尔蓬—阿塔市举行，讨论了文化交流现状及前景，及其他感兴趣的问题。

6月25—27日　在秘书处举行了上海合作组织成员国卫生部高官会议。各方审议了上海合作组织成员国在卫生领域多边合作计划草案，并就落实卫生领域协议的方式和机制交换了意见。会议通过了上海合作组织实业家委员会就卫生保健领域活动的报告。上海合作组织实业家委员会理事会将就实业家委员会框架内研究的卫生领域合作草案提交详细资料，由上海合作组织各国卫生部门进行审议。

6月24—27日　在吉尔吉斯斯坦的乔尔蓬阿塔市举行了上海合作组织成员国专家第8次会议，就上海合作组织成员国政府间公路运输便利化协定草案达成一致意见。

7月16日　上海合作组织秘书长努尔加利耶夫与联合国中亚预防

性外交区域中心领导人米罗斯拉夫·恩恰举行了会晤，讨论了两组织在打击恐怖主义、分裂主义和极端主义方面进行合作的问题，以及开展政治、经济和人文领域合作问题。

7 月 18 日　为期两天的“上海合作之夜”音乐会开幕，“上海合作之夜”是由上海合作组织成员国共同参与的音乐盛会，邀请来自上海合作组织成员国的杰出艺术家进行演出，也是“相约北京—2008”奥运系列活动之一。

7 月 25 日　上海合作组织外长会议在塔吉克斯坦首都杜尚别举行。中国外长杨洁篪、哈萨克斯坦副外长叶尔梅克巴耶夫、吉尔吉斯斯坦外长卡拉巴耶夫、俄罗斯外长拉夫罗夫、塔吉克斯坦外长扎里菲、乌兹别克斯坦第一副外长涅马托夫及上海合作组织秘书长努尔加利耶夫、反恐机构执委会主任苏巴诺夫出席。

7 月 30—31 日　上海合作组织成员国经贸高官会议在上海合作组织北京秘书处举行了，审议了上海合作组织成员国多边经贸合作纲要实施计划，讨论了筹备下一次上海合作组织成员国经贸部长会议的问题。

8 月 28 日　上海合作组织成员国元首理事会第八次会议在杜尚别举行。元首们就国际问题和地区形势交换了意见。各方在所讨论的问题上持相同或相近立场，其内容在《杜尚别宣言》中得到体现。本组织成员国全权代表签署了《上海合作组织成员国组织和举行联合反恐演习的程序协定》、《上海合作组织成员国政府间合作打击非法贩运武器、弹药和爆炸物品的协定》。同时，还签署了《上海合作组织银行联合体与欧亚开发银行伙伴关系基础备忘录》。

9 月 1—2 日　上海合作组织秘书长努尔加利耶夫出席了第 17 届中国乌鲁木齐对外经贸洽谈会和第 5 届中亚、西亚和南亚区域经济合作论坛，并作为共同主办者在区域经济合作论坛上发言。

9月11日　上海合作组织秘书长努尔加利耶夫出席上海合作组织实业家委员会会议。会议讨论了上海合作组织成员国在卫生和社会福利、发展国家间保险研究所、建立上海合作组织大学等方面的倡议，以及创新的发展项目。会议还讨论了实业家委员会参与上海合作组织能源俱乐部创建进程等问题。

9月18日　上海合作组织秘书长努尔加利耶夫出席了第一届欧盟和中亚国家安全问题巴黎论坛。该论坛由法国外交部长库什内倡议，哈萨克斯坦、吉尔吉斯斯坦、塔吉克斯坦、土库曼斯坦和乌兹别克斯坦外长，以及欧盟外长、负责中亚地区安全问题国际和区域组织领导人应邀出席会议。与会者就打击非法贩运毒品及其前体、武器、敏感材料，恐怖主义和极端主义，以及能源和环境保护等领域的优先合作方向等进行了探讨。

9月24—25日　在北京举行了上海合作组织成员国经贸部长第七次会议。中国国务院副总理王岐山会见了参加会议的各国代表团团长。大家在友好、建设性和务实的气氛中就经贸合作的迫切问题交换了意见。

9月29日—10月4日　上海合作组织观察团对哈萨克斯坦共和国参议院选举的筹备和进展情况进行了监督。

10月10日　在北京举行了上海合作组织成员国与阿富汗代表对话会议，双方就共同关心的广泛问题交换了意见。

10月23日　上海合作组织成员国教育部长会议在阿斯塔纳举行。上海合作组织秘书长努尔加利耶夫出席了会议。

10月30日 上海合作组织成员国政府首脑（总理）理事会例行会议在阿斯塔纳举行。哈萨克斯坦共和国总理马西莫夫、中华人民共和国国务院总理温家宝、吉尔吉斯共和国总理丘季诺夫、俄罗斯联邦政府主席普京、塔吉克斯坦共和国总理阿基洛夫和乌兹别克斯坦共和国第一副总理阿齐莫夫出席会议。会议签署了《上海合作组织成员国政府首脑（总理）理事会会议联合公报》。

11月13日 吉尔吉斯共和国外交部长卡拉巴耶夫访问了上海合作组织秘书处。与上海合作组织秘书长努尔加利耶夫进行了会谈。

11月19日 上海合作组织秘书长努尔加利耶夫会见了抵达北京与上海合作组织进行工作磋商的东南亚国家联盟（东盟）副秘书长辛·拉什查维。

11月28日 上海合作组织秘书长就印度恐怖袭击事件发表声明：在印度最大城市孟买发生恐怖袭击事件，造成重大人员伤亡，上海合作组织对此予以强烈谴责。恐怖事件的组织者和实施者应依法受到惩处。我们重申对上海合作组织观察员国——印度共和国的声援。向恐怖袭击遇难者的家属和亲人表示深切的同情。

12月2—3日 上海合作组织秘书长努尔加利耶夫应伊朗伊斯兰共和国外交部长穆塔基的邀请，对德黑兰进行了工作访问。

12月16—17日 上海合作组织成员国外交部代表在北京秘书处举行了关于本组织与欧盟、欧安组织和其他非本地区组织合作问题的磋商。

12月16—18日 在北京秘书处举行了上海合作组织成员国国际信息安全专家会议。

12月23—26日　在北京秘书处举行了上海合作组织成员国国家协调员会议，就本组织当前和今后的工作进行了广泛讨论。

2009年

1月17日　在深圳市举行了上海合作组织实业家委员会定期会晤，讨论了关于实业家委员会参与上海合作组织政府首脑会议批准的多边经贸合作实施纲要更新版具体实施的工作计划。

1月20—21日　在上海合作组织北京秘书处举行了专家工作组定期会议，拟订上海合作组织发展基金的具体成立和运作原则。

2月17—18日　在上海合作组织北京秘书处举行了上海合作组织成员国农业专家会议，就振兴上海合作组织框架内农业多边合作和包括农工综合体在内的上海合作组织多边贸易和经济合作实施纲要的执行情况交换了意见。专家们还就为发展农产品贸易和建立上海合作组织农业信息平台创造有利条件交换了意见。

2月26—28日　上海合作组织秘书长努尔加里耶夫应印度共和国外交部的邀请对印度进行了工作访问。

2月11—13日　在上海合作组织北京秘书处举行了上海合作组织文化专家工作组会议。

3月10—13日　在上海合作组织北京秘书处举行了上海合作组织成员国国家协调员会议，讨论了上海合作组织当前发展的广泛问题。

4月1日　在上海合作北京秘书处举行了上海合作组织成员国卫生部高官会议，审议了成员国卫生领域多边合作计划草案，并讨论了成立卫生工作组有关问题。各方还就在上海合作组织范围内防止和打击传染病蔓延交换了意见。

4月14—15日　上海合作组织成员国发展过境潜力工作组第五次会议在北京上海合作组织秘书处举行。

4月14—17日　上海合作组织成员国国家协调员理事会会议在秘书处举行，讨论了即将在叶卡捷琳堡举行的上海合作组织成员国峰会和外长理事会会议的筹备情况。

4月21—23日　上海合作组织成员国移民问题专家会议在秘书处举行。各方就上海合作组织成员国共同打击非法移民问题，包括制定多边文件交换了意见。

5月15日　上海合作组织成员国外长理事会例行会议在莫斯科举行。上海合作组织秘书长努尔加利耶夫和地区反恐怖机构执委会主任苏班诺夫列席会议。

5月18—19日　在乔尔蓬阿塔（吉尔吉斯斯坦）举行了上海合作组织论坛第四次会议，讨论了下列问题：1. 全球金融和经济危机和上海合作组织在建立新的经济秩序的作用；2. 上海合作组织在解决有效利用水资源和能源资源相关问题上的作用；3. 文化和教育领域的合作前景；4. 促进上海合作组织在解决阿富汗问题上发挥作用；5. 观察员国如何参与上海合作组织框架内的合作。

5月26—27日　在上海合作组织秘书处举行了上海合作组织成员国促进投资特别工作组第五次会议。会议就上海合作组织成员国多边经贸合作纲要执行计划的执行情况交换了意见，讨论了上海合作组织成员国投资汇编，以及建立和加强银行联合体和上海合作组织实业家委员会合作等问题。

6月5日　在第十三届圣彼得堡国际经济论坛期间，举行了由上海合作组织实业家委员会和银行联合体共同举办的“上海合作组织—经济合作空间和应对全球性危机”大会。上海合作组织秘书长努尔加利耶夫在会议上介绍了上海合作组织成员国经济合作的优先事项和成员国应对全球金融危机的经验。

6月15—16日　上海合作组织成员国元首理事会第九次会议在俄罗斯叶卡捷琳堡举行。会议由俄罗斯联邦总统梅德韦杰夫主持。会议发表了叶卡捷林堡宣言和联合公报。上海合作组织秘书长努尔加利耶夫做了自杜尚别峰会以来本组织工作报告。会议签署了《上海合作组织反恐怖主义公约》、《上海合作组织关于应对威胁本地区和平、安全与稳定事态的政治外交措施及机制条例》、《上海合作组织成员国保障国际信息安全政府间合作协定》和《上海合作组织成员国反恐专业人员培训协定》等重要文件。

7月4日　在俄罗斯新西伯利亚举行了上海合作组织科学技术合作论坛。俄罗斯、哈萨克斯坦、中国、吉尔吉斯斯坦、塔吉克斯坦和乌兹别克斯坦的著名科学家和专家参加新西伯利亚论坛。与会者讨论了扩大和加强科学、创新、教育、经济和文化领域合作的前景。

7月10日　上海合作组织秘书长努尔加利耶夫就乌鲁木齐市发生的严重暴力犯罪事件发表了声明：中华人民共和国新疆维吾尔自治区首府乌鲁木齐市发生的严重暴力犯罪事件造成无辜人员伤亡，我们对他们的家属和亲人表示真挚同情。上海合作组织成员国认为，新疆维吾尔自治区是中华人民共和国领土不可分割的一部分，那里发生的事态纯属中华人民共和国内政。相信中国政府为维护新疆社会稳定而依法采取的措施，能够使当地局势尽快恢复平静，生产、生活秩序恢复正常。上海合作组织成员国将加强在打击恐怖主义、分裂主义、极端主义和跨国有组织犯罪方面的合作，共同维护本地区的安全与稳定。

7月18—23日　上海合作组织观察团（以下简称观察团）对吉

尔吉斯共和国总统选举的筹备和举行情况进行了监督。

8月18—20日　上海合作组织成员国经贸部门高官委员会会议在北京上海合作组织秘书处召开。会议期间各方就已经修订的《上海合作组织成员国多边经贸合作纲要落实措施计划》的落实情况交换了意见。各方认为有关专业工作组有必要加强落实已达成共识的工作力度，并积极吸引上海合作组织实业家委员会和银行联合体参与实施共同示范性项目。

8月18—20日　上海合作组织成员国技术法规、标准与合格评定专业工作组会议在北京上海合作组织秘书处召开。

8月18—20日　上海合作组织发展基金组建条例和运行原则建议专家工作组会议在北京上海合作组织秘书处召开。会议期间各方就上海合作组织特别账户组建和运行的基本原则的建议草案交换意见，基本达成一致。各方同意继续就文件草案进行研究并开始起草上海合作组织特别账户条例草案。

8月25—27日　上海合作组织电视合作论坛在北京举行。哈萨克斯坦、吉尔吉斯斯坦、俄罗斯、中国、塔吉克斯坦和乌兹别克斯坦的新闻机构领导人率团出席。上海合作组织副秘书长扎哈罗夫代表上海合作组织秘书处出席论坛。

8月31日至9月4日　上海合作组织秘书长努尔加利耶夫率团出席第18届中国乌鲁木齐对外经贸洽谈会、第6届中西南亚区域经济合作论坛暨首届上海合作组织成员国投资论坛。

9月10日　上海合作组织成员国经贸部长第八次会议在吉尔吉斯比什凯克举行。

2009年9月10—11日　在乌兹别克斯坦举行了上海合作组织成员国国家协调员理事会会议。会议由乌兹别克斯坦外交部长诺罗夫主持。上海合作组织秘书长努尔加利耶夫和上海合作组织反恐机构执行委员会主任苏巴诺夫出席会议。乌兹别克斯坦总统卡里莫夫在奥克萨罗伊国宾馆会见了出席会议的人员。

9月15—17日　上海合作组织成员国减灾中心专家会议在哈方主持下在阿拉木图举行，讨论了上海合作组织框架内预防和消除紧急状况、上海合作组织区域经济合作设立专门网页等问题。哈方负责与上海合作组织秘书处研究创建上述网页。

10月9—12日　上海合作组织成员国协调员理事会会议在上海合作组织秘书处举行，讨论了即将在北京举行的上海合作组织政府首脑（总理）理事会会议的筹备工作。

10月14日　上海合作组织成员国政府首脑（总理）理事会例行会议在北京举行。哈萨克斯坦共和国总理马西莫夫、中华人民共和国国务院总理温家宝、吉尔吉斯共和国总理丘季诺夫、俄罗斯联邦政府总理普京、塔吉克斯坦共和国总理阿基洛夫、乌兹别克斯坦共和国总理米尔济亚耶夫出席。会议由中华人民共和国国务院总理温家宝主持。本组织秘书长努尔加利耶夫、本组织地区反恐怖机构执行委员会主任苏班诺夫列席。印度共和国石油和天然气部长德奥拉、伊朗伊斯兰共和国第一副总统拉希米、蒙古国对外关系与贸易部长巴特包勒德、巴基斯坦伊斯兰共和国总理吉拉尼作为本组织观察员国代表，阿富汗副总统哈利利作为东道国客人与会并发言。

11月9日至10日　上海合作组织国家行政学院院长论坛在北京举行。

11月10日　上海合作组织成员国交通部长第四次会议在北京举

行。哈萨克斯坦、中国、吉尔吉斯、俄罗斯、塔吉克斯坦、乌兹别克斯坦交通部长和部长代表出席了会议。上海合作组织观察员国印度、伊朗、蒙古、巴基斯坦和特邀国阿富汗的交通部长和部长代表，以及上海合作组织秘书处、联合国亚太经社会、亚洲开发银行、上海合作组织实业家委员会和银联体代表出席了会议。

11月16—17日　在西安市举办了由上海合作组织秘书处、中国商务部、海关总署、国家开发银行、陕西省政府、中国石油天然气集团公司、中国进出口银行、欧亚经济共同体秘书处、联合国开发计划署、中国国际贸易促进委员会、中国文化遗产办公室、西安市政府联合主办的第三届欧亚经济论坛。上海合作组织秘书长努尔加利耶夫率团参加了论坛。

11月24—26日　上海合作组织成员国禁毒部门高官会议由乌方主持在上海合作组织秘书处举行，讨论了上海合作组织成员国打击非法贩毒合作的现状和前景，认为目前提高该领域合作的潜力巨大。

12月9日　上海合作组织成员国首次财长和央行行长会议在哈萨克斯坦共和国阿拉木图举行。哈萨克斯坦财政部长扎米舍夫、中国财政部长谢旭人、吉尔吉斯共和国财政部长苏丹诺夫、俄罗斯副总理、财政部长库德林、塔吉克斯坦财政部长纳德姆吉诺夫、乌兹别克斯坦第一副财长古利亚莫夫、哈萨克斯坦国家银行总裁马尔琴科、中国人民银行副行长马德伦、吉尔吉斯共和国国家银行副行长苏耶尔库尔、俄罗斯中央银行行长伊格纳契耶夫、塔吉克斯坦国家银行副行长尤苏波夫、乌兹别克斯坦国家银行副行长阿卜杜卡里莫夫出席会议。上海合作组织秘书处、派代表出席了会议。

12月15—16日　上海合作组织成员国农业部门高官第二次会议在北京上海合作组织秘书处举行。会议期间，各代表就加强上海合作组织框架内农业多边合作行动计划和上海合作组织成员国多边经贸合作纲要中农业项目的具体实施交换了意见。各方代表讨论了上海合作组织成员国农业部在会议的筹备工作和农业领域合作协定的问题。双方还就建立上海合作组织农业信息平台交换了意见。

12月18日　联合国第64届大会一致通过“关于联合国和上海合作组织合作”的决议，该决议草案由中国、哈萨克斯坦、吉尔吉斯斯坦、俄罗斯联邦、塔吉克斯坦和乌兹别克斯坦提交。

12月23日　上海合作组织秘书处为上海合作组织秘书长努尔加利耶夫、副秘书长高玉生和扎哈罗夫举行离任招待会。

12月23—27日　应乌兹别克斯坦中央选举委员会邀请，上海合作组织观察团对乌兹别克斯坦议会选举的筹备和举行情况进行了监督。

2010年

1月10—14日　上海合作组织秘书长伊马纳利耶夫赴纽约出席联合国秘书长和区域和次区域组织首脑非正式会议和安理会与区域组织合作会议，阐述了上海合作组织工作的主要优先事项。

1月19—21日　上海合作组织文化专家工作组会议在北京举行，讨论了上海合作组织文化合作问题和第七次上海合作组织成员国文化部长会议的准备工作。

1月25日　在上海合作组织倡议下在莫斯科举行了副外长级阿富汗问题区域磋商。阿富汗、印度、伊朗、哈萨克斯坦、吉尔吉斯斯坦、中国、巴基斯坦、俄罗斯、塔吉克斯坦、乌兹别克斯坦和上海合作组织秘书处的代表出席磋商。

2月24日至3月2日　应塔吉克斯坦中央选举和公民投票委员会

的邀请，上海合作组织观察团对塔吉克斯坦议会和地方议会选举的筹备和进展情况进行监督。

3月15日　上海合作组织秘书长伊马纳利耶夫在秘书处会见了欧亚经济共同体秘书长曼苏罗夫。双方就两组织在经济领域的合作问题交换了意见。

3月21—22日　上海合作组织秘书长伊马纳利耶夫应博鳌国际旅游论坛组委会的邀请，出席在三亚举行的博鳌国际旅游论坛并发表演讲。

3月26－29日　上海合作组织成员国文化部长第七次会晤在三亚召开。

3月29日　上海合作组织秘书长伊马纳利耶夫就莫斯科系列恐怖事件发表声明：2010年3月29日，莫斯科地铁发生系列恐怖事件，造成大量人员伤亡，上海合作组织成员国对此予以坚决谴责。面对这一惨剧，上海合作组织将与俄罗斯人民和领导站在一起，对在这次惨无人道的袭击事件中死亡人员的亲属表示哀悼和由衷慰问。无论恐怖主义出于何种动机，任何人在任何情况下都不能为其开脱。上海合作组织一贯坚持这一立场，决心加强打击恐怖主义的斗争。

4月5日　联合国秘书长潘基文与上海合作组织秘书长伊马纳利耶夫签署了上海合作组织秘书处与联合国秘书处开展合作的声明。

4月8日　上海合作组织秘书长伊马纳利耶夫就吉尔吉斯共和国事件发表声明：上海合作组织对吉尔吉斯共和国最近发生事件造成的人员伤亡表示关切，对死难者亲属及受伤人员深表同情。吉尔吉斯共和国是上海合作组织的成员国，也是本组织各成员国的近邻。吉尔吉斯共和国的和平、安全和政局稳定对整个地区具有重要意义。上海合作组织希望吉尔吉斯共和国尽快恢复法律秩序，实现民族和解，认为这符合吉尔吉斯斯坦共和国人民的利益，也有利于维护上海合作组织所在地区的和平与稳定。

4月21日　上海合作组织成员国救灾部门领导人第五次会议在塔什干举行。哈萨克斯坦、中国、吉尔吉斯斯坦、俄罗斯、塔吉克斯坦和乌兹别克斯坦有关部门代表出席会议，并签署了上海合作组织成员国救灾部门领导人第五次会议的会议纪要。

4月18—21日　上海合作组织秘书长伊马纳利耶夫对吉尔吉斯斯坦进行工作访问，了解当地局势，会见了吉尔吉斯斯坦共和国临时政府主席奥通巴耶娃及其他领导人。吉尔吉斯斯坦共和国临时政府重申将继续履行对上海合作组织所承担的义务，全面参加组织框架内的所有活动。

4月23日　上海合作组织第五次安全会议秘书会议在塔什干举行，就地区安全形势、成员国在打击恐怖主义、分裂主义、极端主义、非法贩运毒品及网络恐怖主义等领域开展合作和完善协作机制等交换了意见。

4月26日　上海合作组织秘书长伊马纳利耶夫在秘书处会见联合国秘书长代表尹切，双方讨论了上海合作组织与联合国合作及地区安全问题。

5月3日　上海合作组织秘书长伊马纳利耶夫在秘书处会见了主管南亚和中亚事务的美国助理国务卿布莱克，讨论了上海合作组织与其他国家和国际组织开展合作的现状和前景等问题。

5月6日　上海合作组织秘书长伊马纳利耶夫访问了斯里兰卡，签署了关于给予斯里兰卡民主社会主义共和国上海合作组织对话伙伴地位的备忘录。

5月11—14日　上海合作组织成员国科技部门领导人第一次会议在北京举行，讨论了上海合作组织框架内开展多边科技合作及其发展前景问题。

5月14日　上海合作组织论坛第五次会议在塔吉克斯坦杜尚别举行，由塔吉克斯坦上海合作组织国家研究中心—塔吉克斯坦共和国总统战略研究中心主办。

5月22日　上海合作组织成员国外长理事会例行会议在塔什干举行。哈萨克斯坦共和国国务秘书兼外交部长萨乌达巴耶夫、中华人民共和国外交部长杨洁篪、俄罗斯联邦外交部长拉夫罗夫、塔吉克斯坦共和国外交部长扎里菲、乌兹别克斯坦共和国外交部长诺罗夫、吉尔吉斯共和国外交部副部长、上海合作组织吉方国家协调员马克耶夫参加会议。上海合作组织秘书长伊马纳利耶夫列席会议。

6月10—11日　上海合作组织成员国元首理事会第十次会议在乌兹别克斯坦共和国首都塔什干市举行。哈萨克斯坦共和国总统纳扎尔巴耶夫、中华人民共和国主席胡锦涛、俄罗斯联邦总统梅德韦杰夫、塔吉克斯坦共和国总统拉赫蒙、乌兹别克斯坦共和国总统卡里莫夫、吉尔吉斯共和国外交部长卡扎克巴耶夫与会。会议由乌兹别克斯坦共和国总统卡里莫夫主持。

6月20日　上海合作组织秘书处就吉尔吉斯斯坦南部地区暴力惨案发表声明：

上海合作组织对吉尔吉斯斯坦南部地区发生暴力杀戮惨案并造成大量人员伤亡表示严重关切。上海合作组织呼吁制止犯罪和违法活动。这些活动受到有关势力唆使，旨在挑起世世代代友好、和睦相处的各民族的对立。上海合作组织希望尽快稳定局势，恢复法律秩序，实现民族和解，相信智慧的吉尔吉斯共和国人民能够确保本国和平与繁荣的未来。上海合作组织强调，吉尔吉斯斯坦共和国政局稳定对维护整个中亚地区的和平稳定具有重要意义。指出，目前大部分吉难民位于乌兹别克斯坦境内，尽快向全体难民提供人道主义援助十分必要。

6月23日至27日　应吉尔吉斯斯坦共和国中央选举委员会邀请，上海合作组织观察员团对吉尔吉斯共和国新宪法草案全民公决的筹备和举行情况进行了观察。

7月15日　上海合作组织秘书处就吉尔吉斯斯坦新政府成立发表声明：吉尔吉斯共和国于2010年6月27日就新宪法草案举行全民公决，2010年7月14日组建政府。上海合作组织秘书处满意地指出，全民公决得到吉方民众的积极响应，大部分民众对新宪法草案表示支持。上海合作组织秘书处尊重吉人民的选择，欢迎吉尔吉斯斯坦共和国政府为稳定局势，以及吉尔吉斯斯坦共和国南部重建、难民安置、实现国家政治生活正常化和维护社会秩序所做的努力，支持对吉奥什州和贾拉拉巴德州发生的事件进行公正、客观的调查。上海合作组织秘书处重申，成员国将发展同吉尔吉斯斯坦共和国的睦邻友好关系，维护地区和平稳定，维护吉尔吉斯共和国南部地区世代生活的各族人民共同而不可分割的利益。成员国愿继续向吉尔吉斯斯坦共和国提供必要的帮助。

9月1日—3日　上海合作组织秘书长伊马纳利耶夫出席了第19届乌鲁木齐对外经济贸易洽谈会、上海合作组织商务日开幕式及上海合作组织银行联合体金融合作与区域经济发展研讨会。

9月13日　上海合作组织秘书长伊马纳利耶夫会见亚洲相互协作与信任措施会议秘书处副执行主任图梅什，就加强上海合作组织和“亚信”的合作进行了交流。

9月23日至24日　第三次上海合作组织成员国教育部长会议在新西伯利亚（俄罗斯联邦）举行。中国教育部长袁贵仁、吉尔吉斯斯坦教育科学部长萨德科夫、俄罗斯教育科学部长富尔先科、塔吉克斯坦教育部长拉赫莫诺夫、哈萨克斯坦教育科学部高等和研究生教育署局长图尔穆汉别托夫出席会议。

9月9日至25日　上海合作组织成员国在哈萨克斯坦江布尔州马特布拉克诸兵种合成训练场举行“和平使命—2010”联合反恐演习。演习共动用兵力6000人，武器装备1500余件。上海合作组织成员国国防部门领导人现场观摩了实兵演练。

10月6日—10日　上海合作组织观察团对吉尔吉斯共和国议会选举的筹备和举办情况进行了监督。

10月12日　上海合作组织秘书长伊马纳利耶夫在莫斯科出席了欧亚经济共同体、集体安全条约组织、独联体和上海合作组织高级行政官员会议。

10月22日　上海合作组织成员国经贸部长第九次会议在莫斯科召开。会议由俄罗斯经济发展部部长纳比乌琳娜主持，出席会议的有哈萨克斯坦经济发展和贸易部副部长苏雷缅诺夫、中国商务部国际贸易谈判代表（正部长级）兼副部长高虎城、吉尔吉斯斯坦经济调节部部长乌缅塔利耶夫、塔吉克斯坦经济发展和贸易部部长哈姆拉利耶夫、乌兹别克斯坦对外经济联系、投资和贸易部副部长卡马洛夫。

10月26日　首届上海合作组织成员国农业部长会议在北京召开。参加会议的有：哈萨克斯坦农业部长阿·古里什巴耶夫、中国农业部长韩长赋、吉尔吉斯斯坦农业部长姆·图尔杜库洛夫、俄罗斯农业部副部长列·切尔诺戈罗夫、塔吉克斯坦农业部长卡·卡西莫夫、乌兹别克斯坦农业水利部第一副部长莫·埃萨诺夫。中国国务院副总理回良玉出席开幕式并讲话。上海合作组织秘书长穆·伊马纳利耶夫出席了会议。会议由中国农业部长韩长赋主持。

11月18日　上海合作组织成员国首届卫生部长会议在哈萨克斯坦首都阿斯塔纳举行。哈萨克斯坦卫生部长卡伊尔别科娃、中国卫生部长陈竺、吉尔吉斯斯坦卫生部长阿比吉卡里莫夫、俄罗斯卫生与社会发展部副部长斯科沃尔佐娃、塔吉克斯坦卫生部副部长卓比洛娃、乌兹别克斯坦卫生部副部长萨伊达里耶夫出席。

11月25日　上海合作组织成员国政府首脑（总理）理事会例行会议在杜尚别举行。哈萨克斯坦总理马西莫夫、中国总理温家宝、吉尔吉斯斯坦总统兼代总理奥通巴耶娃、俄罗斯总理普京、塔吉克斯坦总理阿基洛夫、乌兹别克斯坦副总理霍贾耶夫出席。会议由塔吉克斯坦总理阿基洛夫主持。

11月22日至27日　上海合作组织举办了文化产业合作论坛。除本组织成员国代表团外，一些观察员国（伊朗、巴基斯坦）和对话伙伴国（白俄罗斯和斯里兰卡）代表也参加了论坛。论坛旨在加强上海合作组织文化产业领域的国际合作，扩大并提高上海合作组织成员国间的相互交流水平。

12月1日至2日　应欧洲安全与合作组织主席国哈萨克斯坦的邀请，上海合作组织秘书长伊马纳利耶夫出席了欧安组织阿斯塔纳峰会。

11月27日至12月10日　根据中方倡议并应中国卫生部邀请，来自吉尔吉斯斯坦奥什州的50名在吉南部骚乱事件中受到伤害的儿童于今年6月在中国海南岛进行了疗养活动。

12月11日　上海合作组织秘书长伊马纳利耶夫应土库曼斯坦总统别尔德穆哈梅多夫的邀请，出席了在阿什哈巴德举行的“永久中立的土库曼斯坦：合作促进和平、安全与发展”国际研讨会。

2011 年

1月25日　上海合作组织秘书长伊马纳利耶夫就莫斯科多莫杰多沃机场恐怖袭击事件发表声明：莫斯科多莫杰多沃国际机场发生恐怖袭击事件，上海合作组织对此深表愤慨，坚决谴责这一不可饶恕的残暴犯罪行径，并对伤亡人员亲属、俄罗斯联邦人民和领导人表示诚挚慰问。上海合作组织成员国高度重视打击任何形式的恐怖主义，将一如既往地就维护地区安全与稳定问题加强和深化合作。

3月4日　上海合作组织秘书长伊马纳利耶夫就中东局势发表声明：上海合作组织成员国与中东北非地区国家保持着友好交往，对该地区局势发展表示关注，希望有关国家政府和人民根据本国人民的根本利益，在充分保护人权、严格遵守国际人道法和确保平民安全的情况下，通过对话和协商，解决好面临的各种问题，尽快恢复稳定和正常秩序，走出一条符合自身国情的发展建设道路。上海合作组织主张一国事务应通过民族对话，采取政治方式解决，呼吁国际社会积极发挥建设性作用，促进该地区的和平、稳定和发展。

3月16日　上海合作组织秘书长伊马纳利耶夫就日本自然灾害发表声明：日本发生特大地震和大规模海啸，造成大量人员伤亡和严重财产损失。上海合作组织对死难者表示沉痛哀悼。上海合作组织成员国向日本政府和人民深表同情，将继续协助日方克服困难，消除此次自然灾害后果。

3月17日　上海合作组织成员国国防部长会议在哈萨克斯坦首都阿斯塔纳举行。中国国防部长梁光烈、哈萨克斯坦国防部长贾克瑟别科夫、吉尔吉斯斯坦国防部长库代别尔季耶夫、俄罗斯国防部副部长安东诺夫、塔吉克斯坦国防部长海鲁洛耶夫、乌兹别克斯坦国防部副部长尼亚佐夫出席此次会议，上海合作组织秘书长伊马纳利耶夫和地区反恐机构执委会主任朱曼别科夫应邀列席会议。会议批准了《上海合作组织成员国国防部2012年至2013年合作计划》，并签署了联合公报。

3月30日　上海合作组织成员国禁毒部门领导人会议在阿斯塔纳举行。上海合作组织秘书长伊马纳利耶夫出席会议并发言。会议由哈萨克斯坦共和国内务部部长拜马甘别托夫主持。会议通过了《2011—2016年上海合作组织成员国禁毒战略》草案及其落实计划。

3月30日—4月1日　上海合作组织成员国国际道路运输便利化政府间协定起草专家组第二次会议在哈萨克斯坦共和国阿斯塔纳举行。与会者就过境路线和过境点清单制定方法问题交换了意见。

3月31日—4月4日　上海合作组织观察团对2011年4月3日哈萨克斯坦共和国提前总统选举的筹备和举行情况进行了监督。

4月25日　上海合作组织框架下首次成员国军队总参谋长会议在上海举行。哈萨克斯坦国防部第一副部长兼参谋长委员会主席扎苏扎科夫，中国中央军委委员、总参谋长陈炳德，吉尔吉斯斯坦国防部第一副部长兼总参谋长奥穆拉利耶夫，俄罗斯国防部第一副部长兼总参谋长马卡罗夫，塔吉克斯坦国防部第一副部长兼总参谋长纳德罗夫，乌兹别克斯坦国防部副部长尼亚佐夫出席会议。

4月28日　上海合作组织成员国第二次公安内务部长会议在阿斯塔纳召开，哈萨克斯坦内务部长卡西莫夫主持会议。中国国务委员、公安部长孟建柱、吉尔吉斯斯坦内务部长雷萨利耶夫、俄罗斯内务部长努尔加利耶夫、塔吉克斯坦内务部长卡哈罗夫、乌兹别克斯坦内务部长马特留勃夫出席会议。上海合作组织秘书长伊马纳利耶夫和上海合作组织地区反恐怖机构执委会主任朱曼别科夫出席会议。上海合作组织观察员国印度、伊朗、蒙古、巴基斯坦，以及上海合作组织对话伙伴国白俄罗斯代表出席会议。

4月29日 上海合作组织成员国第六次安全会议秘书会议在阿斯塔纳举行。哈萨克斯坦总统助理兼安全会议秘书塔任、中国国务委员孟建柱、吉尔吉斯斯坦副总理兼国防会议秘书阿塔哈诺夫、俄罗斯安全会议第一副秘书布拉文、塔吉克斯坦安全会议秘书阿济莫夫、乌兹别克斯坦总统国家安全会议秘书阿塔耶夫出席会议。上海合作组织秘书长伊马纳利耶夫和上海合作组织地区反恐怖机构执委会主任朱曼别科夫出席会议。

5月6日 中国和吉尔吉斯斯坦、塔吉克斯坦在中国新疆喀什举行了“天山—2号”上海合作组织成员国执法安全机关联合反恐演习。

5月13日—14日 上海合作组织成员国外长理事会例行会议在阿拉木图举行。哈萨克斯坦外交部长卡济汉诺夫、中国外交部长杨洁篪、吉尔吉斯斯坦外交部长卡扎克巴耶夫、俄罗斯外交部长拉夫罗夫、塔吉克斯坦外交部长扎里菲、乌兹别克斯坦外交部副部长伊斯拉莫夫参加会议。上海合作组织秘书长伊马纳利耶夫和地区反恐怖机构执委会主任朱曼别科夫列席会议。

5月19日 上海合作组织成员国第八次文化部长会议在阿斯塔纳举行。哈萨克斯坦文化部长库尔—穆哈默德、中国文化部长蔡武、吉尔吉斯斯坦文化和信息部国务秘书别克捷纳利耶夫、俄罗斯文化部长阿乌捷耶夫、塔吉克斯坦文化部长阿斯罗里、乌兹别克斯坦文化体育部第一副部长赛义夫拉耶夫参加会议。

5月27日至28日 上海合作组织论坛第六次会议在塔什干举行，会议由乌兹别克斯坦共和国总统战略研究所主办。

6月14日至15日 上海合作组织成员国元首理事会在阿斯塔纳

举行会议，庆祝上海合作组织成立十周年。哈萨克斯坦总统纳扎尔巴耶夫、中国主席胡锦涛、吉尔吉斯斯坦总统奥通巴耶娃、俄罗斯总统梅德韦杰夫、塔吉克斯坦总统拉赫蒙、乌兹别克斯坦总统卡里莫夫与会。会议由哈萨克斯坦总统纳扎尔巴耶夫主持。上海合作组织秘书长伊马纳利耶夫、上海合作组织地区反恐怖机构执委会主任朱曼别科夫出席会议。上海合作组织观察员国伊朗总统艾哈迈迪—内贾德、巴基斯坦总统扎尔达里、印度外交部长克里希纳、蒙古总统办公厅主任巴特图勒嘎，以及主席国客人阿富汗总统卡尔扎伊列席会议并讲话。联合国副秘书长兼毒品和犯罪问题办公室执行主任费多托夫、独联体执行委员会主席兼执行秘书列别杰夫、欧亚经济共同体秘书长曼苏罗夫、集体安全条约组织秘书长博尔久扎列席会议。

6 月 17 日　上海合作组织秘书处在威斯汀酒店举办上海合作组织成立十周年招待会。上海合作组织秘书长伊马纳利耶夫和中国外交部副部长张志军在招待会上致辞。

8 月 30 日—9 月 3 日　上海合作组织秘书长伊马纳利耶夫出席了中国—亚欧博览会开幕式、中国—亚欧经济发展合作论坛、上海合作组织商务日开幕式以及在乌鲁木齐市举行的其他相关活动。

9 月 5—6 日　庆祝上海合作组织成立十周年国际学术研究会在北京举行，上海合作组织成员国知名学者和外交官参加了研讨会。

9 月 23—24 日　第四届欧亚经济论坛在中国西安市举行，来自包括上海合作组织成员国在内的 46 个国家以及一些国际和地区组织的官员、企业家和专家学者参加了论坛。上海合作组织秘书长伊马纳利耶夫出席了有关活动。中共中央政治局常委李长春在论坛开幕式上讲话。

9 月 28 日　第六次上海合作组织成员国紧急救灾部门领导人会议

在塔吉克斯坦杜尚别召开，讨论了防灾救灾多边合作发展的前景。

10月26日　上海合作组织成员国经贸部长第十次会议在塔吉克斯坦杜尚别市召开。会议研究了关于进一步发展和深化上海合作组织区域经济合作的广泛问题，并指出了达成经济领域互利合作成果的具体步骤。

10月28日　上海合作组织成员国交通运输部长第五次会议在莫斯科召开。上海合作组织副秘书长纳塞罗夫等出席会议。

10月26日至11月2日　上海合作组织观察员团对2011年10月30日举行的吉尔吉斯共和国总统选举的准备和实施过程进行了监督。

11月7日　上海合作组织成员国政府首脑（总理）理事会例行会议在圣彼得堡举行。哈萨克斯坦总理马西莫夫、中国总理温家宝、吉尔吉斯斯坦代总理巴巴诺夫、俄罗斯总理普京、塔吉克斯坦总理阿基洛夫、乌兹别克斯坦第一副总理阿济莫夫参加会议。上海合作组织秘书长伊马纳利耶夫、上海合作组织地区反恐怖机构执行委员会副主任卡西莫夫、上海合作组织实业家委员会主席梅津采夫和上海合作组织银行联合体主席陈元列席会议。上海合作组织观察员国印度电力部长辛德、伊朗外交部长萨利希、蒙古第一副总理阿勒坦呼雅格、巴基斯坦总理吉拉尼，以及阿富汗第二副总统哈利利、独联体执行委员会主席兼执行秘书列别捷夫、欧亚经济共同体副秘书长穆萨塔耶夫作为东道国客人出席会议。

11月30日至12月5日　上海合作组织观察员团对2011年12月4日举行的俄罗斯联邦会议第六届国家杜马代表选举的准备和实施过程进行了监督。

2012年

1月11—16日　上海合作组织观察员团对哈萨克斯坦议会下院议

员及地方议会议员选举相关过程进行了监督。

3月1—6日　上海合作组织观察员团对2012年3月4日举行的俄罗斯联邦总统选举的准备和实施过程进行了监督。

3月30日　上海合作组织在北京举行地区安全问题副外长级磋商。成员国、观察员国以及阿富汗代表与会。会议由中国外交部副部长程国平主持。

4月12日　上海合作组织成员国安全会议秘书第七次会议在中国北京举行。哈萨克斯坦总统助理、安全会议秘书塔仁、中国国务委员孟建柱、吉尔吉斯斯坦国防会议秘书塔巴尔季耶夫、俄罗斯安全会议第一副秘书布拉温、塔吉克斯坦安全会议秘书卡霍罗夫、乌兹别克斯坦总统国家安全会议秘书塔什马托夫与会。

4月23日　上海合作组织成员国审计部门领导人第二次会议在上海举行。上海合作组织成员国中国、哈萨克斯坦、吉尔吉斯斯坦、俄罗斯、塔吉克斯坦、乌兹别克斯坦以及观察员国印度、伊朗、巴基斯坦和对话伙伴国斯里兰卡等国审计部门领导人出席会议。与会代表就“最高审计机关在反腐败中的作用”和“最高审计机关对国际经济合作的联合审计”等议题进行讨论和交流，并通过了审计机关合作谅解备忘录和2012—2013年工作计划等文件。

4月24日　上海合作组织成员国国防部长会议在北京举行，主席国中方主持会议。上海合作组织秘书长伊马纳利耶夫和地区反恐怖机构执委会副主任萨伊富洛耶夫出席会议。与会各方在友好和建设性气氛中就国际和地区形势，以及加强军事领域合作问题交换了意见。

4月24日　上海合作组织论坛第七次会议在阿拉木图举行，会议由哈萨克斯坦首任总统基金会世界政治与经济研究所主办。上海合作组织成员国、观察员国以及对话伙伴——白俄罗斯的学术和外交界代表出席会议。各方就上海合作组织迫切问题、深化本组织合作以及上海合作组织未来发展方向等交换了意见。

4月23—25日，上海合作组织成员国最高法院院长第七次会议在北京举行，会议由主席国中方主持会议。各方就深化上海合作组织成员国司法改革、刑事诉讼中的职权配置以及法院与媒体的合作等问题交换了意见。

5月11日　上海合作组织成员国外长理事会例会在北京举行。哈萨克斯坦外交部长卡济汉诺夫、中国外交部长杨洁篪、吉尔吉斯斯坦外交部长卡扎克巴耶夫、俄罗斯外交部长拉夫罗夫、塔吉克斯坦外交部长扎里菲、乌兹别克斯坦外交部长卡米洛夫参加会议。中国国家主席胡锦涛会见了各国外长。

5月16—17日　上海合作组织第二次财长与央行行长会议在中国北京举行。上海合作组织秘书长、国际货币基金组织和世界银行的代表参加了会议。会议由中国财政部长谢旭人、中国人民银行行长周小川共同主持。

5月22—23日　上海合作组织文化专家工作组会议在北京召开。讨论了将于2012年6月4—7日在北京举行上海合作组织文化部长第九次会晤的有关问题。

6月6—7日　上海合作组织成员国元首理事会会议在北京举行。哈萨克斯坦共和国总统纳扎尔巴耶夫、中华人民共和国主席胡锦涛、吉尔吉斯共和国总统阿塔姆巴耶夫、俄罗斯联邦总统普京、塔吉克斯坦共和国总统拉赫蒙、乌兹别克斯坦共和国总统卡里莫夫与会。会议由中华人民共和国主席胡锦涛主持。上海合作组织秘书长伊马纳利耶夫、上海合作组织地区反恐怖机构执行委员会主任朱曼别科夫出席了会议。上海合作组织各观察员国代表团团长伊朗伊斯兰共和国总统艾哈迈迪内贾德、蒙古国总统额勒贝格道尔吉、巴基斯坦伊斯兰共和国总统扎尔达里、印度共和国外交部长克里希纳，以及主席国客人阿富汗伊斯兰共和国总统卡尔扎伊、土库曼斯坦总统别尔德穆哈梅多夫列席会议并讲话。

8 月 29—30 日　上海合作组织成员国海关合作工作组第十八次会议在深圳（中国）召开。工作组会议期间，各方讨论了进一步加强海关合作、海关商品价值监管信息交换以及保护知识产权合作等问题。各方还就落实 2008 年 10 月 30 日签署的海关能源监管信息交换议定书交换了意见。

9 月 1—5 日　第二届中国—亚欧国际博览会在中国乌鲁木齐举行，来自 55 个国家和地区以及中国 30 个省份的 1500 多家企业参展。中国国务院总理温家宝、吉尔吉斯斯坦总统阿坦姆巴耶夫、马尔代夫总统瓦希德、哈萨克斯坦总理马西莫夫、塔吉克斯坦总理阿基洛夫、柬埔寨首相洪森、阿富汗第二副总统哈利利、土耳其副总理巴巴詹、上海合作组织秘书长伊马纳利耶夫、联合国贸发会议秘书长素帕猜、英国前首相布莱尔、荷兰前首相巴尔克嫩德等出席开幕式并致辞。9 月 3 日，在中国—亚欧博览会框架内举行了“上海合作组织商务日”活动。

10 月 19 日　欧亚经济共同体、集体安全条约组织、独联体和上海合作组织第三次高级行政官员会议在北京举行。上海合作组织秘书长伊马纳利耶夫、集体安全条约组织秘书长博尔久扎、欧亚经济共同体副秘书长穆萨塔耶夫和独联体执委会副主席兼执行秘书长布祖巴耶夫出席会议。与会官员分别通报了各组织工作的优先方向，并就国际问题交换了意见。

2013 年

1 月 10 日　上海合作组织新任秘书长梅津采夫在上海合作组织秘

书处会见了上海合作组织中国国家协调员孙立杰。双方就2012年上海合作组织北京峰会通过的《上海合作组织中期发展战略规划》以及上海合作组织相关活动问题交换了意见。孙立杰对梅津采夫担任上海合作组织新任秘书长表示祝贺。双方还讨论了落实2013年上海合作组织主要活动计划、秘书处工作以及秘书处与国家协调员理事会和中方协作等问题。

1月15日　上海合作组织秘书长梅津采夫在秘书处授予关注上海合作组织发展并广泛报导上海合作组织活动的中外媒体代表“上海合作组织十周年奖章”。哈萨克斯坦通讯社北京分社、俄通社—塔斯社北京分社、《人民画报》出版社、《人民日报》以及中央电视台俄语频道等媒体负责人和记者出席授奖仪式。上海合作组织十周年奖章由上海合作组织成员国外交部长理事会批准，授予为上海合作组织发展做出贡献的政治家、外交官、社会活动家，以及非政府组织和实业界人士。

1月17日　上海合作组织实业家委员会理事会会议在北京召开，上海合作组织秘书长梅津采夫等人出席。与会人员讨论了加强经贸等领域合作问题，通过了实业家委员会主要工作计划，确定了上海合作组织工商论坛议题。

1月23日　上海合作组织秘书长梅津采夫、上海合作组织中国国家协调员孙立杰、上海合作组织副秘书长阿科什卡罗夫、顾问扎哈罗夫、克德尔别克夫、王文丽等考察了上海合作组织秘书处新馆舍。梅津采夫对中国外交部和外交人员服务局为秘书处新馆舍改造及装修所付出的努力表示感谢。

2月7日　上海合作组织秘书长梅津采夫会见了中国外交部长杨洁篪，就进一步加强和完善上海合作组织框架内多边合作等问题交换意见。梅津采夫向杨部长致以春节祝福，杨部长祝梅津采夫在秘书长岗位上取得更大成就。

2 月 19 日　上海合作组织新任秘书长德米特里·梅津采夫的正式就职仪式在上海合作组织秘书处举行。中国全国人大常委会副委员长陈至立、外交部副部长程国平、上海合作组织成员国、观察员国、对话伙伴国和有关国家驻华使节、上海合作组织国家协调员、常驻秘书处代表、中国国防部、公安部、环保部领导、社会各界人士，以及新华社、中央电视台俄语频道、人民网等媒体记者和俄通社—塔斯社、俄新社驻京记者等参加了就职仪式。陈至立副委员长、程国平副部长和上海合作组织主席国吉尔吉斯斯坦国家协调员奥斯蒙纳利耶夫先后致辞。梅津采夫也发表了讲话。

2 月 22 日　中共中央总书记习近平在北京会见了上海合作组织秘书长梅津采夫。双方就国际和地区迫切问题、上海合作组织现状及其发展前景等交换了意见。习近平强调，中国高度重视上海合作组织，秘书处在上海合作组织各领域合作中发挥了重要作用。习近平祝梅津采夫在上海合作组织秘书长岗位上取得更大成就。

2 月 27—28 日　上海合作组织成员国科技专家工作组会议在北京秘书处召开。与会各方就上海合作组织框架内多边科技合作及其发展前景等问题交换了意见，讨论了拟于今年上半年在哈萨克斯坦举行的上海合作组织成员国第二次科技部长会议的筹备情况。

3 月 12 日　上海合作组织秘书长梅津采夫率领上海合作组织代表团出席在维也纳举行的欧安组织阿富汗问题安全日活动，并与欧安组织秘书长赞涅尔举行了会谈。

3 月 15 日　上海合作组织秘书长就联合国安理会通过朝鲜核试验问题决议发表声明：联合国安理会针对 2013 年 2 月 12 日朝鲜民主主义人民共和国再次进行核试验一致通过第 2094 号决议，表明了国际社会反对朝鲜核试验的立场，同时也承诺通过对话与谈判的和平方式解决朝鲜半岛核问题。朝方上述举动不符合上海合作组织一贯立场，即恪守核不扩散领域的国际共识和联合国安理会相关决议。上海合作组织成员国主张尽快重启朝核问题六方会谈，呼吁朝鲜无条件执行联合国安理会决议，重返《不扩散核武器条约》。

3月19日　上海合作组织秘书长梅津采夫在纽约与联合国秘书长潘基文举行了会见。双方指出，加强上海合作组织与联合国合作具有重要意义。梅津采夫表示，上海合作组织秘书处愿为《上海合作组织秘书处与联合国秘书处合作联合声明》增添新的内容。

4月3—4日　上海合作组织成员国外交部新闻部门代表磋商在北京秘书处举行。各方就加强上海合作组织新闻工作及成员国外交部新闻部门与秘书处的合作等问题交换了意见，还讨论了即将举行的上海合作组织比什凯克峰会的新闻保障计划。

4月9—10日　上海合作组织成员国外交部关于“上海合作组织与其他国际组织合作现状及前景”磋商在北京上海合作组织秘书处举行。各方讨论了上海合作组织与联合国合作前景，并研究了上海合作组织与其他国际和地区组织合作问题。

4月11至12日　上海合作组织成员国外交部关于“上海合作组织扩员及与观察员国和对话伙伴国合作情况”磋商在北京秘书处举行，研究了上海合作组织接受新成员法律文件，强调必须更加积极地开展与本组织观察员国和对话伙伴的合作。

4月9—12日　上海合作组织成员国国家协调员理事会例行会议在北京举行，就筹备上海合作组织成员国元首理事会会议、安全会议秘书会议和外长部长理事会会议等问题交换了意见，商定了2013年上半年主要活动和专家会工作计划。

4月16日　中华人民共和国外交部部长王毅会见了上海合作组织秘书长梅津采夫，就上海合作组织现状及发展前景等问题交换了意见。

4月18—19日　上海合作组织论坛第八次会议在北京举行。中国外交部副部长程国平、上海合作组织秘书长梅津采夫、中国国际问题研究所所长曲星出席开幕式并致辞。会议围绕全面落实《上海合作组织成员国长期睦邻友好合作条约》展开，聚焦“上海合作组织新型国家关系与和谐地区构建”、“上海合作组织与地区经济合作”、“上海合作组织与地区安全合作”、“关于上海合作组织发展问题的思考”四个议题。

4月26日　《关于给予土耳其共和国上海合作组织对话伙伴地位的备忘录》在阿拉木图举行签字仪式。上海合作组织秘书长梅津采夫和土耳其外交部长达武特奥卢签署了该文件。

6月13日　上海合作组织反恐演习于13日在哈萨克斯坦举行。这次演习由哈萨克斯坦承办，吉尔吉斯斯坦、塔吉克斯坦协助举行。其余三个上海合作组织成员国，即中国、俄罗斯和乌兹别克斯坦的代表观摩演习。演习重点演练人员密集场所消灭恐怖团伙、制止恐怖行为以及解救人质等科目。

9月3—13日　中国国家主席习近平对土库曼斯坦、哈萨克斯坦、乌兹别克斯坦、吉尔吉斯斯坦进行国事访问并出席上海合作组织比什凯克峰会。

9月7日　习近平主席在哈萨克斯坦纳扎尔巴耶夫大学发表题为“弘扬人民友谊共创美好未来”的讲演，提出了共同建设“丝绸之路经济带”的战略构想。

9月13日　上海合作组织成员国元首理事会第十三次会议在吉尔吉斯斯坦首都比什凯克举行。哈萨克斯坦总统纳扎尔巴耶夫、中国主席习近平、吉尔吉斯斯坦总统阿坦巴耶夫、俄罗斯总统普京、塔吉克斯坦总统拉赫蒙、乌兹别克斯坦总统卡里莫夫出席会议并发言。会议由吉尔吉斯斯坦总统阿坦巴耶夫主持。上海合作组织秘书长梅津采夫、上海合作组织地区反恐怖机构执行委员会主任张新枫出席会议。上海合作组织各观察员国代表团团长阿富汗总统卡尔扎伊、印度外交部长胡尔希德、伊朗总统鲁哈尼、蒙古总统额勒贝格道尔吉、巴基斯坦总理国家安全和外交事务顾问阿齐兹与会并发言。联合国秘书长特使兼联合国阿富汗援助团团长库比什、独联体执委会主席列别杰夫、欧亚经济共同体副秘书长季扬斯基、集体安全条约组织秘书长博尔久扎列席了会议。元首们就重大国际和地区问题以及上海合作组织发展前景深入交换了意见，共同签署并发表了《上海合作组织成员国元首比什凯克宣言》。会议还发表了《上海合作组织成员国元首理事会会议新闻公报》

11月28—29日，上海合作组织成员国政府首脑（总理）理事会第十二次会议在乌兹别克斯坦首都塔什干举行。哈萨克斯坦共和国总理艾哈迈托夫、中华人民共和国国务院总理李克强、吉尔吉斯共和国总理萨特巴尔季耶夫、俄罗斯联邦政府总理梅德韦杰夫、塔吉克斯坦共和国总理拉苏尔佐达、乌兹别克斯坦共和国总理米尔济亚耶夫出席会议。乌兹别克斯坦共和国总理米尔济亚耶夫主持会议。上海合作组织秘书长梅津采夫、上海合作组织地区反恐怖机构执行委员会主任张新枫、上海合作组织实业家委员会主席沙尔舍基耶夫、上海合作组织银联体理事会主席哈桑诺娃出席会议。上海合作组织观察员国阿富汗伊斯兰共和国第二副总统哈利利、印度共和国外交秘书苏嘉塔、伊朗伊斯兰共和国工矿贸易部长内马特扎德、蒙古国副总理特尔比什达格瓦、巴基斯坦伊斯兰共和国总理国家安全和外事顾问阿齐兹、联合国亚太经社会执行秘书兼联合国副秘书长海泽、东盟副秘书长吴年林、独立国家联合体执行秘书兼执委会主席列别杰夫列席会议。总理们在友好、建设性和务实的气氛中就世界和地区经济的广泛议题，以及发展上海合作组织的经贸和人文合作问题中交换了意见。会议发表了联合公报和关于进一步开展交通领域合作的联合声明。

参考文献

1. 论文、演讲和文章

中文

习近平："弘扬人民友谊　共创美好未来——在纳扎尔巴耶夫大学的演讲"，2013 年 9 月 7 日，阿斯塔纳。

王毅："开启中国处交新征程"，《世界知识》，2014 年第 1 期。

王健："上海合作组织的未来发展路径选择——从地区公共产品的视角"，《社会科学》，2007 年第 8 期。

(俄) C. 沙赫赖："建立促进上海合作组织繁荣发展的评估机制"，《俄罗斯研究》，2011 年第 3 期。

赵华胜："中俄关系中的上海合作组织"，《和平与发展》，2010 年第 2 期。

赵华胜："透析俄罗斯与上海合作组织关系"，《国际问题研究》，2011 年第 1 期。

张晔，孙庆刚："上海合作组织能力结构分析及评价"，《俄罗斯中亚东欧市场》，2011 年第 12 期。

霍孟林："上海合作组织未来发展需要解决的几个问题"，《新疆社会科学》，2008 年第 5 期。

胡键："论上海合作组织的发展动力"，《社会科学》，2005年第6期。

何卫刚："国际机制理论与上海合作组织"，《俄罗斯中亚东欧研究》，2003年第5期。

尹继武、田野："上海合作组织的制度形式选择：基于交易成本模型的制度经济学分析"，《国际政治研究》，2007年第2期。

潘光、王震："国际反恐怖合作：新态势、新发展和绩效评估"，《社会科学》，2010年第11期。

潘光："走进第二个十年：上海合作组织面临的挑战和机遇"，《国际观察》，2011年第3期。

潘光："当前中亚经济安全形势及其对上海合作组织的影响"，《国际问题研究》，2011年第6期。

潘光、周国建："和平共处五项原则的成功实践和创新发展：上海合作组织及'上海精神'"，《毛泽东邓小平理论研究》，2004年第12期。

许涛："上海合作组织建立预防地区冲突机制的实践意义"，《现代国际关系》，2006年第12期。

郑羽："美国对上海合作组织的看法及政策"，《和平与发展》，2007年第1期。

孙壮志，张宁："上海合作组织的经济合作：成就与前景"，《国际观察》，2011年第3期。

张玉国："上海合作组织能源俱乐部建设：问题与前景"，《俄罗斯研究》，2007年第3期。

岳树梅："上海合作组织框架下的能源合作法律机制研究"，《河北法学》，2011年第5期。

王海运："上海合作组织能源俱乐部：中国的立场选择"，《国际石油经济》，2007年第15期。

王海运：“关于上海合作组织能源合作的思考”，《西安交通大学学报（社会科学版）》，2008 年第 1 期。

陈小沁：“上海合作组织能源合作机制化问题初探”，《教学与研究》，2009 年第 9 期。

庞昌伟，张萌：“上海合作组织能源俱乐部建设及中俄天然气定价机制博弈”，《俄罗斯学刊》，2011 年第 1 期。

车探来：“论中国与中亚国家的交通合作和发展”，《俄罗斯中亚东欧市场》，2011 年第 4 期。

胡江：“合作打击中亚地区毒品犯罪的若干问题分析——基于上海合作组织框架内的考察”，《江西公安专科学校校报》，2010 年第 1 期。

赵敏：“国际法视角下中亚跨境水资源国际合作问题探析”，《新疆师范大学学报（哲学社会科学版）》，2009 年第 6 期。

阿地力江·阿布来提：“中亚毒品问题的国际化及其对我国稳定的影响”，《云南大学学报》，2010 年第 3 期。

史崇理：“毒品贸易与上海合作组织：前景与矛盾”，《俄罗斯研究》，2007 年第 3 期。

李立凡、刘锦前：“中亚水资源合作开发及其前景——兼论上海合作组织的深化发展战略”，《外交学院学报》，2005 年第 2 期。

杨恕、王婷婷：“中亚水资源争议及其对国家关系的影响”，《兰州大学学报（社会科学版）》，2010 年第 5 期。

龚燕明：“区域内其他国际组织对上海合作组织发展的制约分析”，《经济研究》，2009 年第 24 期。

赵银亮：“构建地区共同体：上海合作组织的‘社会化’实践”，《教学与研究》，2008 年第 1 期。

张晔、孙庆刚：“上海合作组织能力结构分析及评价”，《俄罗斯中亚东欧市场》，2011 年第 12 期。

王彦智："地区认同与上海合作组织发展论析"，《俄罗斯研究》，2007 年第 4 期。

凌激："中国与中亚国家经贸合作现状、问题及建议"，《国际观察》，2010 年第 5 期。

［俄］亚历山大·卢金："俄罗斯与日益强大的中国"，《国际政治研究》，2010 年第 2 期。

"'东突'分子从叙交战区潜回新疆"，《环球时报》，2013 年 7 月 1 日，北京。

王海燕："金融危机前后中亚国家经济形势对比与前景分析"，《新疆师范大学学报》，2013 年第 4 期。

阎国栋："遥远的记忆与诱人的传闻—17 时期中期前俄国的中国形象"，《俄罗斯研究》，2013 年第 3 期。

刘振宇："清末明初中国人留学俄（苏）活动的历史考察"，《俄罗斯研究》，2013 年第 1 期。

林精华："俄罗斯问题的中国表述—关于 20 世纪中国对苏俄认知的研究"，《俄罗斯研究》，2009 年第 5 期。

外文

Jacob Zenn, Testimony before the Subcommittee on Europe, Eurasia and Emerging Threats, House Committee on Foreign Affairs, " Islamist Militant Threats to Eurasia ", Washington D. C. Feb. 27, 2013.

Pan Guang, China in the Shanghai Cooperation Organization, In *China and the New International Order*, ed. by Wang Gungwu and Zheng Yongnian. Milton Park, Abingdon, Oxon; New York, Routledge, 2008.

Jefferson Turner, What is Driving India's and Pakistan's Interest in Joining the Shanghai Cooperation Organization? *Strategic Insight*,

2005（4－8）.

Rizwan Zeb，Pakistan and the Shanghai Cooperation Organization，*China and Eurasia Forum Quarterly*，2006（4－4）.

Nicklas Norling & Niklas Swanstrom，The Shanghai Cooperation Organization，trade，and the Roles of Iran，India and Pakistan，*Central Asia Survey*，2007（3）.

Simbal Khan，Stabilization of Afghanistan：US-NATO Regional Strategy and the Role of the SCO，*China and Eurasia Forum Quarterly*，2009（7－3）.

Ariel Cohen，After the G8 Summit：China and the Shanghai Cooperation Organization，*China and Eurasia Forum Quarterly*，2006（4－3）.

Matthew Oresman，Reassesing the Fleeting Potential for US-China Cooperation in Central Asia，*China and Eurasia Forum Quarterly*，2008（6－2）.

Ella Akerman，Central Asia in the Mind of Russia：Some Political Considerations. *The Review of International Affairs*，2003（4）.

Martin C. Spechler，Regional Cooperation in Central Asia. *Problem of Post-Communism*，2002（11/12）.

Alyson JK Bailes，The Shanghai Cooperation Organization and Europe，*China and Eurasia Forum Quarterly*，2007（3）.

Frederick Starr，A Partnership for Central Asia，*Foreign Affairs*，2005（84）.

David Shambaugh，China Engages Asia：Reshaping the Regional Order. *International Security*，2005，（29－3）.

Richard Pomfret，The Economic Future of Central Asia，*The Rrown Journal Of World Affairs*，Vol. XIX，Issue 1，Fall/Winter 2012.

Georgiy Voloshin, Kazakhstan Proposes to Expand its Transit Facilities on the Caspian to Facilitate NATO's Withdrawal from Afghanistan, *The Eurasia Daily Monitor*, The Jamestown Foundation, Washington D. C., May 20, 2013.

Igor Rotar, Uzbekistan and Kyrgyzstan Heighten Tensions in Violent Local Border Dispute, *The Eurasia Daily Monitor*, The Jamestown Foundation, Washington D. C., Jan. 30, 2013.

Martha Brill Olcott, China's Unmatched Influence in Central Asia, Carnegie Endowment for International Peace, Washington D. C., September 19, 2013.

William Jones, China's Silk Road Diplomacy: Lifeline for U. S. Economy, *EIR International*, October 18, 2013.

Мовкебаева Галия Ахметвалиевна, Энергетическая безопасность Казахстана, России и Китая в рамках ШОС (Energy Cooperation among Kazakhstan, Russia and China within the Shanghai Cooperation Organization), *Russia Politic and Law*, Vol. 51, No. 1, New York, January-February 2013.

Лукин А., Мочульский А. Шанхайская организация сотрудничества: структурное оформление и перспективы развития. Аналитические записки. Вып. 2 (4) Февраль 2005. М.: МГИМО, 2005.

Виталий Воробьев, ШОС как растущий властелин《хартлэнда》. Россия в глобальной политике. №. 1 январь/февраль 2012.

Болятко А. В., Клименко А. Ф. Проблемы повышения эффективности работы ШОС [J]. М.: ИДВ РАН, 2002.

Лузянин С. Г. Россия и Китай в Центральной Азии. Проблемы развития ШОС// Российско-китайские отношения:

Состояние, перспективы [J]. М.: ИДВ РАН, 2005.

2. 著作、文件、研究报告和资料汇编

中文

潘光、胡键:《21世纪的第一个新型区域合作组织—对上海合作组织的综合研究》,北京:中共中央党校出版社,2006年版。

余建华:《上海合作组织非传统安全研究》,上海:上海社会科学院出版社,2009年版。

邢广程、孙壮志:《上海合作组织研究》,吉林:长春出版社,2007年版。

许涛、季志业:《上海合作组织——新安全观与新机制》,北京:时事出版社,2002年版。

须同凯:《上海合作组织区域经济合作——发展历程与前景展望》,北京:人民出版社,2010年版。

崔颖:《上海合作组织区域经济合作——共同发展的新实践》,北京:经济科学出版社,2007年版。

肖德:《上海合作组织区域经济合作问题研究》,北京:人民出版社,2009年版。

李钢、刘华芹:《上海合作组织——加速推进的区域经济合作》,北京:中国海关出版社,2004年版。

中国上海合作组织研究中心:《上海合作组织研究报告(2008—2009)》,北京:世界知识出版社,2009年版。

邢广程:《上海合作组织发展报告(2009)》,北京:社会科学文献出版社,2009年版。

李进峰等:《上海合作组织发展报告(2013)》,北京:社会科学文献出版社,2013年版。

吴恩远、吴宏伟：《上海合作组织发展报告（2011）》，北京：社会科学文献出版社，2011 年版。

孙力、吴宏伟：《中亚国家发展报告（2013）》，北京：社会科学文献出版社，2013 年版。

张德广：《聚焦上海合作：访谈与演讲》，北京：世界知识出版社，2011 年版。

梁超：《中亚博弈新视角》，北京：社会科学文献出版社，2011 年版。

孙力：《中亚国家发展报告（2012）》，北京：社科文献出版社，2012 年版。

赵华胜：《上海合作组织：评析与展望》，北京：时事出版社，2012 年版。

王海燕：《新地缘经济：中国与中亚》，北京：世界知识出版社，2012 年版。

王铁崖：《国际法》，北京：法律出版社，1995 年版。

黄定天：《中俄关系通史》，黑龙江：黑龙江人民出版社，2007 年版。

余子侠、刘振宇、张纯：《中俄"苏"教育交流的演变》，山东：山东教育出版社，2010 年版。

中国外交部欧亚司：《顺应时代潮流，弘扬"上海精神"——上海合作组织文献选编》，北京：世界知识出版社，2002 年版。

中国外交部欧亚司：《上海合作组织文件选编》，北京：世界知识出版社，2006 年版。

上海社会科学院上海合作组织研究中心：《上海合作组织资料汇编》第一、二、三、四、五、六辑，上海：2003 年版、2005 年版、2007 年版、2009 年版、2011 年版、2013 年版。

外文

Michael Fredholm ed., *The Shanghai Cooperation Organization and Eurasian Geopolitics*, NIAS Press, Copenhagen, 2013.

Alyson J. K. Bailes, Pal Dunay, Pan Guang and Mikhail Troitskiy, *The Shanghai Cooperation Organization*, SIPRI Policy Papers No. 17, Stockholm International Peace Research Institute, Stockholm, May, 2007.

NATO 2020: *Assured Security*, *Dynamic Engagement. Analysis and Recommendations of the Group of Experts on A New Strategic Concepts for NATO*, NATO, May 7, 2010.

Stephen Aris, *Eurasian Regionalism*: *The Shanghai Cooperation Organization*, Palgrave Macmillan, 2011.

Matthew Hall, *The Shanghai Cooperation Organization*: *A Partner for Stabilising Afghanistan*? Australia, 2009.

Julie Boland, *Ten Years of the Shanghai Cooperation Organization*: *A Lost Decade*? *A Partner for the U. S.* ? 21st Century Defense Initiative Policy Paper, Brookings Institute, Washington D. C., June 20, 2011.

Iwashita Akihiro, *Toward a New Dialogue on Eurasia*: *The Shanghai Cooperation Organization and Its Partners*, Sapporo, Japan, 2007.

Emilian Kavalski, *The New Central Asia*: *the Regional Impact of International Actors*, Singapore, 2010.

Greg Austin, *European Union Policy Responses to the Shanghai Cooperation Organization*, European Institute for Asian Studies, December, 2002.

Council of the European Union, *European Union and Central Asia*: *Strategy for New Partnership*, Brussels, October, 2007.

Olga Memedovic, *Public Goods for Economic Development*, Vienna, 2008.

Katharina Holzinger, *Transnational Common Goods: Strategic Constellations, Collective Action Problems, and Multi-level Provision*, Palgrave Macmillan, 2008.

Neil J. Melvin, *Engaging Central Asia: The European Union's New Strategy in the Heart of Eurasia*, Brussels, Center for European Policy Studies, 2008.

Michael Emerson & Jos Boonstra, *Into Eurasia: Monitoring the EU's Central Asia Strategy*, Brussels, Center for European Policy Studies, 2010.

Marcel de Haas, *The Shanghai Cooperation Organization: Towards A Full-grown Security Alliance?* Netherlands Institute of International Relations, Hague, 2007.

Christopher Len, *Japan's Silk Road Diplomacy: Paving the Road Ahead*, Washington D. C. 2008.

Robert Legvold, *Thinking Strategically: The Major Powers, Kazakhstan, and the Central Asian Nexus*, Cambridge, 2003.

Elizabeth Wishnick, *Russia, China, and the U. S. in Central Asia*, U. S Army War College, 2009.

Серебрякова Н. В. Шанхайская организация сотрудничества: многосторонний компромисс в Центральной Азии. [M]. ИнфоРос, 2011.

Чуфрин Г. И. Россия в Центральной Азии [M]. Алматы: КИСИ при Президенте РК, 2010.

Алимов Р. М. Центральная Азия: общность интересов [M]. Ташкент: Шарк, 2005.

Кушкумбаев С. К. Центральная Азия на путях интерграции:

геополитика，этничность，безопасность［М］. Алматы，2002.

Клименко А. Ф. Стратегия развития ШОС：проблема обороны и безопасности［М］. М.：ИДВ РАН，2009.

Андреева Е. Л.，Татаркин，А. И. Шанхайская организация сотрудничества：экономическая интеграция и национальные интересы［М］. Екатеринбург，УрО РАН，2010.

Никитина Ю. А. ОДКБ и ШОС：модели регионализма в сфере безопасности［М］. М. Navona，2009.

Россия и Китай в Шанхайской организации сотрудничества［С］. Сост.：А. Ф. Клименко. М.：Ин-т Дальн. Вост. РАН，2006.

Стратегия развития ШОС и политика России в этой организации［С］. Сост.：Матвеев В. А. М.：Ин-т Дальн. Вост. РАН，2012.

Взаимодействие России с Китаем и другими партнерами по Шанхайской организации сотрудничества［С］. Сост.：Агафонов，Г. Д. М. Ин-т Дальн. Востока РАН，2008.

Шанхайская организация сотрудничества：к новым рубежам развития［С］. Сост.：Клименко А. Ф. М.：Ин-т Дальн. Востока РАН，2008.

3. 采访和口述材料记录

戴铁尘与欧盟中亚事务特别代表毛磊在欧盟委员会总部的谈话记录，2011 年 4 月 27 日，布鲁塞尔。

潘光、张屹峰采访弗雷德里克·斯塔尔记录，2012 年 2 月 10 日，华盛顿。

潘光参加中美关于阿富汗/巴基斯坦局势“1·5 轨对话”的记录，纽约，2013 年 1 月 22 日，这里引述的是可以公开的内容。

后 记

本书是由我担任课题负责人的国家社会科学基金项目“上海合作组织进一步发展面临的重大课题”的最终成果。进行本项目研究的目的在于：梳理上海合作组织进程取得的伟大成就，总结上海合作组织发展模式的重要意义，分析上海合作组织面临的挑战和机遇，特别是研究上海合作组织进一步发展需要解决的重大课题，并据此提出上海合作组织近期深化各领域合作的具体思路。

本项目最终成果的初稿完成于2011年年中，正值上海合作组织成立十周年之际。2011—2012年度，中国担任上海合作组织轮值主席国。2012年6月6—7日，上海合作组织峰会在北京召开，为我们提供了丰富多彩的新鲜材料。在此基础上，我们完成了最终成果的修改稿，并通过了国家社科规划办公室的鉴定，于2012年底前按时顺利结项。

此后一年，我们广泛听取国内外专家和同行的意见，对最终成果进行反复讨论、推敲、修改、充实，补充了党的十八大关于国际事务和外交政策的一系列精神，特别是以习近平同志为总书记的新一届党中央领导集体关于上海合作组织的一系列重要讲话和指示，以及2013年9月13日在比什凯克举行的上海合作组织成员国元首理事会第十三次会议的相关文件。充实了这些新素材，使我们成果的质量进一步更新和提高。2013年国庆长假期间及几乎整个10月，我日夜奋战，终于完成了审稿、定稿工作，将全部书稿交付时事出版社。

本书分工如下：潘光（总论，安全合作篇修改稿，人文合作篇修改稿，第四、八、十二、十六章，大事记，参考文献，后记）；赵国军（安全合作篇第一、二、三章初稿）；张屹峰（经济合作篇第五、六、七章）；戴轶尘（扩容与对外交往篇第十三、十四、十五章）；龚子亮（人文合作篇第九、十、十一章初稿）。我负责全书的通稿。本成果定稿使用的材料一般截至2013年10月底，此后在校对过程中又补充了少量最新材料。

在这里，我也要感谢王健、孙霞、张健荣、李立凡、刘锦前、沈国华、黄崇峻等同事和时事出版社的苏绣芳副社长，没有他（她）们提供的若干材料及在各方面给予的支持和帮助，本书的出版是不可能的。

尽管我们全力以赴，但仍不免会有挂一漏万的地方和粗糙之处，希望各级领导、国内外同行和读者给予批评指正，以促进上海合作组织研究的进一步深化和发展。

潘光

2013年10月28日

于上海社会科学院上海合作组织研究中心

图书在版编目（CIP）数据

稳步前进的上海合作组织/潘光主编，—北京：时事出版社，2014.3

ISBN 978-7-80232-684-2

Ⅰ.①稳…　Ⅱ.①潘…　Ⅲ.①上海合作组织-研究　Ⅳ.①D814.1②F114.46

中国版本图书馆 CIP 数据核字（2014）第 024413 号

出版发行：时事出版社
地　　址：北京市海淀区巨山村 375 号
邮　　编：100093
发行热线：（010）82546061　82546062
读者服务部：（010）61157595
传　　真：（010）82546050
电子邮箱：shishichubanshe@ sina. com
网　　址：www. shishishe. com
印　　刷：北京昌平百善印刷厂

开本：787×1092　1/16　印张：20.5　字数：245 千字
2014 年 3 月第 1 版　2014 年 3 月第 1 次印刷
定价：60.00 元
（如有印装质量问题，请与本社发行部联系调换）